涨停盘口定式

曹明成　谭文◎著

中国宇航出版社
·北京·

图书在版编目（CIP）数据

涨停盘口定式 / 曹明成，谭文著. -- 北京 : 中国宇航出版社，2017.8（2022.7重印）
ISBN 978-7-5159-1366-7

Ⅰ. ①涨… Ⅱ. ①曹… ②谭… Ⅲ. ①股票交易－基本知识 Ⅳ. ①F830.91

中国版本图书馆CIP数据核字(2017)第192605号

策划编辑 卢　珊
责任编辑 卢　珊　　**装帧设计** 宇星文化

出版发行 **中国宇航出版社**
社　址 北京市阜成路8号　　**邮　编** 100830
(010)68768548
网　址 www.caphbook.com/www.caphbook.cn
经　销 新华书店
发行部 (010)68371900　　(010)88530478(传真)
(010)68768541　　(010)68767294(传真)
零售店 读者服务部
(010)68371105
承　印 三河市君旺印务有限公司
版　次 2017年8月第1版　　2022年7月第2次印刷
规　格 787×960　　**开　本** 1/16
印　张 13　　**字　数** 192千字
书　号 ISBN 978-7-5159-1366-7
定　价 38.00元

本书如有印装质量问题，可与发行部联系调换

序

近年来，市场上的股票类书籍渐有泛滥之势，且质量良莠不齐，多有鱼目混珠之作，真正能指导投资者实战应用的作品可谓少之又少。然最近读曹明成先生主笔的实战炒股系列丛书，感觉甚好。细读之下，书中不乏作者多年的实战经验心得与“不传之密”，实为“用心之作”，相信读者阅后当有所裨益。

我与曹明成先生相识已久。初识其人，还是1997年在湘财证券的营业部，当时因本人虚长几岁，故称他为“小曹”。其时的“小曹”，瘦瘦小小，貌不惊人，书生气十足，亦没有什么名气。后常有散户打听“曹明成”，发展到后来，不断有大户托我的关系来约“曹先生”吃饭，这才让人刮目相看。1999年他狙击网络科技股一战成名，早年的“小曹”已经成为了当时湘楚一带赫赫有名的“老曹”。

几年后我们相继开始单干，都有了自己的事业，与曹明成先生的联系渐少，偶闻他的消息也只是在报刊杂志上见到他的有关跟庄理论的文章。这次接到他的电话让我为丛书写序，颇感意外。在我的印象中，他身体并不太好，甚至可以用“体弱多病”来形容，又常沉溺于股票实战中，写书这种耗时耗力之事，以他一人之力怎能办到?

见面后我才知道，原来他这几年收了一个得意门生——谭文。谈论间他的得意之色溢于言表，“已得我九成功力”。小谭属于新时代的复合型人才，精通计算机编程，自行钻研了传统技术分析与计算机海量数据模拟测试相结合的分析方式，丛书的写作过程就曾大量使用计算机模拟测试的论证，纠正了许多人力无法克服和发现的错误，使书中的理论更趋完美。谭文大有青出于蓝更胜于蓝之势，真是后生可畏！

“曹氏八线理论”是曹明成与谭文师徒两人多年实战理论研究的结晶，曾被股民朋友冠以“零风险操作理论”。该理论我个人觉得至少有两点值得推崇：一是最大限度地回避了风险；二是几乎不会错过任何一波有价值的行情。炒股不是纸上谈兵，能在实战中真正做到稳定获利的理论才是好理论。

本次为曹明成先生的书作序，特意参加了他的书友会。有一位读者谈论成功经验时的发言让我印象深刻，他说：“曹老师的书，我都读过！”

是的，曹明成先生不会忽悠人，他主笔的丛书更不会忽悠人！读他的书，您一定会有收获！

鉴于此，我愿为此丛书作序，并向全国的广大股民朋友们推荐。

李　华

原湘财证券高层管理人员

现为广东某私募基金总裁

前言

要问股市中哪种形态、哪种走势最具震撼力，最能让投入的资金在短期内实现大幅度增长，无疑就是涨停板。涨停板是一种极端价格走势的产物，它在沪深两市中每天都会出现。股市中的每个人都迷恋涨停板，都希望捕获涨停板。但是，捕获涨停板并不是一件容易的事，它需要投资者具有一定的胆识、智慧、耐心、技术、运气，当然，还有最重要的一点，那就是，涨停板永远属于有准备的人。

谁也没有百分之百的把握抓住涨停板，除非自己就是主力。作为普通投资者，我们不能等待上天赐给我们涨停板，而是要主动出击，从股票走势中发现涨停的某些规律，找到即将涨停个股的走势特征。

追击涨停板，对于普通投资者来说是一种技术难度较高的投机行为，投资者的技术熟练程度直接关系到能否擒获涨停板。本书就是专为投资者提升追击涨停板的能力而作的。

同样一个 10% 的涨停板，既可以成为主力诱多出货的圈套，也可以成为主力大幅拉升的信号。面对形形色色的涨停板形态，我们应该如何应对？如何辨识各种不同类型的涨停形态蕴含的技术特征？如何结合个股把握涨停机会？如何规避涨停诱多出货风险？解决这些问题并很好地利用涨停板从股市中获取收益，正是本书编写的目的。

本书力图帮助投资者少走弯路，在最短的时间内能够成功地分辨出各种涨停形态蕴含的涨跌含义，达到快速获利的目的。

本书主要内容如下。

第一章侧重讲解涨停板相关基础理念、成因、追涨方法、操作技巧等内容，让读者对涨停有大概的认识和了解。正确掌握比较切实可行的追涨方法和操作要领，是实战之前必不可少的能力提升环节。

第二章是对盘口常见要素进行知识扫盲，详细介绍如何看盘口，利用盘口提供的信息捕捉盘面语言的技巧，以及通过盘口看盘的技巧。洞悉主力意图和股价运行方向，可以让投资者快速、系统地提高解读盘口的能力，成为看盘高手。

第三章主要介绍涨停板的综合分析方法，从涨停股特有的K线形态、盘口动向、封板形态、封板时间、量价配合、主力诱多、实战形态等多个角度分析。结合大量案例，详细说明涨停的买入信号、涨停玄机、涨停市场含义、操作技巧等。投资者通过本章的学习，可以大大提升捕捉涨停板的水平，增强在股市中的获利能力。

本书特点如下。

（1）实用性强。本书以实战应用的角度为出发点，追踪盘口信息，从中发现涨停板信号，全面阐述和介绍了涨停板出现的原因、涨停板的分时形态特征，抢涨停的策略、方法和技巧。这部分内容不仅可以提高读者对于涨停操作的理解、认识，积累丰富的涨停板知识，还能够帮助读者将这些策略、方法和技巧运用于实战当中，让读者在操作中真正利用涨停板获取利润。

（2）快速入门。即使你以前没有炒过股，也可以快速了解涨停板和盘口基础知识，并系统学习股市的分析方法。

（3）经验总结。本书所讲的各种买卖之道，既吸取了那些经典的分析方法，也融合了笔者多年的实战经验和投资心得。笔者把多年来积累的与涨停板有关的交易感悟、实战形态、实战招式等奉献出来，供读者参考，希望对涉足股市的朋友有所启发和帮助。

目前市面上有关涨停盘口操作的图书为数不少，内容良莠不齐。有鉴于此，本书在写作中特别注重实战性、可操作性，注重对涨停盘口运行规律的分析和研判。为了便于读者更容易理解和把握涨停盘口的操作方法，本书采用了大量的案例分析，用图解的方式娓娓道来，让读者一目了然。这些案例能够帮助投资者快速掌握书中所讲的内容，并迅速地运用于实战，清晰直观地把握涨停走势的特征。

最后想说的是，股市永远不缺少机会，缺少的是把握机会的能力。希望读者朋友能将本书所学知识运用于实战之中，攫取涨停板带来的利润。

CONTENTS

目录

第一章 基础知识储备

第一节 为何会有涨停板

《孙子兵法》云，“知已知彼，百战不殆”。要想捕获涨停板，首先要了解涨停板的相关知识，从而加深对于涨停板的理解和认识。

本章重点介绍涨停板的基础知识，希望读者朋友深入了解何为涨停板，以及涨停板的相关原理。

在美股、港股等很多相对更加成熟的市场，并没有涨跌停板这个概念。涨跌停板是国内股市特有的一种价格走势形态，它的出现源于国内股市的涨跌幅限制制度。涨跌幅限制制度是为了防止交易股价因市场的非理性情绪而出现短时间内的暴涨暴跌，抑制过度投机现象，对每只股票当天价格的涨跌幅度予以适当限制的一种交易制度。

我国证券市场的涨跌停板经过数次调整，现行的涨跌停板制度是 1996 年 12 月 13 日发布，1996 年 12 月 26 日开始实施的，一直沿用至今。

涨跌停板制度的规定为：除上市首日外，股票（含 A、B 股）、基金类证券在一个交易日内的交易价格相对于上一交易日收市价格的上涨幅度不得超过 10%，以 S、ST、S*ST 开头的个股，上涨幅度不得超过 5%，超过的委托为无效委托。其意在对过分上涨进行限制，保护股民的利益，控制市场的股价异常波动，减少投资者的风险。

与涨停板对应的是跌停板，也就是股票一天所能下跌的最大幅度。在我国股票市场上，正常交易股票的跌停板为下跌 10%（新股除外），ST 类股票的下跌幅度为 5%。

举个例子，某只股票当日的收盘价是 10.00 元，则次日的最高成交价不可以高于 11 元（10+10×10%=11 元），11 元这个价位就是涨停价、上限价；次日的最低成交价不可低于 9 元（10−10×10%=9 元），9 元这个价位就是跌停价、下限价，超过涨跌限价的委托为无效委托。

对于以下几种情况，首个交易日无涨跌幅限制。

（1）首次公开发行上市的股票。

（2）增发上市的股票。

（3）暂停上市后恢复上市的股票。

（4）交易所认定的其他情形。

我国的涨跌停板制度还有一个特点，就是在股价达到涨跌停板后，不是完全停止交易，而是在 ±10% 涨跌停价位或限价之内价格的交易仍可继续进行，直到当日收市为止。这一制度给中国股市带来了一种特殊的交易方式，即通过连续的涨停形成短时间的财富快速升值，同时主力在涨停板上的做多动力也越来越强。尽管主力操盘的方式各有不同，但是股价的上涨却是可以通过涨停板的走势来进行分析的，因此研究涨停板，捕获涨停板，能快速带来收益。

图 1-1-1 为海印股份（000861）的涨停走势图。

图 1-1-1 是海印股份（000861）2016 年 8 月 18 日的分时图。该股早盘 10 点后放量飙升，股价飙升速度很快，开盘不到一个小时就进入到涨停板价位，显示买盘力量十分强大。

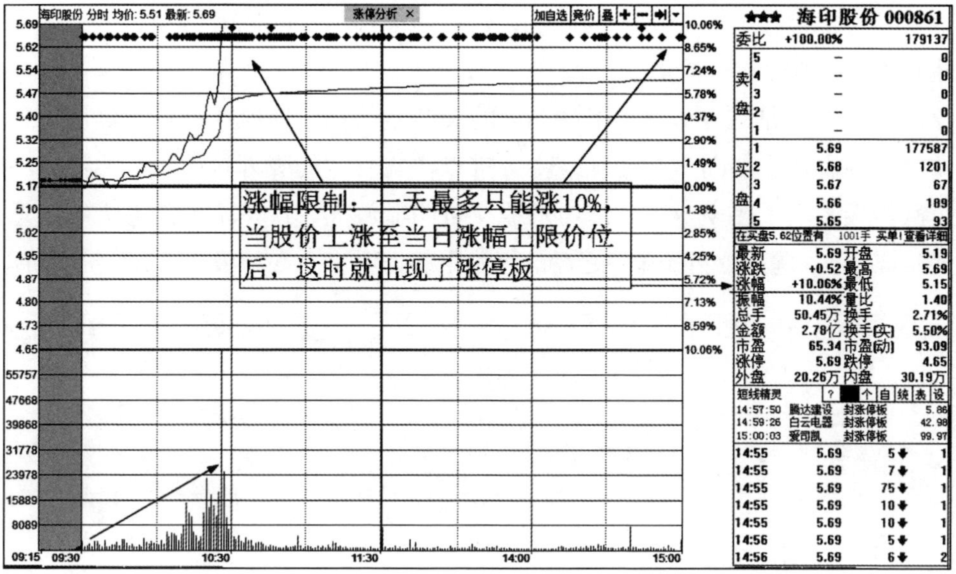

图 1–1–1

第二节 股票为什么要涨停

涨停板是一种极端的价格走势，是一种特殊的盘口形态，通常是资金推动的结果，也是主力资金运作的成果，体现了主力资金的操盘意图。在进一步学习之前，有必要了解一下股票为什么要涨停，下面结合实例来学习。

一、建仓

主力强力吸筹或拉高建仓，是为了低位布局，积蓄筹码。

当股价在底部横盘整理震荡，已经拿不到太多筹码时，主力为了大量吸取廉价筹码，引起套牢盘的抛售，有时会拔高股价，将自己的资金转化成股票囤积起来，之后再作震荡调整。

这种涨停拉升建仓吸筹的方法，优点是能够加快吸取筹码的速度，缩短建仓时间，争取拉升战机。

图 1–2–1 是东方海洋（002086）的 K 线走势图。该股在低位区经历了长期的窄幅震荡，期间量能萎缩，主力难以实施有效的吸筹。如图中标注，一个涨停板激活了多空双方，此时的成交量明显放大，这是主力涨停吸筹的重要特征之一。除此之外，涨停之后的企稳走势证明主力在积极买入，维护股价。

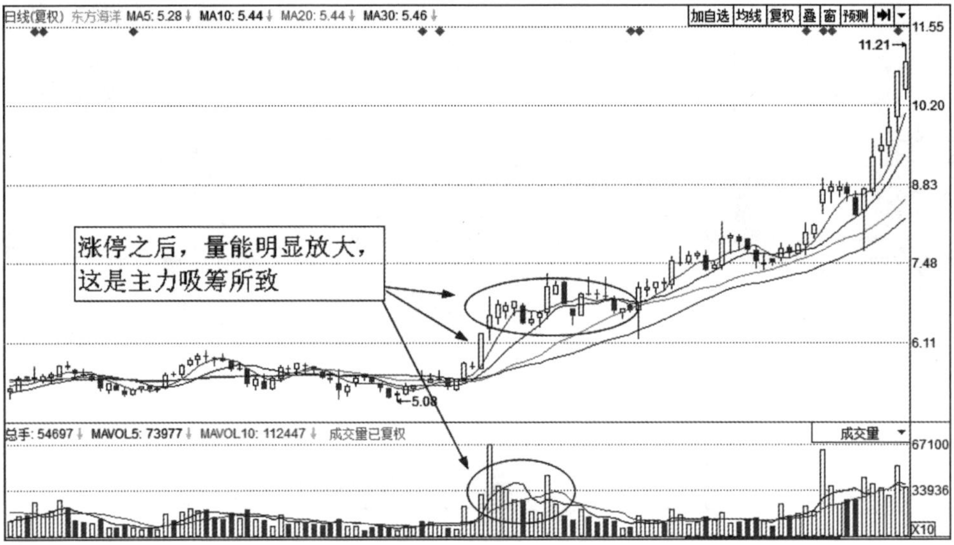

图 1–2–1

一般来说，涨停吸筹之后，个股的中线走势会较好。若主力实力较强，随后走出翻倍行情的可能性还是很大的。

图 1–2–2 是广博股份（002103）的日 K 线走势图。该股在低价区出现急速的上涨走势，短期内的上涨势头十分迅猛，且量能明显放大。这正是主力资金以拔高股价实现快速吸筹的标志，也是主力以空间换时间的一种吸筹方法。

由于个股短期内的上涨幅度较大，会造成多空分歧加剧，持股者在后续的震荡当中也会有极强的抛售冲动，主力正好借机完成快速吸筹。

虽然短线来看主力买在了较高的价位，但主力目光长远，该股后期仍有

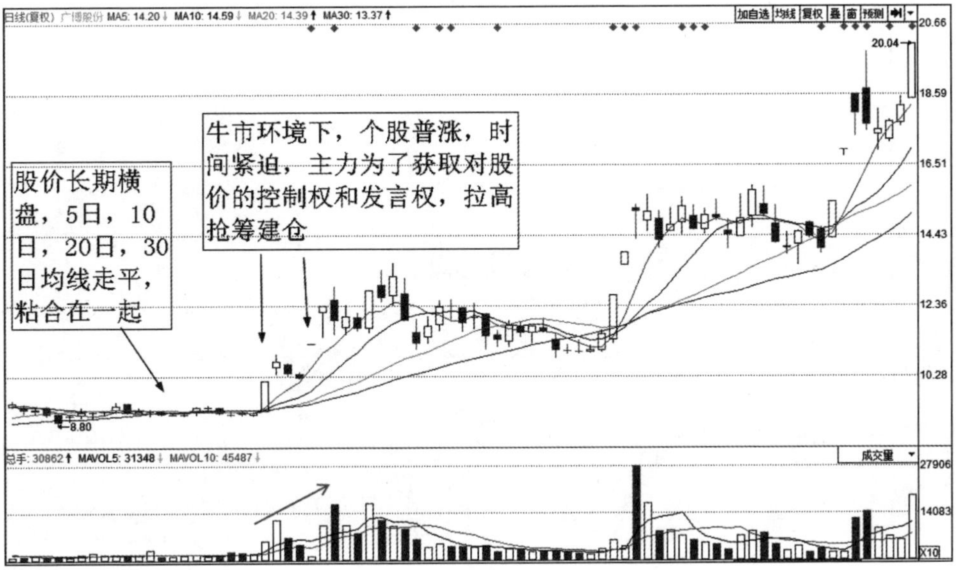

图 1-2-2

较大的上涨空间，因为主力必须在随后的上涨中获取高额回报。

图 1-2-3 是舒泰神（300204）的日 K 线走势图。该股在连续多日下跌企稳后，出现拉高建仓型涨停。这时的涨停价位置仍是主力建仓的成本区，投资者可以积极追涨买入。

以涨停来拉高建仓，吃进大量廉价筹码，此时涨停价的位置属于主力资金的建仓成本区。当市场处于低迷状态时，主力资金很容易在低位吸收大量廉价筹码，所以主力资金不大可能利用涨停板建仓。但在牛市环境中，各类股票普涨，主力为了取得对股价走势的发言权和控制权，常常采取拉涨停方式来完成快速建仓吸筹，抢夺筹码。投资者观察到此类股票，要果断介入，和主力资金同步买入。

图 1-2-4 是海特高新（002023）的日 K 线走势图。连续的阳线伴以涨停板，主力资金开始持续大量买入，下方成交量放大，这种量价配合关系正是主力资金持续流入的标志。对于投资者来说，就要布局这类有主力眷顾的个股。

当上证指数形成了上涨行情以后，有一些资金还没有来得及提前对个股

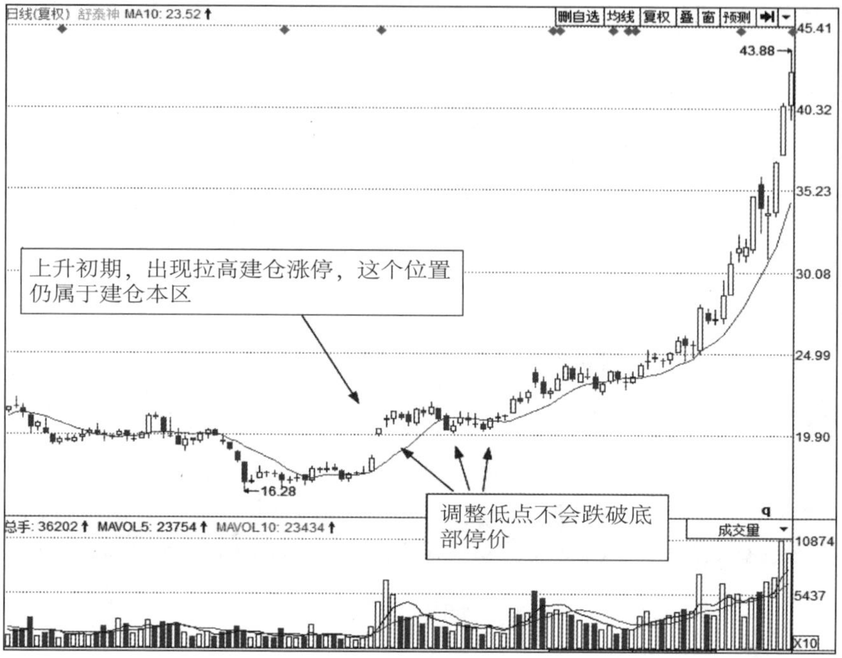
日线(复权) 舒泰神 MA10: 23.52
删自选 均线 复权 叠 窗 预测
45.41
43.88
40.32
35.23
30.08
24.99
19.90
16.28
上升初期，出现拉高建仓涨停，这个位置仍属于建仓本区
调整低点不会跌破底部停价
总手: 36202 MAVOL5: 23754 MAVOL10: 23434
成交量
10874
5437
X10

图 1-2-3

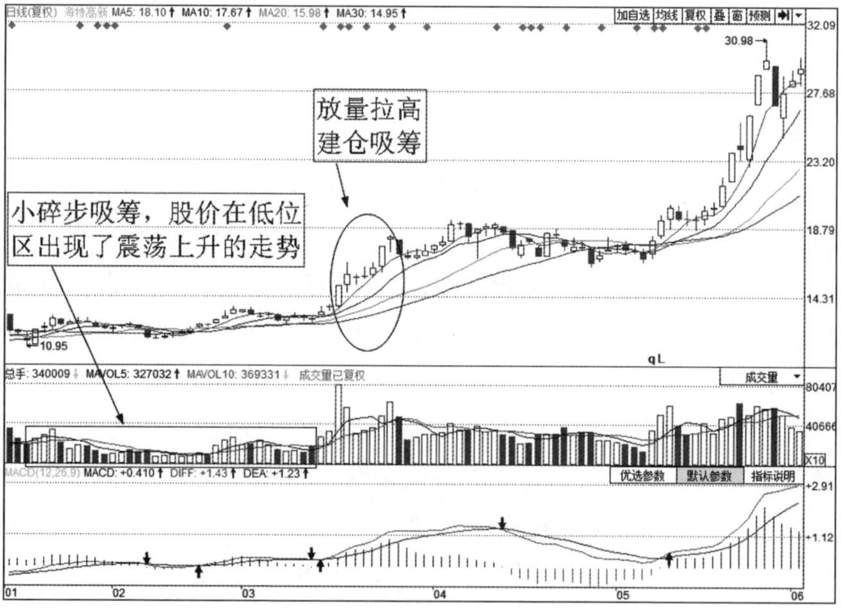
日线(复权) 海特高新 MA5: 18.10 MA10: 17.67 MA20: 15.98 MA30: 14.95
加自选 均线 复权 叠 窗 预测
32.09
30.98
27.68
23.20
18.79
14.31
10.95
放量拉高建仓吸筹
小碎步吸筹，股价在低位区出现了震荡上升的走势
总手: 340009 MAVOL5: 327032 MAVOL10: 369331 成交量已复权
成交量
80407
40666
X10
MACD(12,26,9) MACD: +0.410 DIFF: +1.43 DEA: +1.23
优选参数 默认参数 指标说明
+2.91
+1.12
01
02
03
04
05
06

图 1-2-4

进行建仓操作，但是为了不错过后期的牛市行情，主力就会采取涨停建仓的方式。

图 1-2-5 是国海证券（000750）的 K 线走势图。该股在上涨之前，成交量始终保持非常低迷的状态。量能低迷说明盘中没有资金进行建仓操作。但是股价在低位震荡的时候，大盘指数却已经展开了连续的上涨行情，这意味着主力已经错过了低点建仓的机会。在这种情况下，主力如何操作才能追回错过的行情呢？

此时，主力就需要采取涨停建仓的操作了，图中箭头处可以看到，随着一根涨停大阳线的出现，成交量出现了放大的走势。由于股价的位置非常低，所以，此时成交量放大的性质必然属于主力资金建仓。

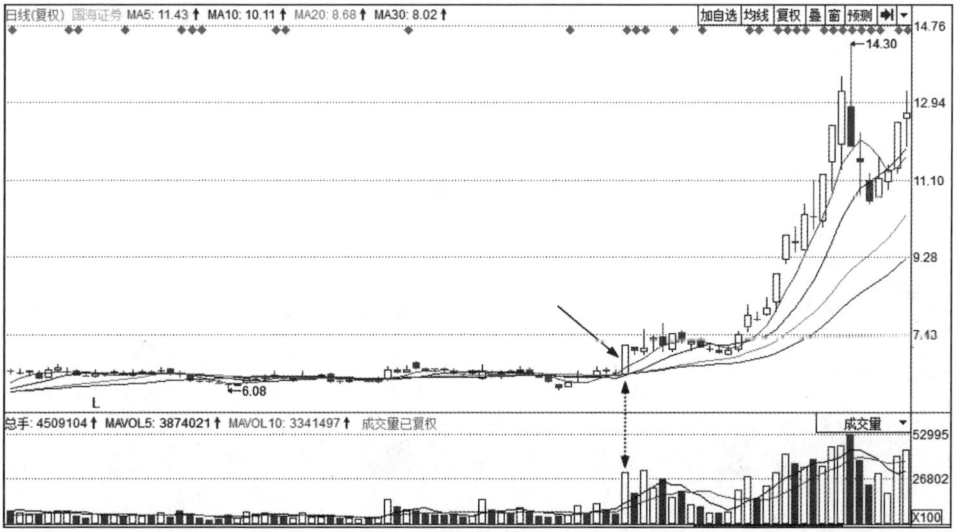

图 1-2-5

二、拉升

主力资金建仓吸筹到一定程度之后，为了避免过多的跟风盘进入，通常会利用涨停板快速将股价拉升，脱离自己的成本区。

涨停板还有助涨的功能，因为涨停板封得越早，越牢固，抛压就会越轻，股民的惜售心理就越重，想买进股票的投资者更难以买到，只好在下一交易日以更高的价格追入，帮忙“抬轿”。

图 1-2-6 是交运股份（600676）的日 K 线走势图。从图中可以看出，主力资金有两次出现连续拉升涨停板的方式，使股价迅速拉高，脱离建仓成本区。

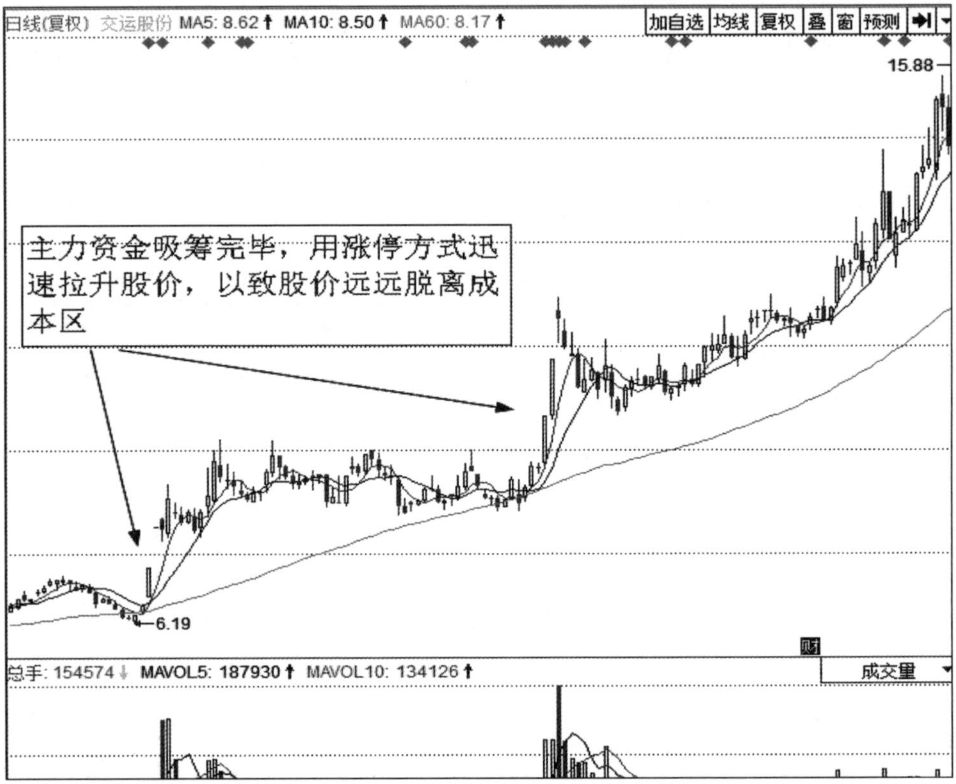

图 1-2-6

在市场走好的时候，资金实力比较强的主力不会整日缓慢地拉升个股，一气呵成地连续拉升涨停是首选。有幸持有这种股票的散户，短期内即能获得不错的投资收益。

图 1-2-7 是赫美集团（002356）的 K 线走势图。该股在低位区经历了长期的盘整。这种盘整走势既可以很好地清洗掉没有耐心的浮筹，为随后的拉

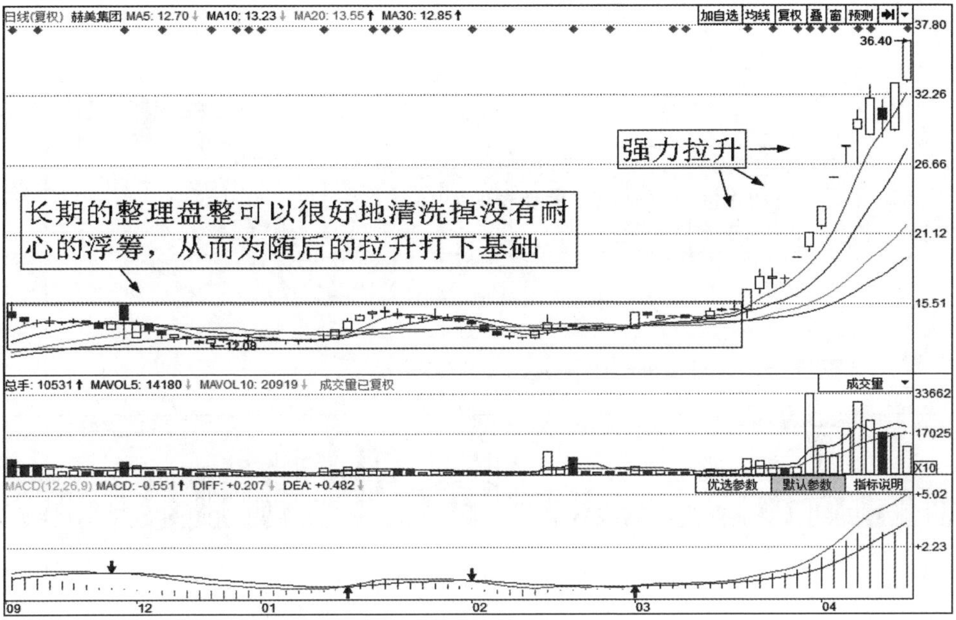

图 1–2–7

升打下良好的基础，也可以提供一段时间的休整，使主力寻觅一个更好的拉升时机，同时给主力一个良好的吸筹空间。

随后该股开始以连续阳线和涨停的方式向上突破，股价短期内迅速翻倍。在实盘操作中，一旦发现这类个股，应在第一时间追涨买入。

图 1–2–8 是太极集团（600129）的 K 线走势图。当主力吸够筹码，通常会利用涨停板的助涨功能，快速将股价拉离自己的成本区。涨停板封得越早越牢，市场惜售心理就越重，抛压就越轻，而想买入的投资者因难以买到，只好在下一交易日以更高的价格买入，此时 K 线图上通常表现为缩量或量少的形态。

以连续涨停的操盘方法快速将股价拉离成本区，此时，这些位置属于主力资金的利润区。

好的拉升时机可以让主力只花费不多的资金即可大幅拉抬股价，起到事半功倍的效果。一般而言，主力通常会选择在以下几种时机进行拉升。

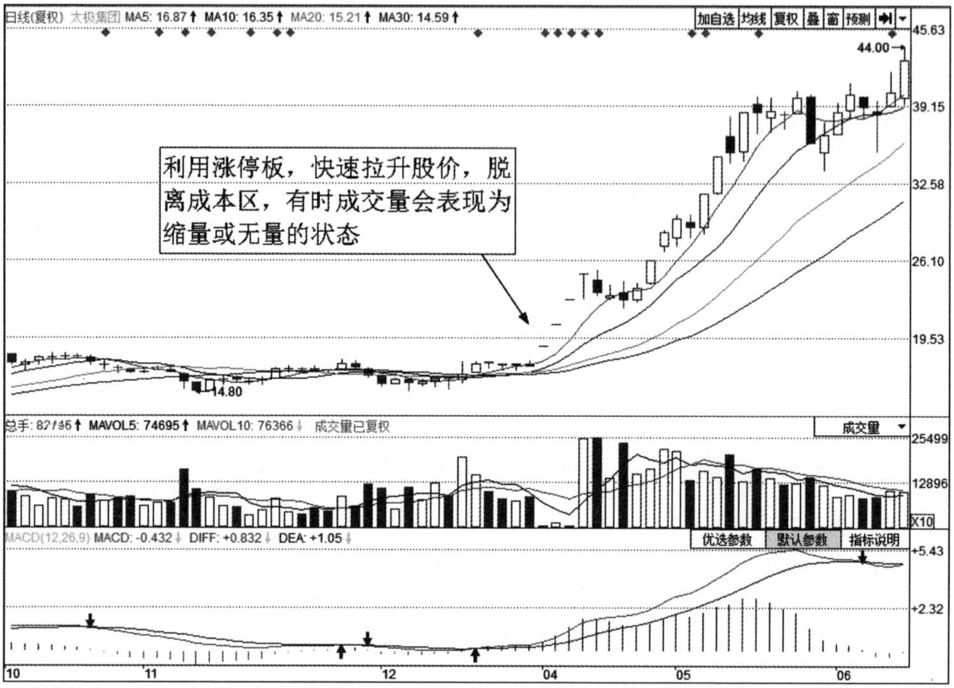

图 1-2-8

（1）大盘走势较好时。

大盘处于上升趋势中，是主力拉升的大好时机。大盘走势既是个股走势的大背景环境，也是市场人气的直接反映，好的大盘走势有利于主力实现个股的拉升计划。

有大盘的稳健走势为背景，主力拉升个股可以得到市场的认同并获得共鸣，不仅可以轻松地大幅度拉升个股，也可以进一步激发投资者的做多热情。

（2）重大利好消息公布前。

主力凭借独天得厚的信息渠道，通常可以提前获悉上市公司的利好消息。利用信息优势，主力可以在上市公司正式公布利好消息前提前运作个股，对其进行拉升。

当利好消息正式公布时，主力既可以借助利好消息再度拉升个股，也可以借机出货，从而使自己处于有利的位置。

（3）利好消息公布后。

有一些消息是主力无法提前获知的，比如，产业或区域扶持等政策面的利好消息，或者上市公司保密措施较好，突然公布了某一利好消息，使得主力与散户投资者同时获得了消息，这些信息极有可能成为市场热点。对于一些短线主力来说，这时他们很可能会实施拔高式建仓，快速拉升股价，催生一波股价的飙升行情。

（4）板块效应。

我国股市中的板块效应非常明显。在板块龙头股的示范效应下，相关板块的个股能被迅速带动起来。有了板块效应，主力在拉升同板块的其他个股时，就会轻松很多，因此出现板块效应时，是一个很好的拉升做多时期。

三、震仓洗筹

股价有了一定的上涨幅度，为了提高市场成本，有时也为了高抛低吸，赚取差价，主力会反复震荡洗盘。与其慢慢吞吞地洗盘震仓，不如用涨停板来洗盘。无论从效率还是力度上，涨停板的震仓洗盘效果都更加突出。

主力拉升股价时，一般都会有跟风盘跟进，那么，清洗前期已经盈利的短线跟风筹码，是主力拉升行情过程中必须要做的工作之一。因此，在行情上升过程中出现震荡和回落走势是很正常的，持股者对此要有足够的认知，否则，再好的行情也只能是在抢几粒芝麻后望洋兴叹。如图 1–2–9，该股先拉涨停，然后接着就进行打压洗盘。

涨停板的洗盘手法时间短，效率高。通过高换手，可以提高持股人的成本，同时也可以快速收集筹码，为下一步拉升作准备。

如图 1–2–10、图 1–2–11 所示，连续拉涨停或涨停之后接着反手洗筹，可以在洗盘的过程中不停地高抛低吸赚取差价，以弥补主力在拉升阶段付出的较高交易成本。这样操作，既能降低自己的持仓成本，同时也可以抬高投资者的持仓成本，又可以让市场弄不清主力的成本，辨不清主力出货的位置。

洗盘是主力清洗市场浮筹的一个环节。当个股经历了一定幅度的上涨之后，市场浮筹处于获利的状态，此时继续拉升，对主力而言是极为不利的。

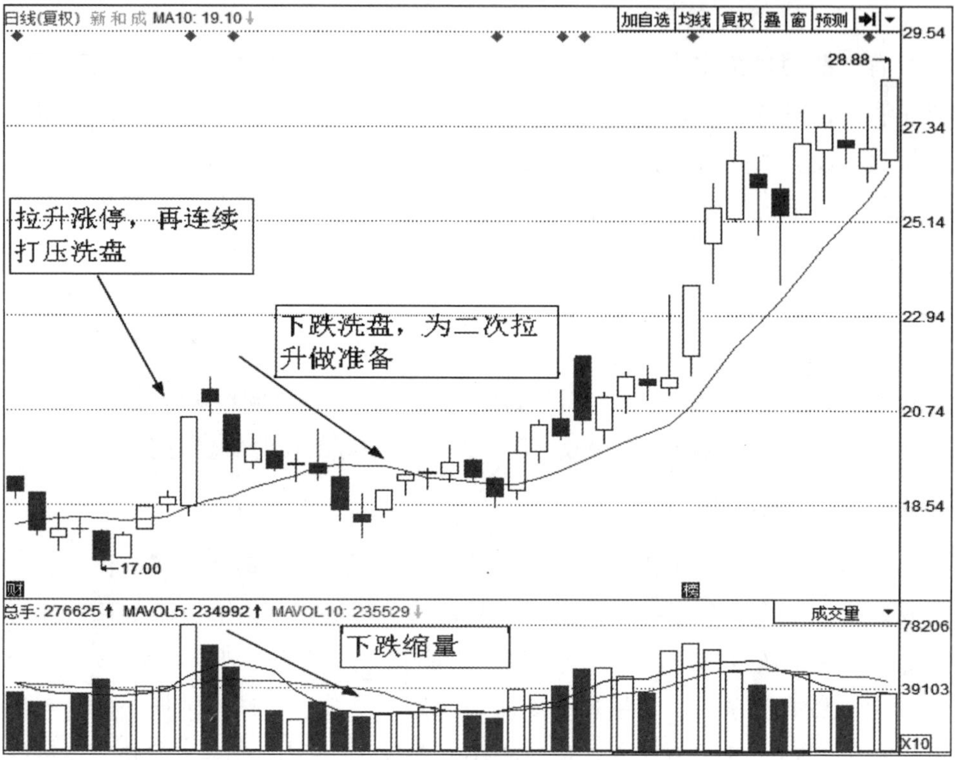

图 1-2-9

为了达到后期继续拉升的目的，必须在中途让意志不坚定、缺乏耐心的散户抛出股票，交出筹码，以减轻上涨压力。同时，这样操作也可以让持股者的平均持仓价位升高，使得市场成本远远高于自己的建仓成本。

四、吸引散户跟风

股票最终是要卖出去的，所以在适当的时候让更多人来关注这只股票就显得格外重要。需要引起注意的是，涨停板是一种直接、明显的拉升和震仓洗盘办法。

透过交易大厅的幕墙，所有人都可以看到醒目的涨停信息，很容易引起人们的关注、传播和议论。很多主力资金为了引起人们的注意，连续拉出涨停板，涨停板在这里成了主力手中的张贴告示或免费宣传品。

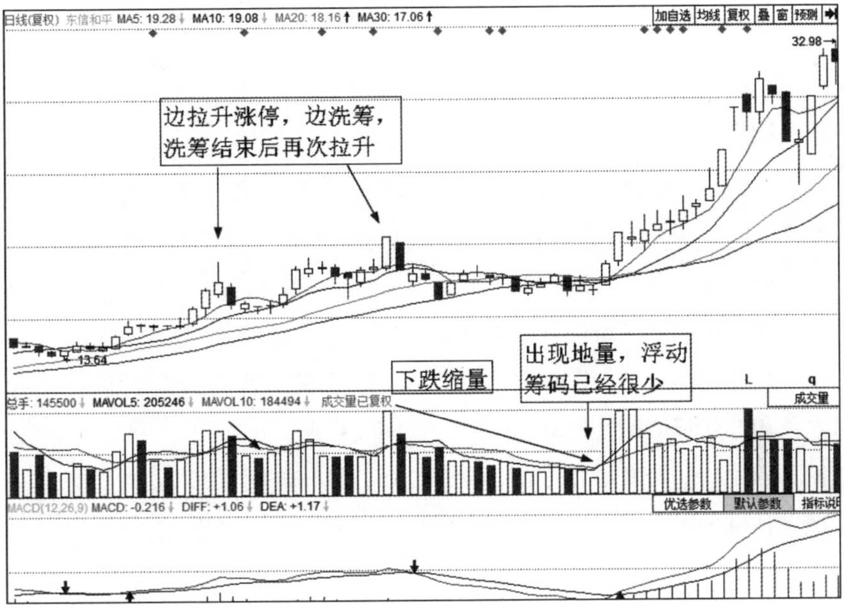
日线(复权) 东信和平 MA5: 19.28 MA10: 19.08 MA20: 18.16 MA30: 17.06
加自选 均线 复权 叠 窗 预测
32.98
边拉升涨停，边洗筹，洗筹结束后再次拉升
13.64
下跌缩量
出现地量，浮动筹码已经很少
总手: 145500 MAVOL5: 205246 MAVOL10: 184494 成交量已复权
成交量
MACD(12,26,9) MACD: -0.216 DIFF: +1.06 DEA: +1.17
优选参数 默认参数 指标说明

图 1-2-10

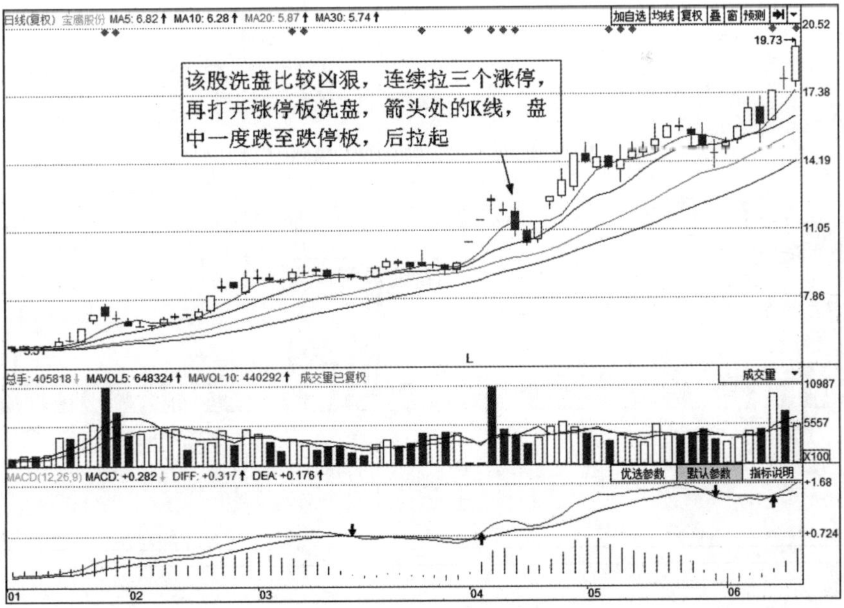
日线(复权) 宝鹰股份 MA5: 6.82 MA10: 6.28 MA20: 5.87 MA30: 5.74
加自选 均线 复权 叠 窗 预测
20.52
19.73
该股洗盘比较凶狠，连续拉三个涨停，再打开涨停板洗盘，箭头处的K线，盘中一度跌至跌停板，后拉起
17.38
14.19
11.05
7.86
总手: 405818 MAVOL5: 648324 MAVOL10: 440292 成交量已复权
成交量
10987
5557
X100
MACD(12,26,9) MACD: +0.282 DIFF: +0.317 DEA: +0.176
优选参数 默认参数 指标说明
+1.68
+0.724
01
02
03
04
05
06

图 1-2-11

拉升股价至涨停板，展示自身实力，有恃无恐地暴露自己的操作意向，吸引散户跟风抬轿，实现账面利润，可以方便地为后期出货预留足够的空间。

五、利用涨停出货

拔高涨停，为出货派发预留空间，这是一种诱多行为，此阶段主力将手中的筹码在高价位卖给市场进行套现，以达到顺利完成出货的目的。

主力深知散户的特点——追涨杀跌。以涨停的方式激发人气，可以引起市场的注意，吸引大量的市场跟风盘入场接货。此时是主力资金的派发区，也是最危险的区域。利用拉涨停出货，这种情况对普通投资者危害很大，所以大家一定要有所了解。

图 1-2-12 是广田集团（002482）的 K 线走势图。该股主力在高位通过涨停来吸引市场的关注，引诱大量的投资者跟风买入。制造强大的买盘，吸

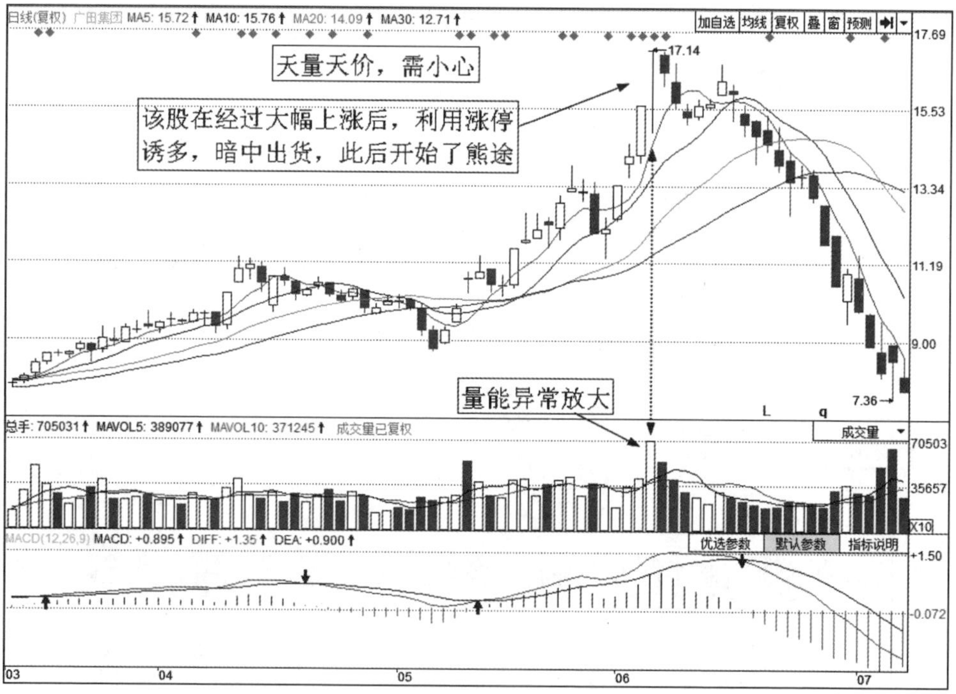

图 1-2-12

引市场中的其他资金买入，利用封涨停派发筹码，这是主力出货的常用手法。此时是主力的出货阶段，也是最危险的时期，投资者要小心。

之所以能够在涨停的时候出货，主要是因为能够买入涨停的股票，对投资者的吸引力实在太大了。看到出现涨停板的个股，散户会不顾一切地追涨买入。在巨大买盘的推动下，主力很容易卖出手中的筹码。

主力资金先用大笔买单把股价封在涨停板上，等待散户跟单增多后，主力再悄悄撤单，然后将筹码卖出。等到涨停即将被打开或打开一点后，主力可以再次用大笔买单将股价封在涨停价上。通过这种方法反复运作，可以诱惑散户在涨停价上跟风追涨买入，从而达到暗中出货的目的，这是主力出货的一种典型操盘方法。

图 1–2–13 和图 1–2–14 是登云股份（002715）的 K 线图和分时走势图。先看图 1–2–13，该股在 2015 年 6 月 2 日的 K 线，明显是主力通过大单拉涨停，

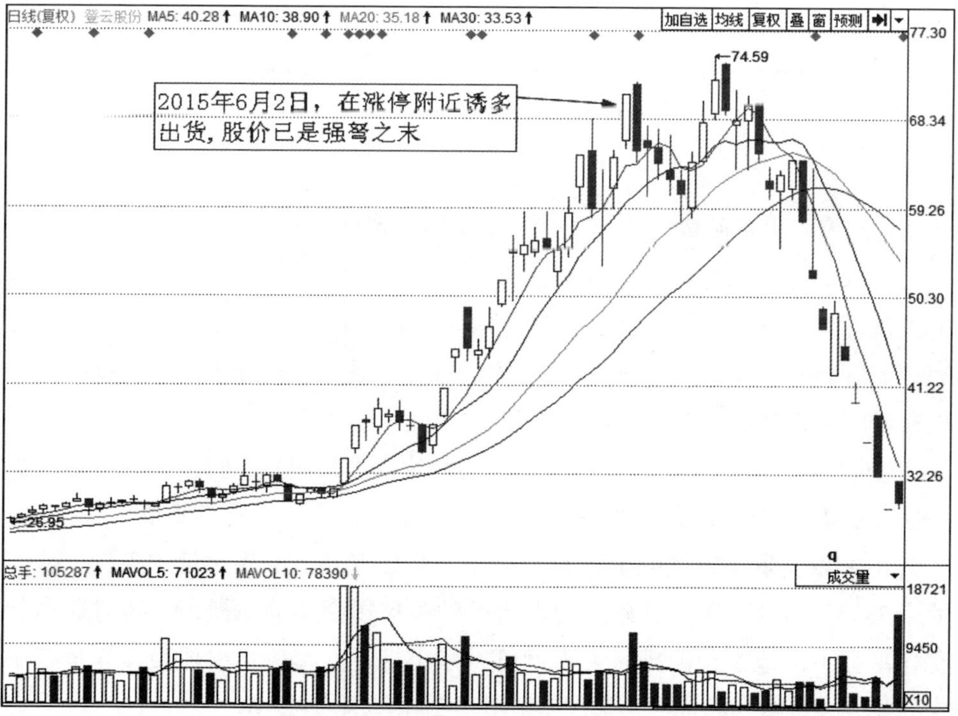

图 1–2–13

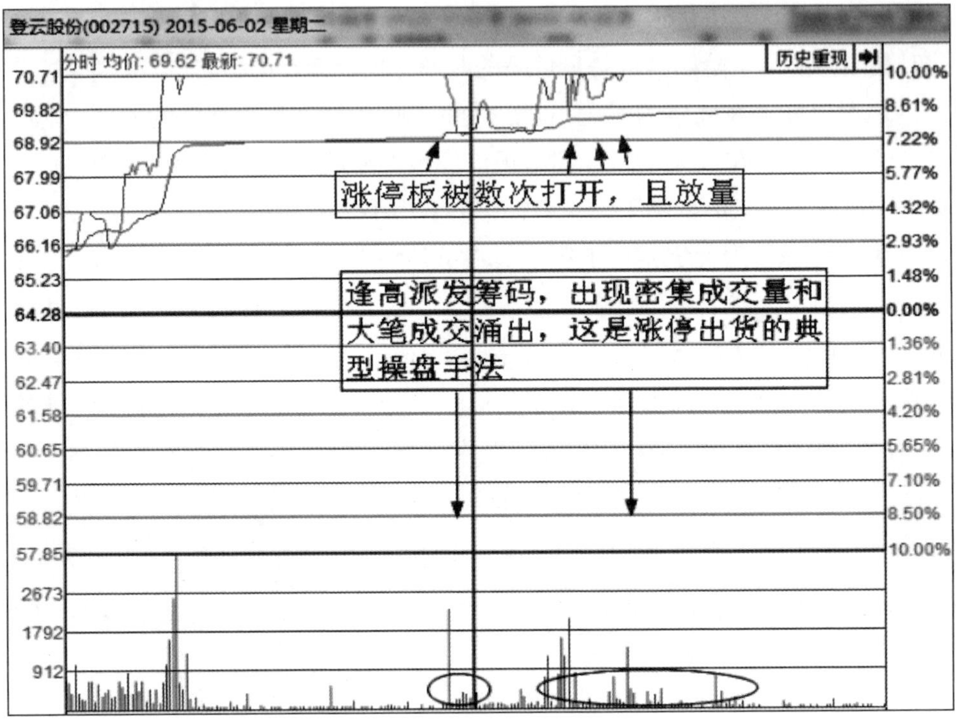

图 1-2-14

从而在涨停板出货所致，这预示短期调整即将到来。

如果大盘走势好的话，则横盘整理后有可能继续往上拉升一段；如果碰上大盘不好，后期走势就不是特别乐观了。但是，主力想在高位完成出货，还需要横盘震荡数日。从图 1-2-13 中，也可以看到股价处于波段涨幅高位，投资者应注意潜在风险，要盯紧盘面。

如图 1-2-14 所示，登云股份的主力利用涨停板出货，特别是封板后，被大量卖盘砸开。涨停板屡次被打开，盘中有量能涌出，投资者要小心。

主力以巨量买单把股价拉升至涨停，并在涨停板上放大量的买盘，从而使多头买盘达到高潮。然后主力把自己的买单逐渐悄悄地撤掉，这时股民的委托单会不断地推到前排，主力就可以以小批量的卖单卖出成交，逐步将手中的筹码抛售给排在前列的股民，见图 1-2-15、图 1-2-16。

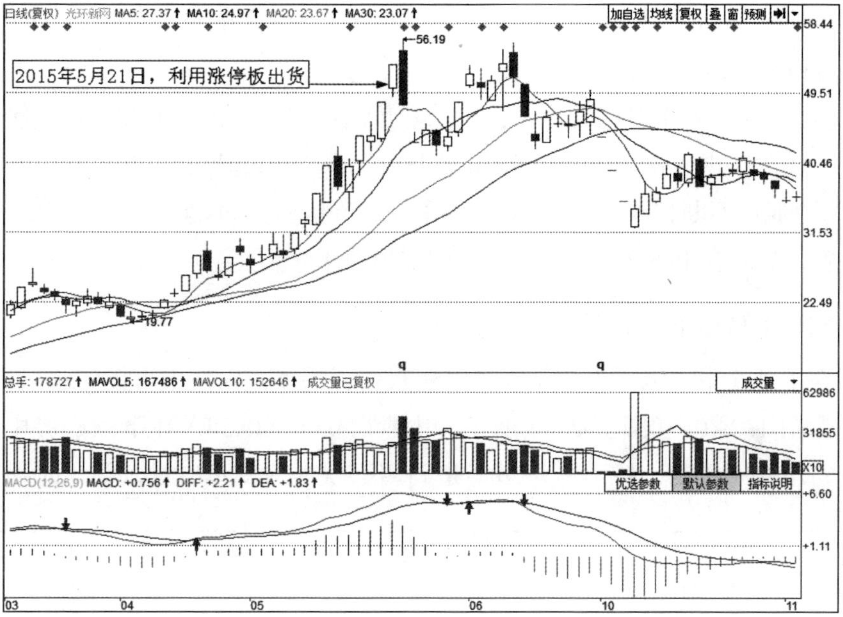
日线(复权) 光环新网 MA5: 27.37 MA10: 24.97 MA20: 23.67 MA30: 23.07
加自选 均线 复权 叠 窗 预测
2015年5月21日，利用涨停板出货
56.19
19.77
58.44
49.51
40.46
31.53
22.49
总手: 178727 MAVOL5: 167486 MAVOL10: 152646 成交量已复权
成交量
62986
31855
X10
MACD(12,26,9) MACD: +0.756 DIFF: +2.21 DEA: +1.83
优选参数 默认参数 指标说明
+6.60
+1.11
03
04
05
06
10
11

图 1-2-15

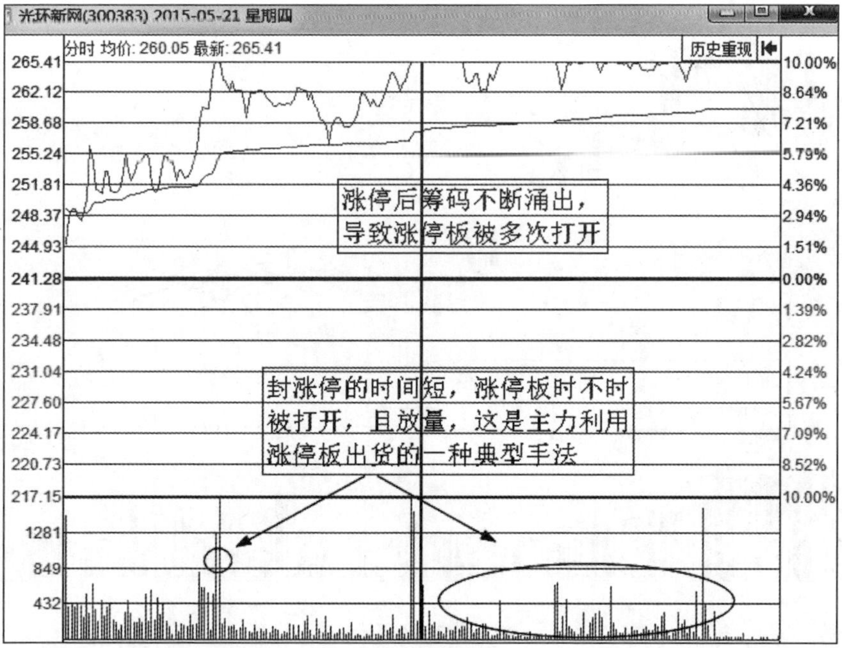
光环新网(300383) 2015-05-21 星期四
分时 均价: 260.05 最新: 265.41
历史重现
涨停后筹码不断涌出，
导致涨停板被多次打开
封涨停的时间短，涨停板时不时
被打开，且放量，这是主力利用
涨停板出货的一种典型手法
265.41
262.12
258.68
255.24
251.81
248.37
244.93
241.28
237.91
234.48
231.04
227.60
224.17
220.73
217.15
10.00%
8.64%
7.21%
5.79%
4.36%
2.94%
1.51%
0.00%
1.39%
2.82%
4.24%
5.67%
7.09%
8.52%
10.00%
1281
849
432

图 1-2-16

图 1-2-16 是光环新网（300383）在当天高位利用涨停板出货的分时图，可以看得更清楚。

从图 1-2-16 中可以看出，该股虽然最后以涨停收盘，但涨停途中屡次被打开，反复出现多次。冲击涨停而不去封死涨停，暴露了主力无心做多的意图。主力通过不断挂买单、撤单和填单的方式制造虚假买盘，实则是暗中出货。越往后，盘面会出现更多细节，更加暴露主力出货的行为。

六、下跌途中的涨停

在下跌途中，涨停无非是为了吸引投资者买入，以便主力更好地出货。

如图 1-2-17 和图 1-2-18 所示，中泰股份（300435）在下跌趋势中，股价受到均线的压制，拉出涨停多半是利用下跌中的反弹出货，临盘时切不可

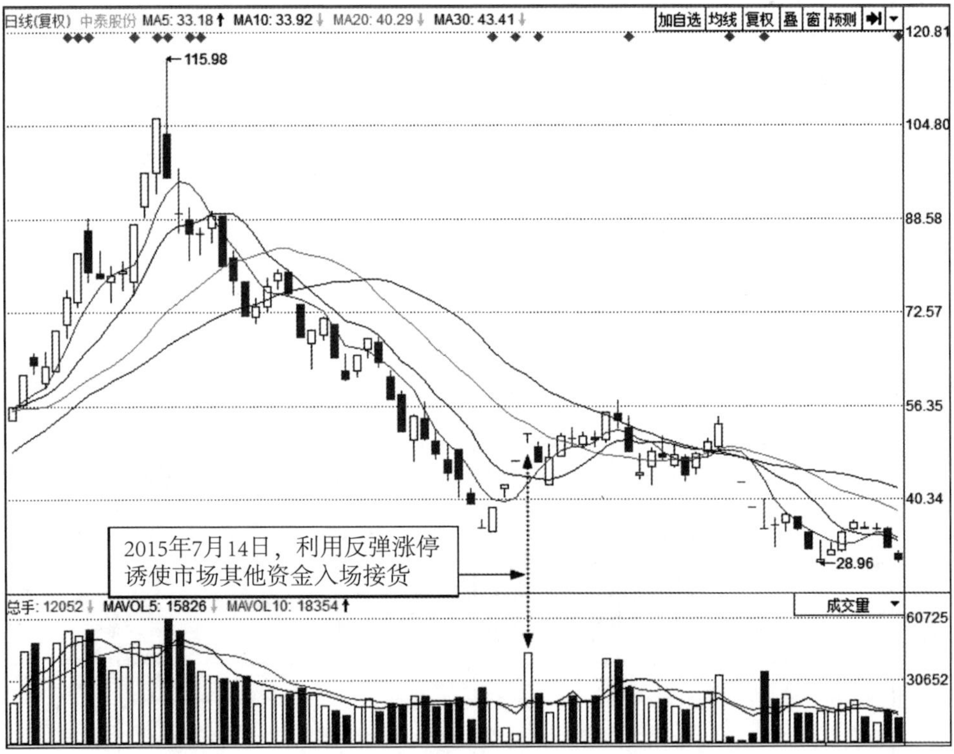

图 1-2-17

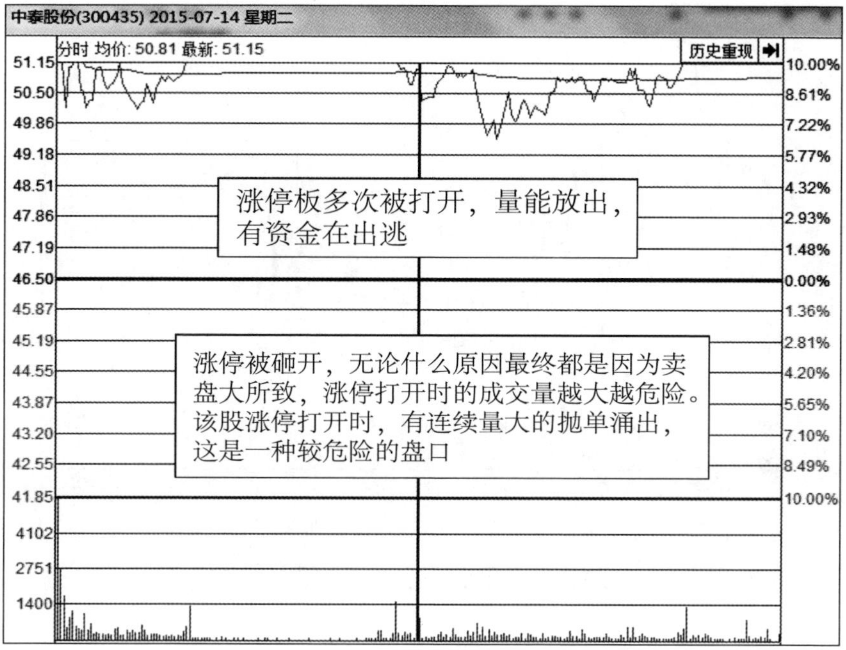

图 1-2-18

上当。从当日的分时走势图也能看得清清楚楚，主力在涨停板偷偷摸摸地出货。

下面再看一个案例。

如图 1-2-19 所示，大虹商场（002419）的股价见到高点之后开始下跌，并且均线系统已经由之前的多头趋势变成空头趋势，重心不断下移。跌到一定价位的时候再次出现技术反弹，止跌回升。

2015 年 8 月 11 日出现涨停，直接高开大幅拉升冲击 60 日均线，给人的感觉是要突破 60 日均线，但次日和后几日就扭头向下大幅杀跌。这种骗线的杀伤力是很大的，因为主力是在有计划地撤退，后面接着连续下跌。

下面来看下当天的分时图，可以更清晰地看出主力是在涨停的掩护下出货。

图 1-2-20 是天虹商场 2015 年 8 月 11 日的分时图，图中该股主力即采取了涨停板掩护出货的手法。

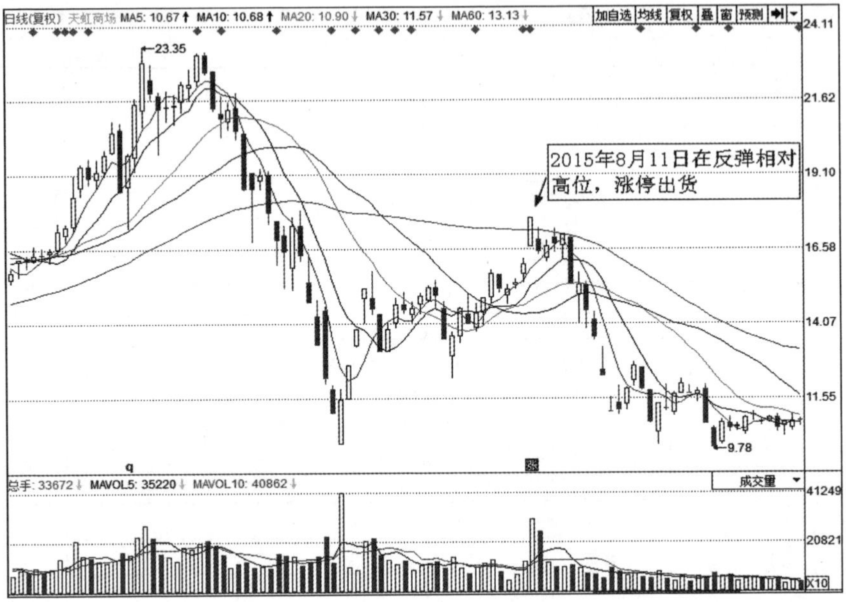
日线(复权) 天虹商场 MA5: 10.67 MA10: 10.68 MA20: 10.90 MA30: 11.57 MA60: 13.13
23.35
2015年8月11日在反弹相对高位，涨停出货
9.78
总手: 33672 MAVOL5: 35220 MAVOL10: 40862
成交量

图 1-2-19

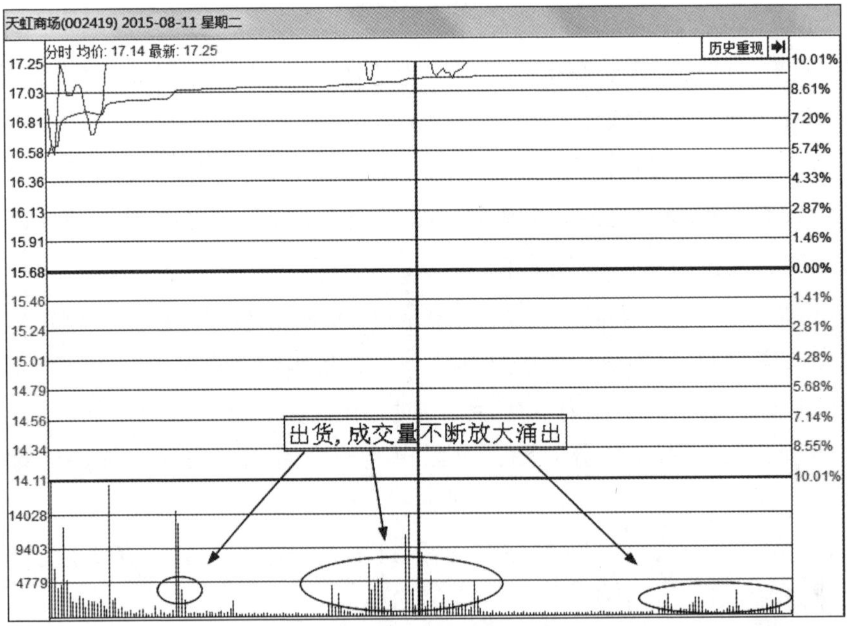
天虹商场(002419) 2015-08-11 星期二
分时 均价: 17.14 最新: 17.25
历史重现
出货，成交量不断放大涌出

图 1-2-20

一般投资者会认为，能涨停的股票就会继续保持强势，后市依然能够看涨，所以部分投资者会在涨停价挂单，排队等待买入，或者等打开涨停后介入。此时主力借机出货，出货行为不会引起股价的大幅下跌，具有一定的隐蔽性，又能使筹码卖出一个较高的价格。

第三节　股票为什么会涨停

沪深股市约有 2900 只股票，每个交易日都有个股强势涨停。它们为何涨停？是偶然，还是有其必然性？为了更好地把握涨停板，要了解个股出现涨停的原因，这样才能更好地判断涨停究竟是机会还是风险。

导致涨停出现的原因是多种多样的。一般而言，除非个股有重大利好消息，否则个股的涨停总是或多或少与主力资金的运作有关。本节中，我们重点关注引发个股涨停的原因，不过多考虑主力资金运作因素，而是从政策利好受益、资产重组成功、业绩大幅增长、摘星脱帽等方面来分析出现涨停板的原因。

一、政策利好受益的涨停板

在不同时期内，由于宏观经济发展的需要，国家会出台一些针对相关行业的优惠政策，以扶持这一行业更快地发展。上市公司是各行业中最具竞争力的企业，国家扶持行业的上市公司可以交更少的税，获更多的利，这对上市公司来说自然是一个重大利好，相关个股自然就会成为市场追捧的对象和主力炒作的目标，因此容易出现涨停板走势。

例如，2016 年 1 月 19 日，财政部、科技部、工业和信息化部、发展改革委、国家能源局联合发布《关于“十三五”新能源汽车充电基础设施奖励政策及加强新能源汽车推广应用的通知》，旨在加快推动新能源汽车充电基础设施建设，培育良好的新能源汽车应用环境。通知提出 2016 年至 2020 年，中央财政将继续安排资金对充电基础设施建设、运营给予奖补。该政策措施无疑对充电桩板块构成直接利好，这些板块里的个股就会出现冲击涨停板的股票，如图 1–3–1 所示。

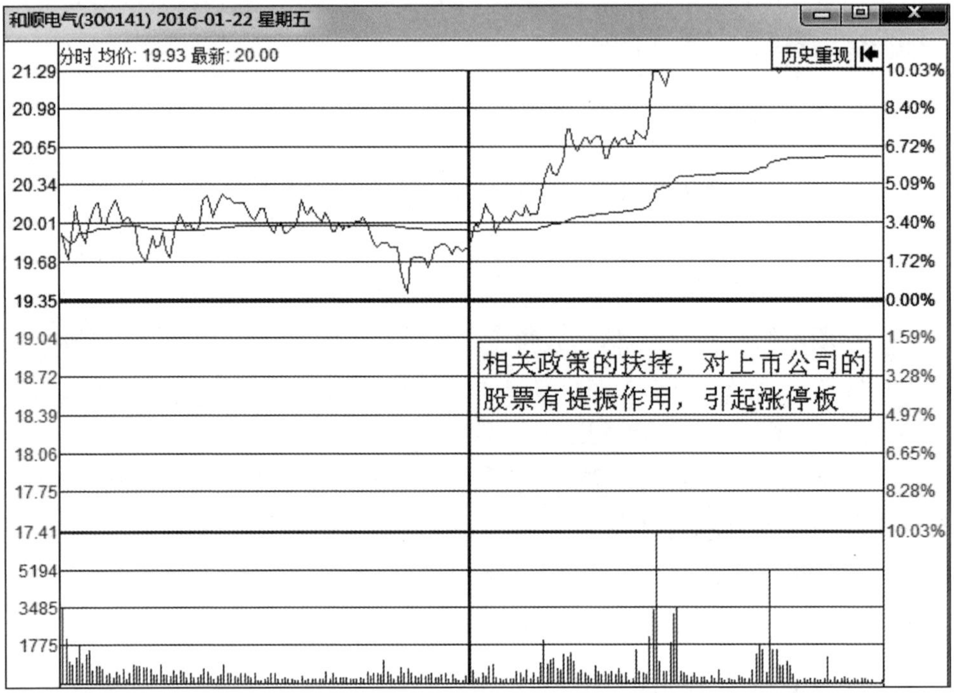

图 1–3–1

国家政策支持的行业、板块和政策扶持的地区等，涉及这些因素的上市公司，很容易被主力大资金看中，从而产生大行情。没有国家政策扶持的行业及地区的上市公司，股价在市场上的表现，远逊色于受政策支持的上市公司的股价表现。

A 股具有政策市特征，国家政策可以对股市涨跌带来巨大影响。当国家出台某种行业、区域的利好政策时，与之相关的个股就会成为市场关注的对象。这类个股在主力的运作和市场追捧之下，往往会出现涨停板走势。在所有的涨停板中，政策利好消息引发的涨停板最值得关注，实战意义最突出，因为这类个股极易催生中短线黑马股。

再举个例子，2016 年 3 月 8 日，人民银行、银监会、证监会、保监会联合印发《关于金融支持西藏经济社会发展的意见》，提出“十三五”时期金融支持西藏经济社会发展的 24 项政策意见，将给予西藏差异化金融政策支持。受此利好消息影响，相关概念股强势涨停，见图 1–3–2。

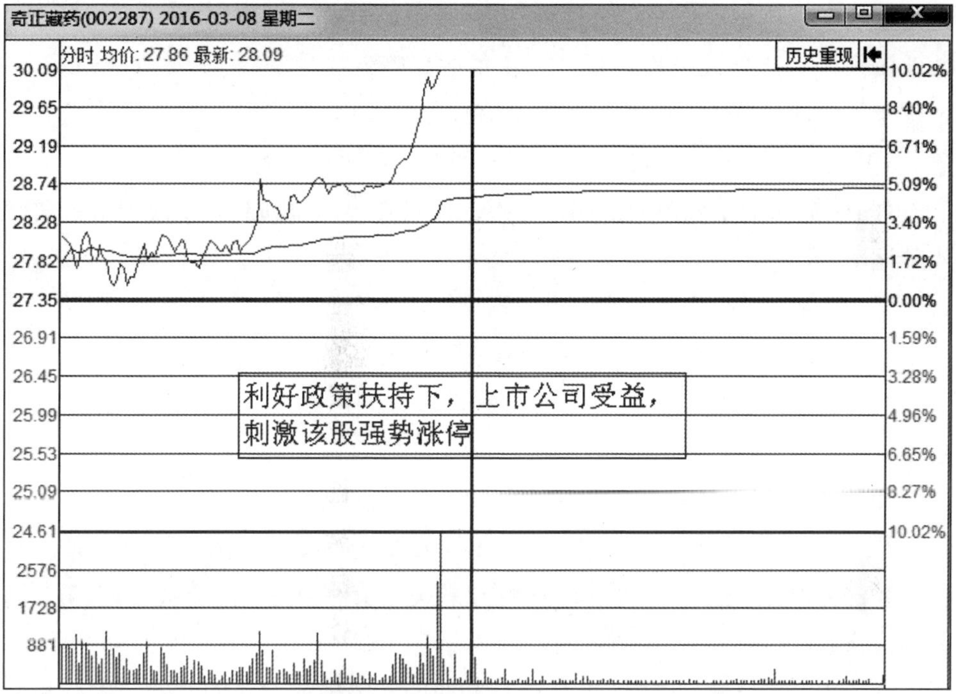

图 1–3–2

政策市是我国股票市场的一大特色，政策能直接影响股票的走势。政策内容不同，影响股价走势的持续性也是不同的，有的影响数周的股价走势，有的只能影响几个交易日的股价走势。主力有可能在政策朦胧前期买入股票，等政策公布之后趁机拉高股价，把筹码卖出去，完成出货。

对于利好提振作用的持续性，投资者要有自己的判断能力。当股价在高位时，勿买进某只股票，避免成为主力筹码的接盘侠，同时还要看市场给不给机会。如果前期涨停板过多，如十个或者以上，还是不要参与，因为风险过高。如果涨幅不大，又经过合理调整，利好政策公布时，投资者可以择机参与。

二、资产重组成功

重组是股市里永恒的炒作话题。重组股一直是市场非常关注的一个领域，也是短线资金热衷炒作的一个题材。资产重组的方式多种多样，例如改变名称、收购资产、资产置换、出售资产、租赁或托管资产、受赠资产，对企业负债的重组，股份的分拆、合并以及资本缩减等。

进行资产重组，可以带来以下几个好处。

（1）提高上市公司的市场占有率，提高公司的盈利能力、盈利水平和资本利润率。

（2）避免同业竞争，让上市公司接轨新兴产业。

（3）重组有利于上市公司增强经营独立性，减少和规范关联交易。

（4）可以把不宜进入上市公司的资产分离出来，卸掉上市公司多年的包袱。

下面来看看上市公司重组引发股票涨停的案例。

图 1-3-3 是远方光电（300306）的日 K 线走势图。2016 年 9 月 9 日该股涨停，涨停原因是公司重大资产重组方案获无条件通过，远方光电以 10.2 亿元的价格收购维尔科技 100% 股权。

远方光电本来的主营业务为 LED 和照明光电检测设备的研发、生产和销售以及综合检测解决方案的提供，收购完成后，公司积极拓展业务，成功进军指纹识别、人脸识别、指静脉识别等生物识别领域。重组利好消息发布当天，该股高开高走，应声涨停。

什么样的上市公司适合进行资产重组呢？

当企业规模太大，导致效率不高、效益不佳，这种情况下企业就应当剥离出部分亏损或成本、效益不匹配的业务；当企业规模太小，业务较单一，导致风险较大，此时就应当通过收购、兼并适时进入新的业务领域，开展多种经营，以降低整体风险。

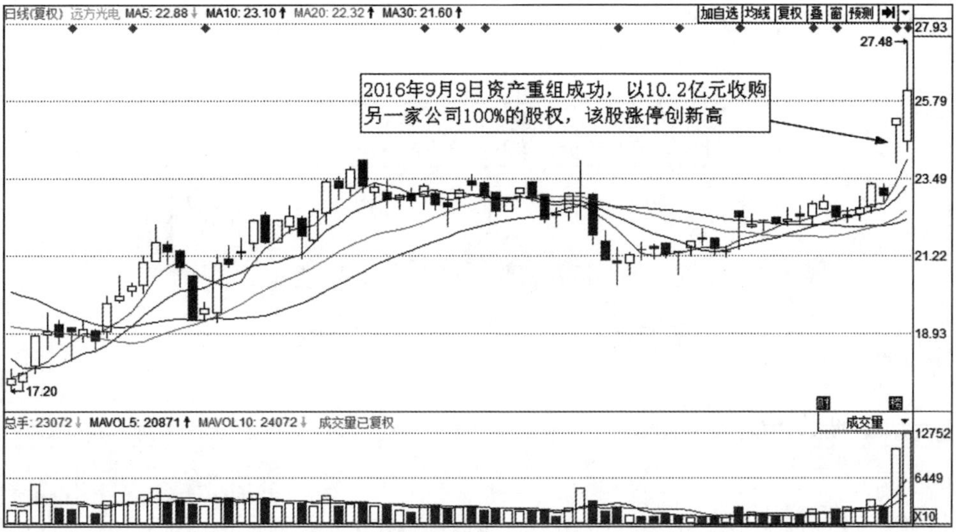

图 1–3–3

三、业绩大幅增长

好的业绩是支撑股价节节攀升的原动力，而且符合深入人心的价值投资理念，那些业绩优秀的上市公司多会受到投资者的追捧。当一家上市公司发布业绩报告或提前对业绩进行预告时，若其业绩增速大大超出市场预期，很可能因此引发投资者的大量买入，从而引发涨停板走势。

一般来说，业绩好的上市公司，其股票价格会高于业绩差的上市公司。业绩通常与股价成正比关系，上市公司业绩增长的幅度越大，股价未来的涨幅就会越大，所以，投资者要选择那些业绩较好的公司股票。

业绩是股票的价值所在，是支撑股价的客观条件和物质基础，公司业绩的好坏直接影响股票的价格。

图 1–3–4 是四川长虹（600839）的 K 线走势图。2016 年 5 月 3 日该股涨停，涨停原因是 2015 年全年巨亏的四川长虹，2016 年一季度实现“开门红”。

四川长虹发布的 2016 年一季报显示，该公司营业收入 154.08 亿元，同比增长 12.22%，经营现金流净额同比增长 183.65%，归属于上市公司股东的净利润 2.16 亿元，同比增长 1148.64%。

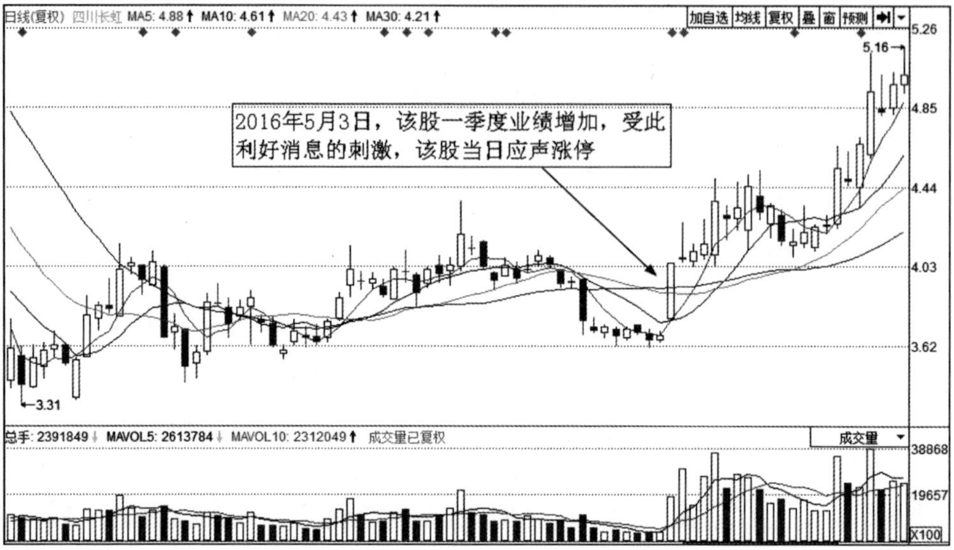

图 1-3-4

在这个消息的带动下，该股出现了新一轮的上涨行情，一季报发布当日即封住涨停。

图 1-3-5 是合康变频（300048）的 K 线走势图。2016 年 4 月 26 日该股强势涨停，涨停原因系合康变频发布的第一季度财报超出市场预期。

该公司 2016 年 1–3 月实现营业收入 2.45 亿元，同比增长 87.41%，而电气设备行业平均营业收入增长率为 10.75%。公司本季度实现归属于上市公司股东的净利润 6000 万元，同比增长 2016.58%。该消息的公布，博得股市中多数投资者的看好情绪，进而催生涨停。

业绩体现了上市公司的经营能力，是衡量企业优劣的重要标志。好的企业是以尽可能多地创造利润为目标的，股票市场上的投资者也极为关注个股的业绩情况。

如果上市公司因为主营业务增长使业绩大幅增长，这无疑是利好消息，通常会刺激股价出现上涨。如果上市公司业绩出现大幅度下滑甚至亏损，待发布业绩公告时，股价通常会下跌。

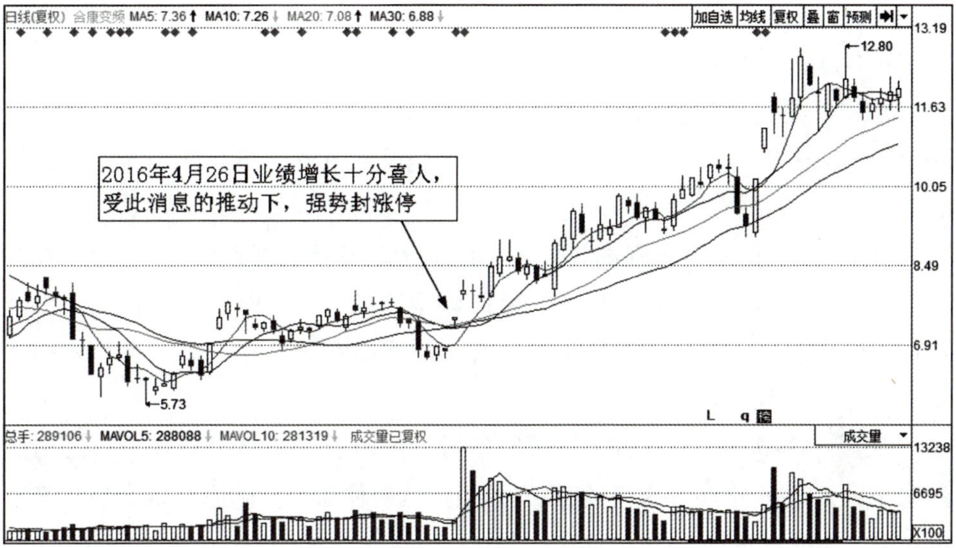

图 1–3–5

四、脱星摘帽引起的涨停

上市公司连续两年亏损，将被戴上 ST 的帽子；连续三年亏损，则要在 ST 前加“*”，代表有退市风险。戴上 ST 的帽子是一件不光彩的事，说明上市公司陷入了亏损状态。如果能够扭亏为盈并顺利摘掉这顶帽子，自然是一件值得欢喜的事情。

当上市公司公布脱星摘帽的消息时，个股会有较强的上涨动力，也能够成为市场阶段性挖掘的热点，暴涨走势也常常在这类股票中出现。

除此之外，还有以下原因。

（1）*ST 类股票通常被称为“垃圾股”，一些机构投资者（如基金）制定了不得购买 *ST 股票的制度，很多证券公司或基金公司也大多不对其进行任何投资评级。部分投资者从规避风险的角度考虑，从来不关注 *ST 股票，也从不购买 *ST 股票。*ST 股票一旦扭亏脱帽，是一个很大的利好消息，股价常常闻风而起，从而重新成为机构投资者关注和购买的对象。

（2）原来已驻扎在 *ST 股票中的主力，可能趁摘星脱帽之机大幅拉升。

特别是经过重大重组，在摘星脱帽时改名的股票，主力为了塑造公司的新形象，提高知名度，往往在摘星脱帽后快速拉升股价。

摘星脱帽也就是说上市公司远离了退市风险，对持有这只股票的投资者来说，可以长舒一口气。对主力来说，更是乐不可支，不来几个涨停，难解心头之恨。

（3）部分投机性较强的投资者，因为 *ST 股票的涨跌停幅度只有 5%，因此不愿意参与。一旦摘星脱帽，涨跌幅限制恢复到 10%，这些投资者也会再回来炒作。*ST 股票在摘星脱帽后有了新增的购买群体，需求迅速增加，从而也可以推动股价上涨。

从图 1-3-6 中可以看出，*ST 厦华撤销公司股票退市风险警示，成功摘星脱帽后，2016 年 5 月 30 日恢复交易当天就封住涨停。随后几个交易日又连续拉升，由此可见摘星脱帽行情的威力。

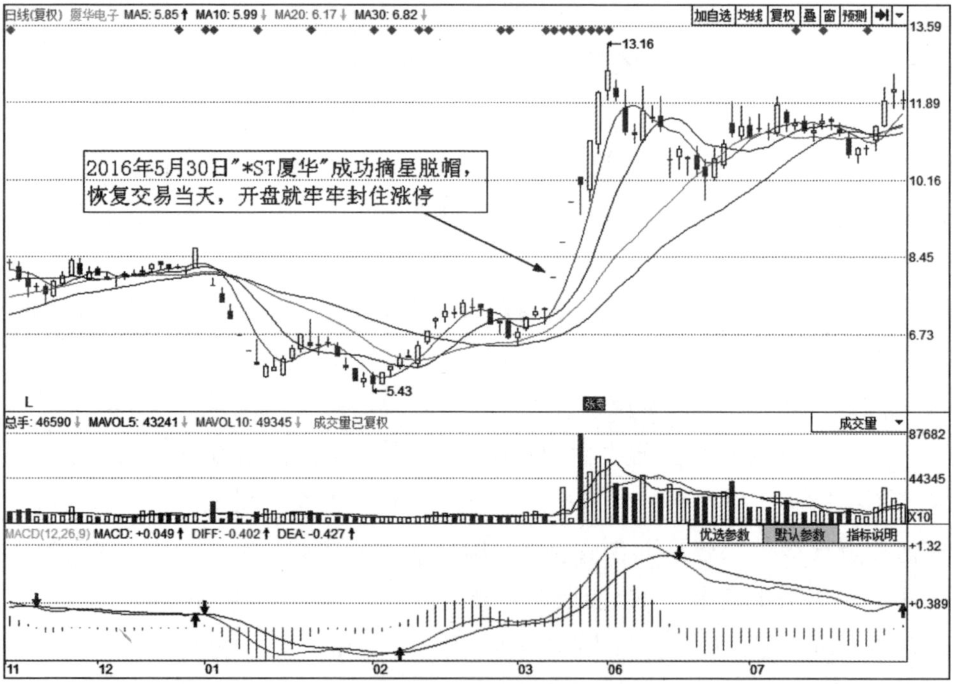

图 1-3-6

从消息面上来看，*ST 厦华在 2015 年度实现扭亏为盈，公司股票撤销退市风险警示及其他风险警示，简称由“*ST 厦华”变更为“厦华电子”，股票交易日涨跌幅限制恢复为 10%，成功摆脱退市的风险，从而刺激二级市场股价连续涨停。

从过去的历史行情来看，每年春季是摘星脱帽股炒作的高潮，大部分都在 3 月到 6 月之间。上市公司均会提前发布年度业绩预告，投资者可借此先关注具备摘星脱帽可能的品种。此外，相对而言，股价处于低位、最近两年以来没有经过大幅炒作的 *ST 股，一旦业绩扭亏，实现摘星脱帽，往往会吸引市场资金的关注，带来一波炒作行情。

上市公司一般均会提前发布年度业绩预告，投资者可以从以下几个方面筛选摘星脱帽潜力股。

（1）有实力的大股东，尤其是央企或地方国企优先考虑，因为这类公司未来重组的可能性较大。

（2）涨幅落后于大盘，甚至逆势下跌的品种优先，这类股票炒作的安全系数较高。

（3）股东人数连续多个季度减少，且股价蓄势站稳短期、中期、长期均线的品种优先。

（4）寻找已经扭亏为盈的上市公司股票。

（5）价格低、市值小的股票优先考虑，这类股票炒作的空间较大，重组的可能性也较高。

从投资策略上来看，投资者应该注意以下四点。

（1）*ST 股票通常在摘星脱帽前各类消息满天飞，投资者需要确定消息的真伪和准确性，关注股票的消息面，做好充足的介入该股的准备。

（2）*ST 股摘星脱帽当天，如出现涨停板，对于持有 *ST 股票的投资者来说，摘星脱帽后如果股价一直封在涨停板，则继续持股待涨。

（3）公司在摘星脱帽前期，如果股价出现大幅上涨，则“见光死”的情况常常发生。当股价跌至 5 日均线下方时，投资者应尽快卖出，这样可以有效避免大幅亏损的风险。

（4）选择 *ST 股票的投资者需要承担一定的风险，这种风险最大的可能就是退市。退市会使投资者投入的资金血本无归，所以介入此类股票要控制好仓位，轻仓介入。

以上介绍的涨停基因都是股票涨停的条件，但不是充分必要条件，所以投资者偶尔也会遇到这样的情况，明明出现了以上所说的某种涨停基因，股价却照样蹭蹭往下跌。这就说明了一个问题，有涨停基因的股票，股价并不一定会上涨，因为还要看大盘的走势情况。

下面是一幅图表，能更加直观地说明这一点。

表 1-3-1

事项引发涨停	牛市	震荡市	熊市
国家政策利好	很有用	很有用	很有用
资产重组成功	涨停翻倍	很有用	有用
业绩大幅增长	很有用	很有用	有用
*ST 摘星脱帽	涨停	涨停	没用
*ST 披星戴帽	没用	2 个跌停	4 个跌停
高管增持股份	很有用	有用	没用
上市公司中标大单	很有用	有用	有点儿用
高送转	3 个涨停	一个半涨停	没用
定增募集资金	很有用	有用	没用
资产注入	涨停翻倍	很有用	没用
公开增发	圈钱	没用	作死，跌停
大股东增持股份	很有用	有用	有点儿用
3·15“中枪”丑闻曝光	机会	一个半跌停	3 个跌停

续表

事项引发涨停	牛市	震荡市	熊市
民企老板出事	机会	一个半跌停	3个跌停
国企老板出事	没事	没事	没事
质押股份	可有可无	没用	没用
回购	很有用	有用	有点儿用
配股	无耻	无耻	无耻
业绩承诺	很有用	有用	没用
锁定股份承诺	有用	有点儿用	没用
要约收购	可有可无	很有用	有用
现金选择权	可有可无	很有用	有用
员工持股	有用	可有可无	没用
股权激励	有用	有点儿用	没用
发债券	可有可无	可有可无	可有可无
业绩预增	很有用	有用	有点儿用
年报分红	没用	没用	没用
大小非和限售股解禁	机会	挨骂	要命
收购资产	翻倍	看什么价位买	看买啥资产
媒体报道业绩作假	机会	1个跌停	2个跌停
发行优先股	有用	有点儿用	可有可无

第四节　涨停板制度有什么缺点

涨停板是A股市场独有的制度，其他市场如欧美股市不存在涨停板制度。也就是说，在欧美股市，一个交易日内股票没有涨跌幅限制，理论上波动范围可以无限大。这也给欧美市场的投资者留下了获取更多利润的空间，一定程度上有助于投资者对股价把握的灵活性和准确性。

我国管理层为了控制过度投机，缩小股价上涨的波动幅度，减缓上升的速度，倡导市场理性投资，防止过度炒作，实行了对股价的涨跌幅进行限制的制度。这种制度总体来说起到了一些作用，达到了设置时的初衷。但事物都具有两面性，它限制了股价的涨跌幅度，却仍然无法有效遏制市场中的投机行为，股价操控行为也屡有发生。

涨停板制度不仅有其优点，也有以下显著的缺点。

一、助涨助跌

涨跌停板是股价的极端走势，它既体现了买盘或卖盘力量的强大，同时这种走势也在一定程度上促使投资者的心态出现微妙的变化。当投资者看到个股出现强势上涨，买盘力量充足时，往往就会提高对此股的期望值。对于有意买入的投资者来说，担心在低位无法买到，则会倾向于在第一时间追涨买入，因此，涨停板可以极大地提高投资者的追涨情绪。

股票上涨冲击涨停板时，具有10%以上的冲击力，却被迫在10%处停止上攻，由于股价本身有上涨需求，因此第二日股价会继续上涨。在股市的实盘操作中，有一种专门针对涨停板的短线技术——“抢涨停板”。当一只股票即将涨停时，投资者如果能够及时判断出一只个股当日会强势封上涨停板，提前追进，那么第二天出现的高点，将给介入者带来非常好的获利机会。

对于跌停板来说，情况则刚好相反。跌停板同样是股价极端走势的结果，它体现的是沉重的市场抛压。当个股出现跌停板走势时，投资者通常会出现恐慌情绪，害怕第二天还会继续下跌，此时持股者通常会迫不及待地在第一时间抢着卖出，以避免资金再度缩水。场外的投资者看到价格下跌动能巨大，也不愿贸然出手买入。

通过以上分析，大家可以了解到，虽然推出涨跌停制度的本意是为了避免股价短时间内出现巨幅波动，导致投资者情绪失控，从而作出非理智的决定。但在实际中，涨跌停板其实是对个股走势起到了“助涨助跌”的作用。正是因为这种走势形态，会使投资者的心态发生变化，从而在情绪的作用下加入到追涨杀跌的行列中。

二、小盘股易受到控制

股市当中，股票流通盘的大小有很大的差异。最大的有中国石油（601857）1.2 万亿元的流通盘，也有不足 4 亿元的小市值股票。对于那些流通盘比较小的股票，如果股价不是很高，主力是很容易控盘的。对于这类股票，主力短时间内用大量的资金将股价拉升至涨停板并非难事。

如图 1–4–1 所示，博信股份（600083）的日 K 线图中，连续出现了 5 个涨停板，其中有 4 个是量少的一字涨停板。倘若不是主力提前完成建仓，并且操纵了大量的流通盘，这样的一字涨停板恐怕是很难出现的。而对于流通盘不大的博信股份，主力控盘简直是易如反掌。

小盘股由于流通盘较小，易于控盘，主力可以用少量的资金操控股价的走势，从而达到控盘的目的。

三、易被利用、炒作

主力机构容易利用涨停板制度来进行高效率的炒作。他们是市场的主力，拥有比一般散户投资者得天独厚的资源优势，例如资金、技术、研究人员、信息等，因此，他们完全可以借助涨停板有计划地对市场行情进行有效的控制，以便达到自己的目的。

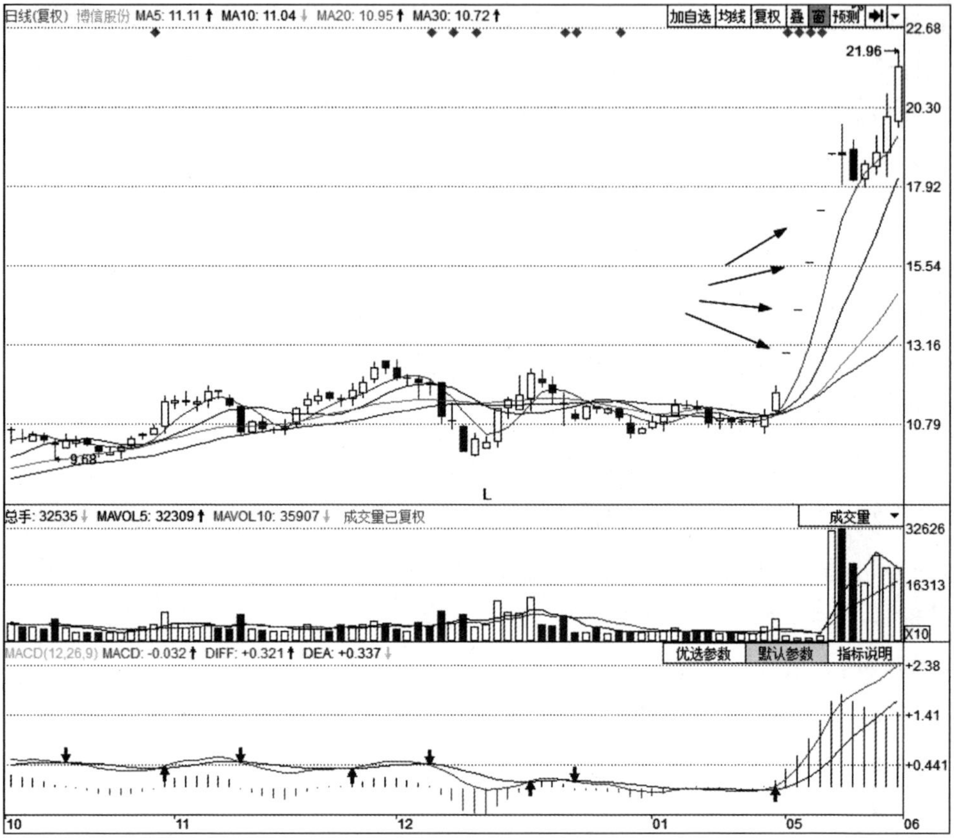

图 1–4–1

四、涨停之后散户买入困难

涨停制度虽然在一定程度上限制了投机风险，但从散户角度来看，也让很多投资者失去了赚钱的机会。不能在市场中获得应有的投资回报，恐怕是投资者面临的痛苦之一。涨停的个股因为买入资金过于庞大，而甘愿卖出的投资者少之又少，想追涨买入是十分困难的。

如图 1–4–2 所示，该股在 2016 年 8 月 22 日突然以 10.02% 的幅度涨停开盘。集合竞价的时候，该股就已经封死在涨停板之上。涨停虽好，但追涨买入非常困难，能否顺利地买入股票还要看运气。

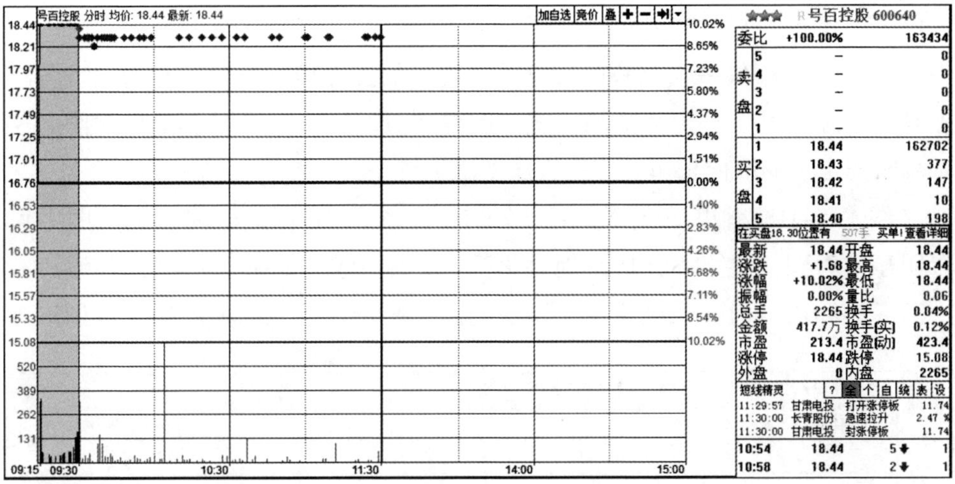

图 1-4-2

从图中显示的成交量来看，盘中成交量非常稀少，散户买入的难度相当大，只能眼睁睁地错过后续的上涨行情。

第五节　哪些涨停板可以追

股市复杂多变，主力隐蔽狡猾，投资者追涨停时应注意以下几种情况。

（1）股价在底部涨停放量，可以适当追买。

（2）股价在相对低位，第一个缩量涨停可以追买。

（3）涨停板封板越早越好。

（4）涨停板反复打开且放量，收盘封上涨停的，这时要看情况。一般在底部的个股，主力在涨停板处洗盘的概率大；在相对高位，大部分情况是出货。

除以上几种情况外，以下几种涨停板追入后胜算比较高。

一、分时图强势的个股

分时图是股价一天走势的心电图，同样的涨停板，分时图上的表现各有差异。上涨速度快、走势陡峭、气势凶悍的分时图，是高胜算的分时图。这种分时图走出的涨停板，具有很大的上涨惯性。

图 1–5–1 是盛屯矿业（600711）2016 年 6 月 16 日的分时图。从图中可以明显地看到，主力不计成本地收集筹码，股价高开高走，死死封住涨停。上涨气势和攻击力强，说明主力拉涨的意志坚定。上涨的速度快，可谓迅雷

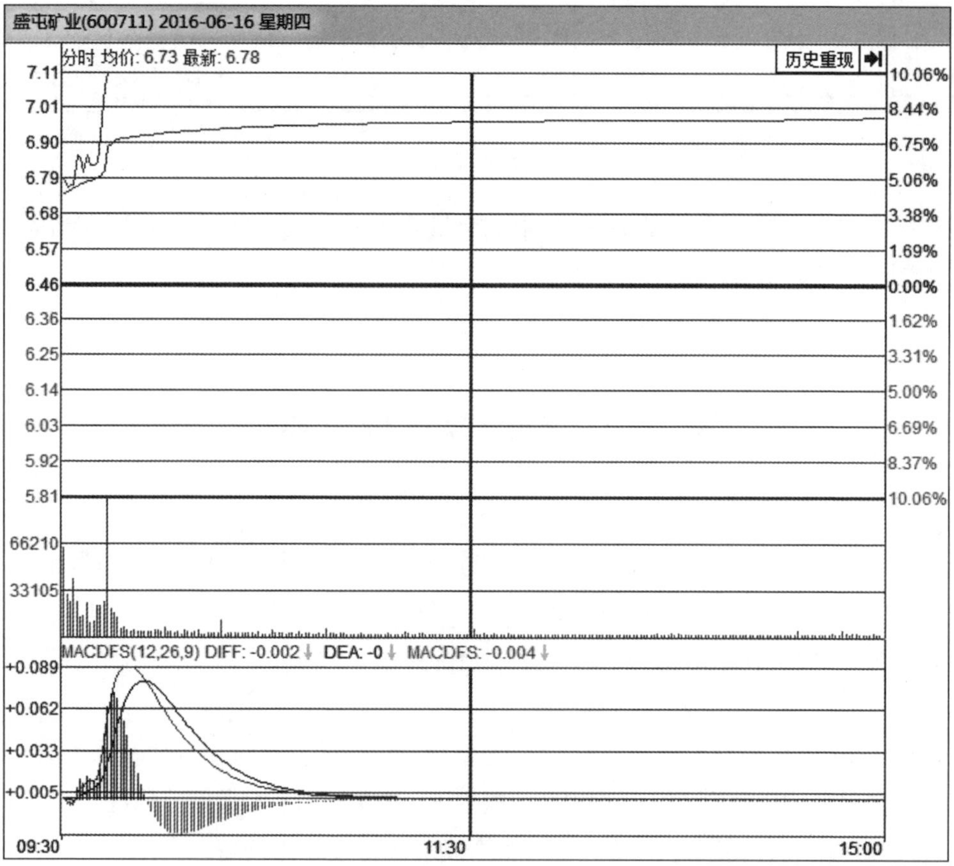

图 1–5–1

不及掩耳，也说明主力急不可耐。此类强势的分时涨停走势，一般都具有短线爆发力，是高胜算的涨停板。

图 1-5-2 是山东威达（002026）的分时图。从图中可以看出，该股开盘后不久就强势封死涨停，投资者可以在即将封涨停的时刻追涨买入。

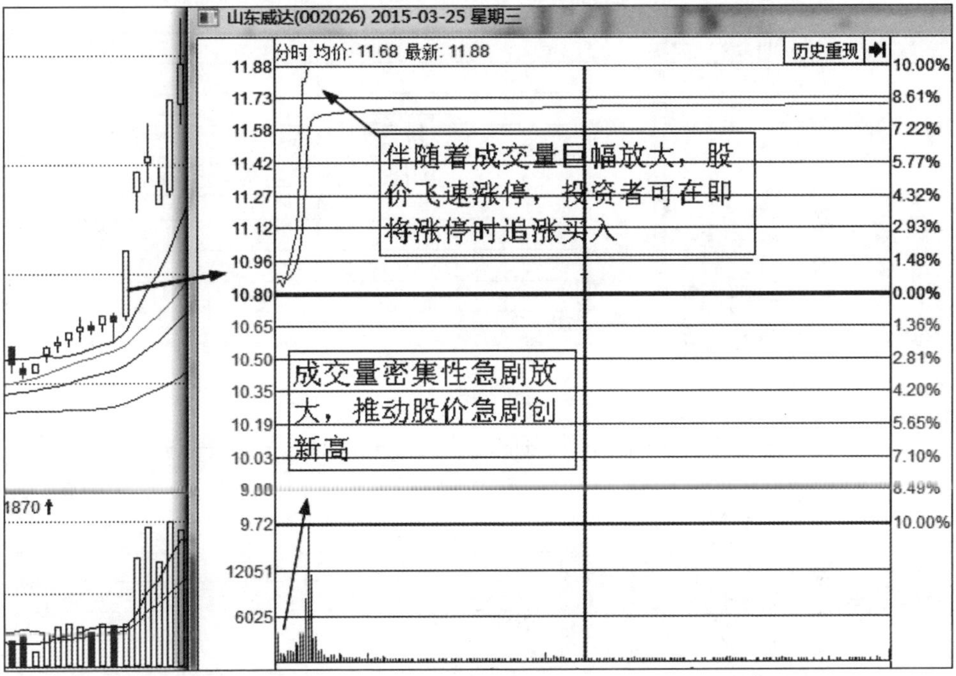

图 1-5-2

图 1-5-3 是蒙草生态（300355）2016 年 8 月 29 日的走势图。该股的股价和分时均价线走势很有力度，非常顺畅，上涨角度陡峭，说明该股非常强势。日 K 线走势图中，该股的成交量放大，说明盘中资金开始积极进场，成交量放大是股价上涨的根本动力。投资者可积极进场操作，获取收益。

弱势个股由于没有资金入场的积极推动，盘中的分时线走势就会非常的曲折，并且成交量的变化也没有任何规律可言。强势股则不同，因为有大量资金积极涌入，所以强势的分时线通常会非常流畅，刚劲有力，上升角度也

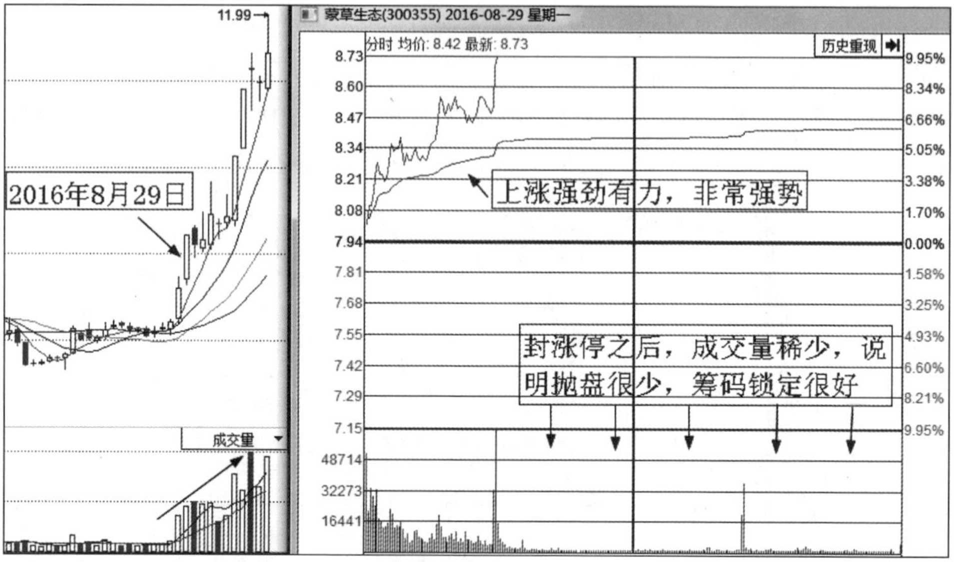
11.99
2016年8月29日
成交量
蒙草生态(300355) 2016-08-29 星期一
分时 均价: 8.42 最新: 8.73
历史重现
上涨强劲有力，非常强势
封涨停之后，成交量稀少，说明抛盘很少，筹码锁定很好

图 1-5-3

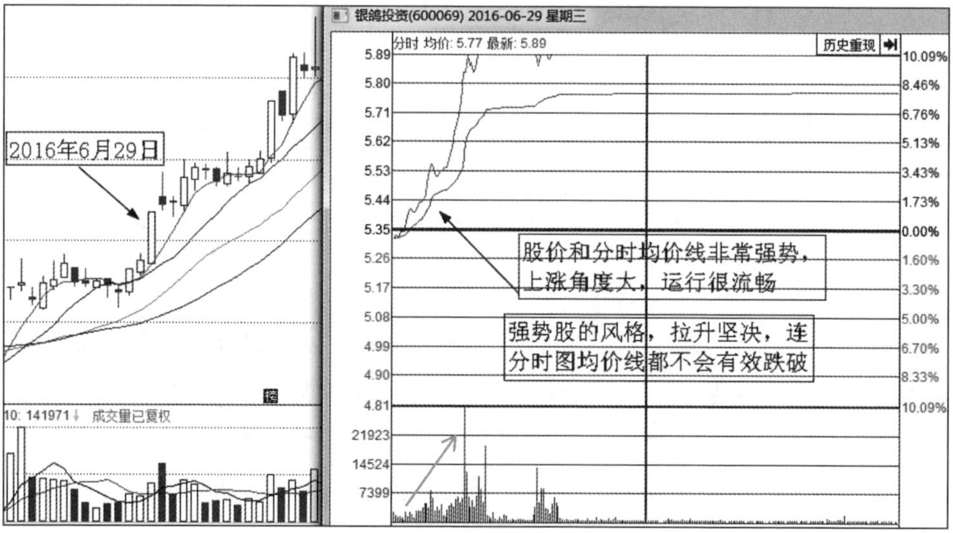
2016年6月29日
成交量已复权
银鸽投资(600069) 2016-06-29 星期三
分时 均价: 5.77 最新: 5.89
历史重现
股价和分时均价线非常强势，上涨角度大，运行很流畅
强势股的风格，拉升坚决，连分时图均价线都不会有效跌破

图 1-5-4

会比较大。对于具有这样走势的个股，投资者应该积极介入。

从图 1–5–4 中可以看出，银鸽投资（600069）开盘以后便出现了快速上涨，分时均价线的运行非常流畅且刚劲有力，股价的上涨角度也非常大，这种走势说明盘中的做多力量非常强势。

分时图中，股价每一次向上拉升，成交量便会配合放大，这是完美的量价配合关系。只有量价配合完美的个股，才有能力不断地连续上涨。该股的上涨过程比较简单，单一的上涨形态说明股价的上涨动能非常强大，股价在上涨的时候没出现横盘震荡的情况，成交价格始终是连续向上的，这使得股价很快就封上涨停板。

图 1–5–5 是长江投资（600119）的走势图。该股开盘震荡一段时间后，开始放量上攻，随着买盘力量的不断增加，分时均价线开始变得陡峭。在股价上涨时，成交量也伴随出现放大的走势，这说明资金开始入场进行积极操作。

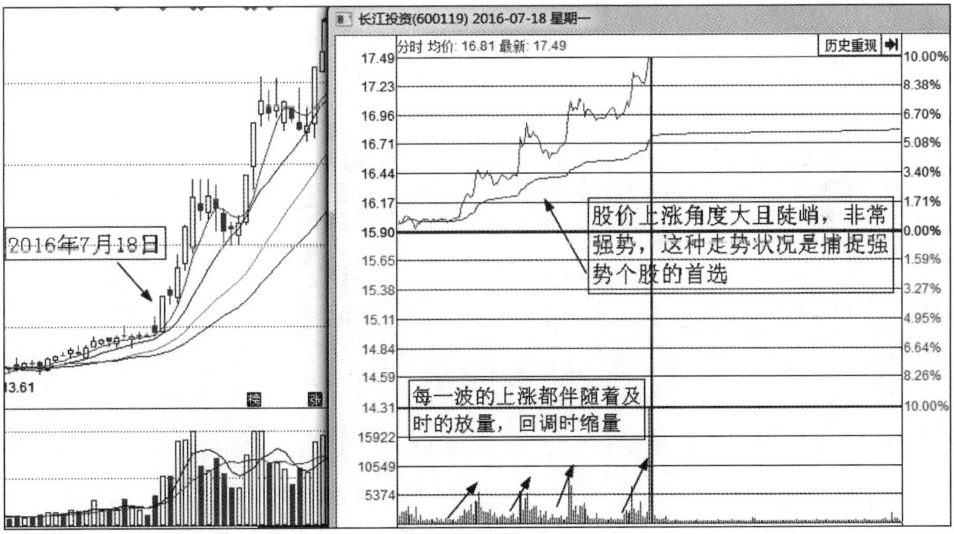

图 1–5–5

股价的每一波上涨均得到了成交量放大的支持，成交量不断地放大，支撑股价不断地健康上涨。分时均价线上涨时走势流畅并且刚劲有力，明显强势，这种分时线的运行状况是捕捉涨停股的首选。

二、成交明细中出现大笔买入

如图 1–5–6 所示，在开盘后的一两分钟内，可以看到成交明细表中 1000 手以上的买入大单频繁出现，而卖出的单子明显要小很多，表明买方力量远远强于卖方力量。如果能配合个股技术形态走势，追涨停成功的概率会大得多。

银亿股份 000981

时间	成交	现手	笔数
09:31	12.50	228↑	7
09:31	12.60	742↑	23
09:31	12.60	374↓	5
09:31	12.60	47↓	4
09:31	12.68	142↑	7
09:31	12.60	236↓	14
09:31	12.67	291↑	10
09:32	12.68	1574↑	28
09:32	12.61	314↓	13
09:32	12.62	183↑	9
09:32	12.62	63↓	13
09:32	12.69	365↑	11
09:32	12.69	1371↑	15
09:32	12.68	324↓	14
09:32	12.70	971↑	19
09:32	12.70	1463↑	34
09:32	12.68	810↓	24
09:32	12.72	3465↑	70

图 1–5–6

三、集体大幅上涨或涨停

当同一题材或同一板块的股票大多数都上涨时，这种情况下的涨停具有高胜算。这就如同打仗，孤军深入是冒险，容易被击退，集体一起进攻则安全得多。股票也一样，当一个题材或板块中多数股票集体涨停的时候，这个主题或板块就变成了热点题材板块，这要比一只股票单打独斗的涨停板更安全，它的涨停也更具有持续性。

四、开盘一字涨停，可尝试挂单追买

开盘一字涨停，这是非常强势的买入形态，但是这种涨停板很难买进去。一旦运气好买进去，短期内可以获取较大的利润，如图 1-5-7 所示。

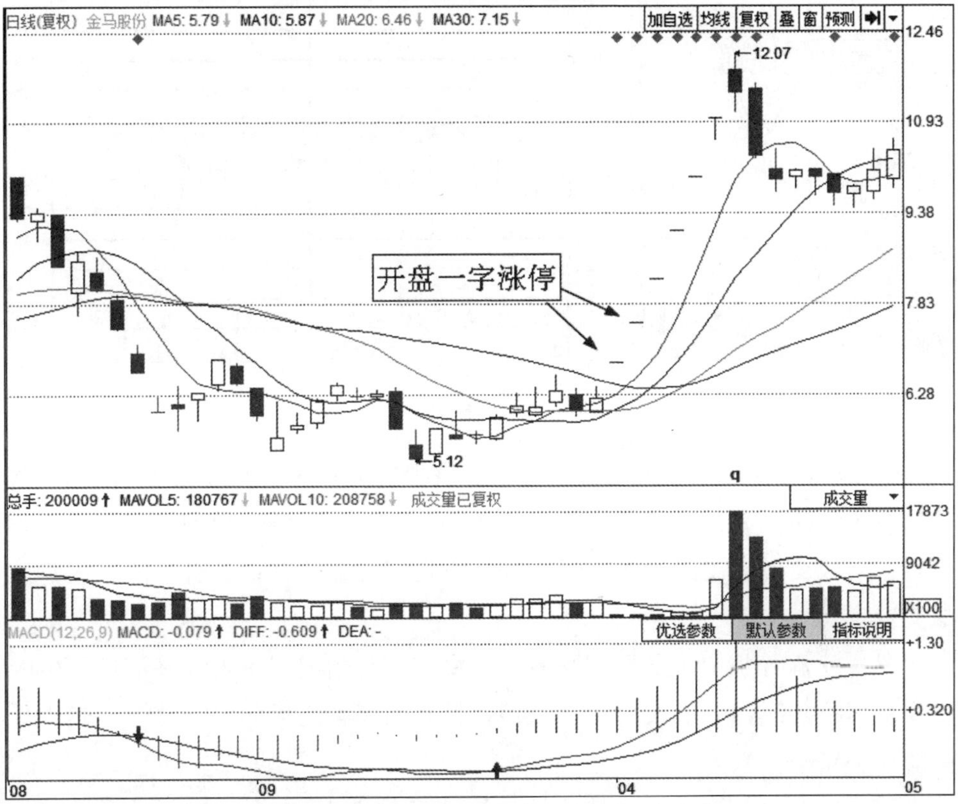

图 1-5-7

图 1-5-8 为浙江东方（600120）的走势图。面对该股的这种走势，恐怕众多投资者只有眼巴巴地看着，没有追涨买入的可能性。

要想抓住这种开盘一字涨停的投资机会，又不会因为错误追涨停而遭受太大的损失，有以下两种做法。

（1）在集合竞价即将结束前发现以涨停开盘的股票，并且以涨停价格追涨买入。

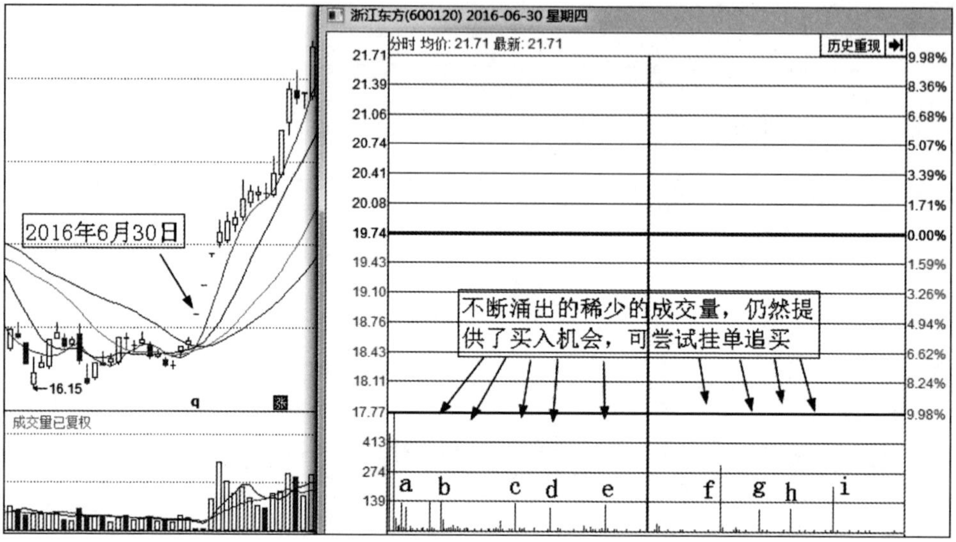

图 1-5-8

（2）个股出现一字涨停后，盘中总有少量持股不坚决的投资者出逃，这就为市场中的投资者创造了追涨买入股票的条件。图 1-5-8 中标注的从 a 到 i 位置，是成交量涌出的区域，运气好的投资者开盘后挂单，有可能在收盘前成交。

从一字涨停板出现的原因来看，大概有四种情况：重大利好消息催生的一字涨停，延续强势上攻的一字涨停，长时间停牌之后的一字涨停，超跌反弹的一字涨停。

有重大利好消息的一字涨停板，是投资者难以预料的。对于这种涨停，投资者唯一需要做的事情就是尽快追涨买入。利好消息对股价的刺激是不同寻常的，只要投资者可以买进，后续的涨幅会给投资者带来丰厚的利润。利好消息对于股价的刺激作用绝不会仅限于一个涨停板，后期股价的继续强势上涨是必然的。

延续强势上攻的一字涨停，后期还会有一定的上涨空间，投资者应当控制好持股的仓位。再牛的股票也不会始终拉升下去，终究会有见顶回落的那一天。

股票长时间停牌之后恢复交易，股价呈现一字涨停的拉升走势。之所以会出现这种一字涨停的拉升，是因为个股停牌的过程中，市场早已经上涨了很大的幅度。这个时候，停牌已久的股票突然间开盘，就会快速补涨，达到与市场估值水平相当的程度，这样股价就出现了一字飙升行情。

最后，对于技术上出现的超跌反弹一字涨停，投资者追涨的时候要有分寸，只要控制好持股的仓位，风险就不会那么大了。对于这种情况下出现的一字涨停，获利预期也不要太高。但是从短时间来看，股价是会有一定的反弹上涨空间的。

图 1–5–9 是昌九生化（600228）2016 年 7 月 19 日的分时图。开盘时巨大的成交量把股价封死在涨停板上，从涨幅排行榜中不难发现该股的踪影。

开盘就封死涨停板的股票，一定能够吸引足够多的眼球，尤其在市场处于弱势且热点不是很多的情况下。这种开盘一字涨停的股票，买点一是集合竞价时刻，买点二是开盘就挂单追买，运气好有机会买入股票。虽然主动卖

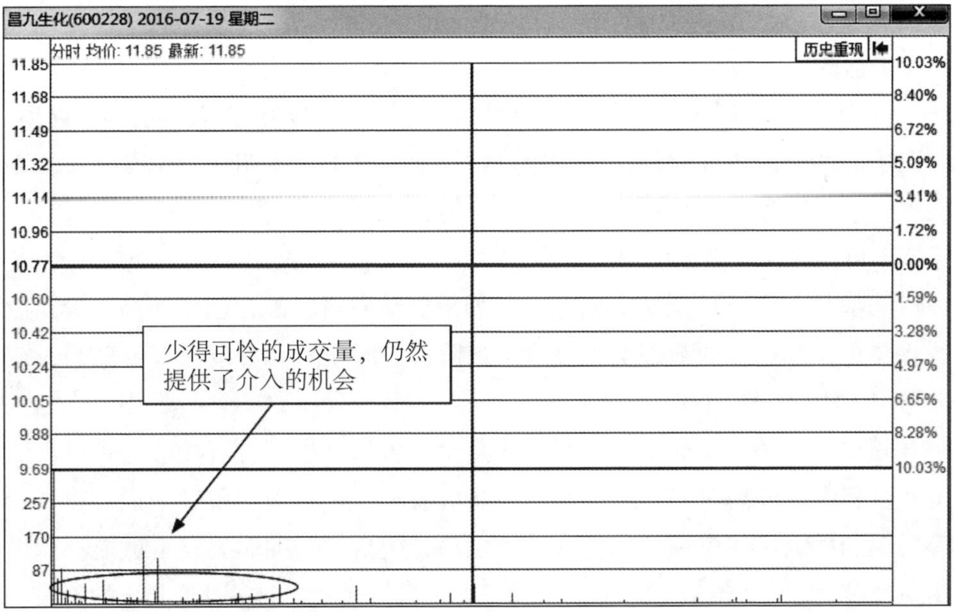

图 1–5–9

出股票的散户并不多，量能比较小，但是盘中仍旧出现了多处涌出的成交量，该股全天的总手数是 1331 手。

五、重要技术关口：股价突破的涨停

在股票市场中，经常会出现强者恒强的经典案例。特别是突破重要技术关口后股价创新高，涨势更是勇不可挡。此类个股创出阶段新高之后，解放了过去的套牢筹码，有利于主力进行后续拉升。另外，此时上档一马平川，无任何套牢筹码，无明显的技术压力区域，所以通常会继续保持屡创新高的走势。

前期高点造成的压力会制约股票的上涨，放量突破前期高点，才能打开股票的上涨空间。股价创新高代表主力突破最后的防线，如果这种新高是以涨停的方式实现的，那么这种涨停板就具有高胜算。

股价突破前期高点，或者突破了历史高位，向上拉升的时候就是追涨的最佳时机。向上拉升解放了前期所有的套牢盘，让所有持股人都成了获利者。当然这种方法也有一定的风险，不过追涨这种类型的涨停板，胜率还是超过很多普通的涨停板。

如图 1-5-10 所示，上海电力（600021）的股价经过横盘震荡后终于启动，在图中的两个箭头处放量涨停。股价站在前高之上，说明横盘调整结束，多头再度强势归来。机会难得，投资者应在盘中积极跟进，这是买入的极佳时机，千万不可错过。此后该股快速上涨。

当股价上涨至前期高点附近时，如果能够放量突破，创出新高，说明股价将要在原来高点的基础上再上一个台阶，此时投资者可以选择突破当天或者第二天股价走强时买入。

重要技术关口突破买入的最大优点是，可以让投资者直接参与到股价的上涨过程中，节约时间，高效快捷地获取盈利。从心理的角度来说，投资者都期望能尽量抓住市场中的机会，所以总希望自己买的股票马上就能涨。采用这种操盘方法，恰恰可以为投资者省去等待的时间，把握股价起飞的阶段。

图 1-5-11 是紫江企业（600210）的 K 线走势图。该股放量涨停突破箱

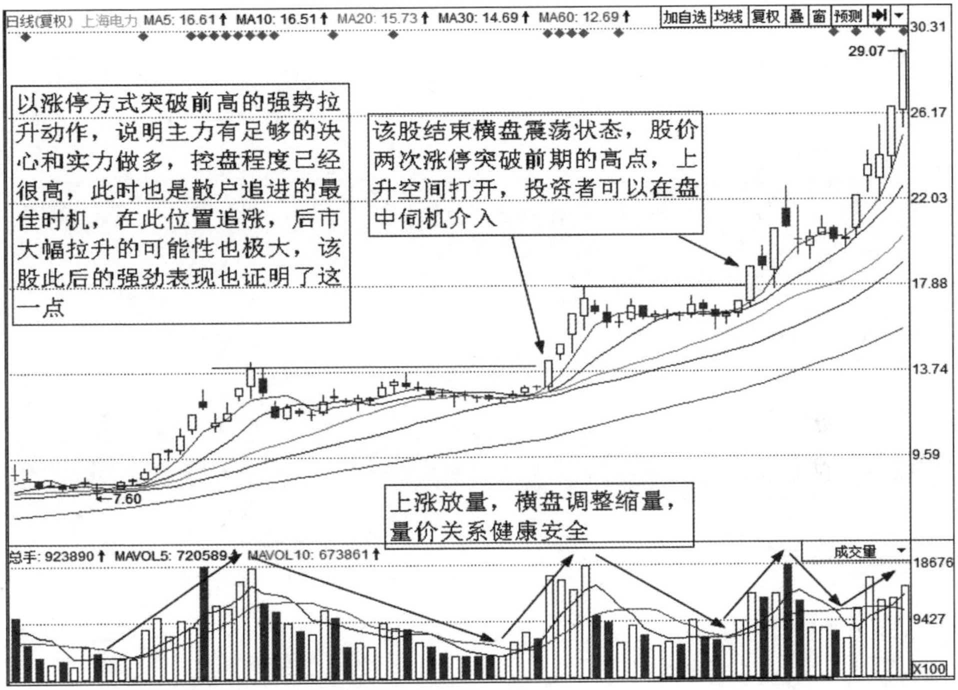

图 1–5–10

体上沿，是主力机构准备进攻的信号，预示着股价可能加速上行，这是投资者介入的良机。

明显放大的成交量说明突破成色较高，可靠性较强，值得信赖。如果突破时成交量并没有随之大幅放大，可靠性就会大打折扣，投资者介入时要保持谨慎。

后市该股果然展开了轰轰烈烈的上涨行情，产生了惊人的爆发力，股价涨幅在短时间内就达到了一倍。这种股票前期横盘时间较长，所以爆发后涨幅也比较惊人，我们买入后要做的就是把股票拿稳。

图 1–5–12 是广电网络（600831）的日 K 线走势图。之前该股股价长期受到压力位的压制，在股价向上突破前，这条直线表现为横盘盘整时期最高的价格阻力线。突破此线，代表股价长期横盘震荡结束，后市将展开一波上涨行情。图中箭头处股价放量涨停突破并创出新高，表明多头开始强势上攻，

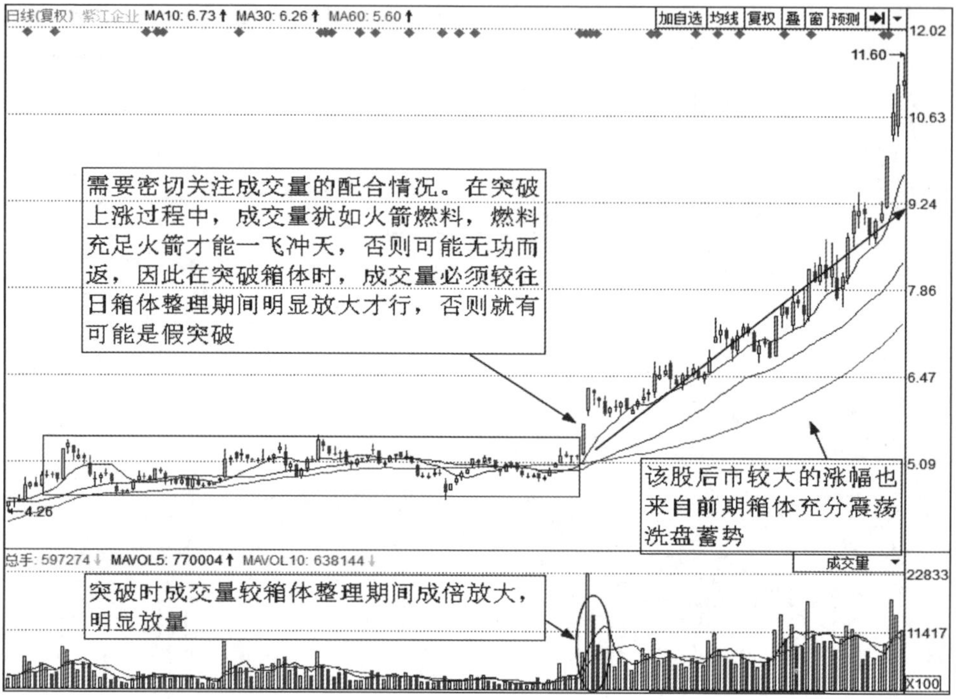

图 1–5–11

这是介入的良机。

图 1–5–13 是东方海洋（002086）的日 K 线图。之前该股横盘调整时间长达三个多月，时间非常难熬，但整理蓄势和洗盘较为充分。调整的时间越长，后市涨幅就会越大，更值得持有。放量突破甚至是涨停突破，为股价启动的标志，涨停突破时应果断买入。

六、龙头股涨停

“擒贼先擒王”，龙头股一般会率先启动上涨，并且通常会有较大的涨幅，甚至持续不断地涨停，股价很快走出翻倍行情。在行情火爆时，龙头股往往会形成主流热点，能够发动有力度的上涨行情。炒股要抓龙头，抓住龙头股能给投资者带来超额利润，让投资者在最短的时间内获得最大的投资收益。

每一轮行情结束之后，龙头股的涨幅都会远远大于其他个股。即便在同

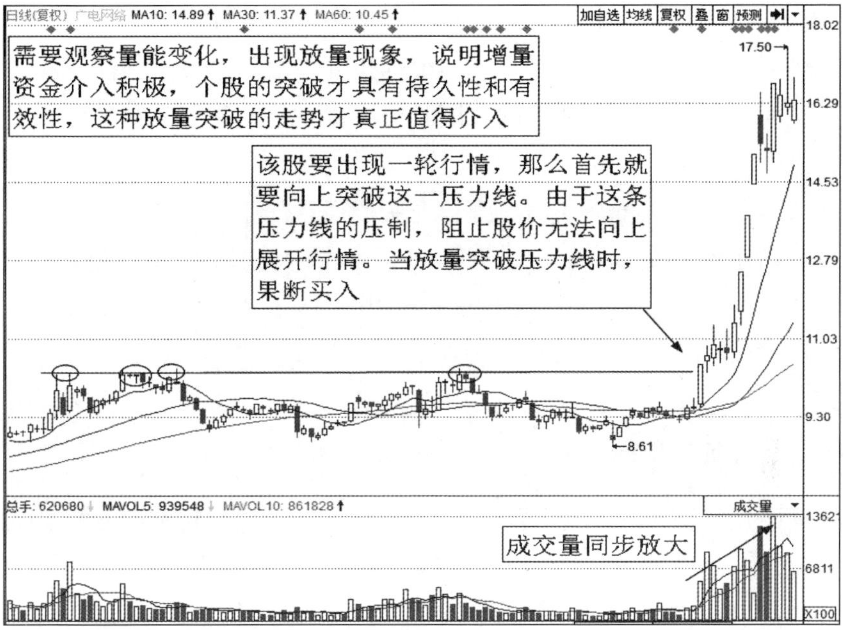
日线(复权) 广电网络 MA10: 14.89 MA30: 11.37 MA60: 10.45
需要观察量能变化，出现放量现象，说明增量资金介入积极，个股的突破才具有持久性和有效性，这种放量突破的走势才真正值得介入
该股要出现一轮行情，那么首先就要向上突破这一压力线。由于这条压力线的压制，阻止股价无法向上展开行情。当放量突破压力线时，果断买入
17.50
8.61
总手: 620680 MAVOL5: 939548 MAVOL10: 861828
成交量
成交量同步放大

图 1–5–12

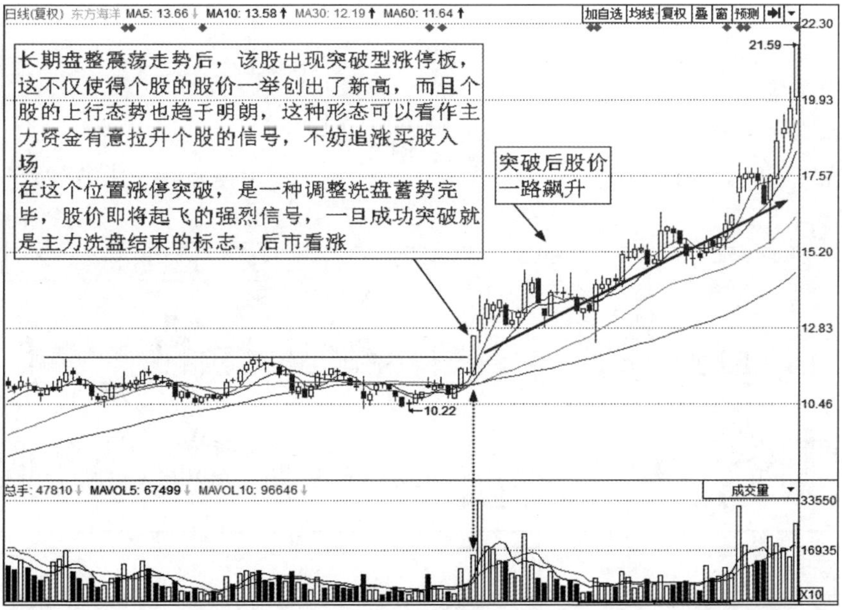
日线(复权) 东方海洋 MA5: 13.66 MA10: 13.58 MA30: 12.19 MA60: 11.64
长期盘整震荡走势后，该股出现突破型涨停板，这不仅使得个股的股价一举创出了新高，而且个股的上行态势也趋于明朗，这种形态可以看作主力资金有意拉升个股的信号，不妨追涨买股入场
在这个位置涨停突破，是一种调整洗盘蓄势完毕，股价即将起飞的强烈信号，一旦成功突破就是主力洗盘结束的标志，后市看涨
突破后股价一路飙升
21.59
10.22
总手: 47810 MAVOL5: 67499 MAVOL10: 96646
成交量

图 1–5–13

期的回调整理过程中，跌幅也通常小于其他个股，其他跟风股往往要看龙头股的脸色来行事。对于投资者来说，很难找到理由不去重点关注龙头股。当股价上涨时，要捉第一个涨停的，该股很可能就是龙头股。在牛市和大盘强势时，更应该如此。

当大盘处在下跌的尾声时，强势龙头股通常先于大盘止跌，并最先拉出涨停。一旦强势龙头股启动上升行情，就会以持续阳线的方式上涨。

图 1–5–14 是东方创业（600278）在 2016 年 3–8 月的 K 线走势图。当上证指数还在 3000 点上下震荡时，龙头股东方创业已经率先启动，领先于大盘放量创新高，先于大盘止跌企稳。该股发动了较为有力的上升行情，短期涨幅较大，有所向披靡之气魄。

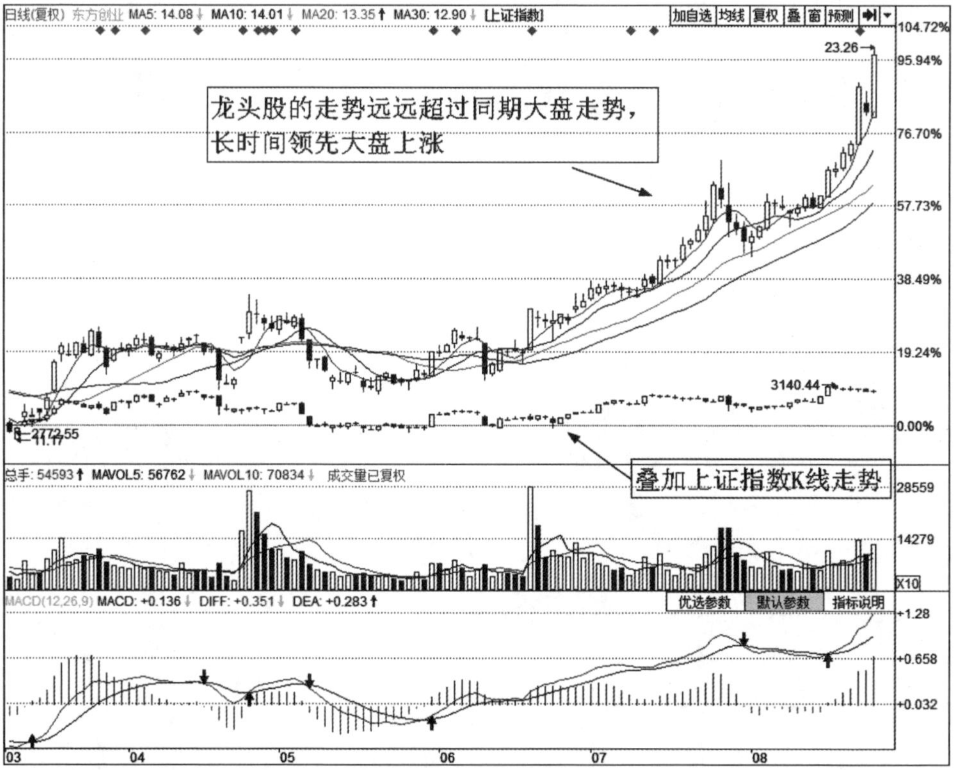

图 1–5–14

第六节　哪些涨停板不值得追

一、买一位置封单很小

如图 1–6–1 所示，苏州设计（300500）买一的封涨停量很少，才 393 手。如果该股处于拉高派发阶段，那么散户追入就比较危险了。主力这招叫做“请君入瓮”，故意拉高股价，骗散户进场，然后“瓮中捉鳖”，把筹码卖给散户。从封单量来看，这种涨停有可能是主力诱多骗线行为，一旦上当，将会出现较大损失，追入有危险。

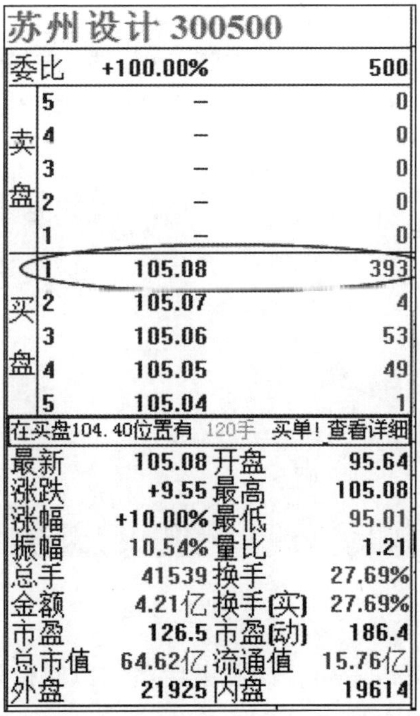

图 1–6–1

二、出货时的诱多性涨停

每一轮的上涨与下跌都是财富转移的过程。在出货阶段，为了打乱市场思维，激发非理性股民的追涨热情，拉出涨停板往往是一个不错的方法。拉涨停可以让市场产生错觉，认为个股再度打开上升空间，之后将继续上涨。

出货阶段的诱多性涨停板有典型的特征：一是个股此前的累计涨幅很大；二是近期价格出现了剧烈的波动，这与主力的出货行为相关。在此情形下出现这种涨停板时，不宜追涨介入，持股者应做好卖出准备。

图 1–6–2 是广电运通（002152）的 K 线走势图。在经历大幅上涨后，该股在高位区出现了震荡走势。在图中标注处，一个涨停板似乎预示着该股再度打开了上升空间。但结合个股的走势来看，这是主力为出货需要制造的一个诱多涨停。

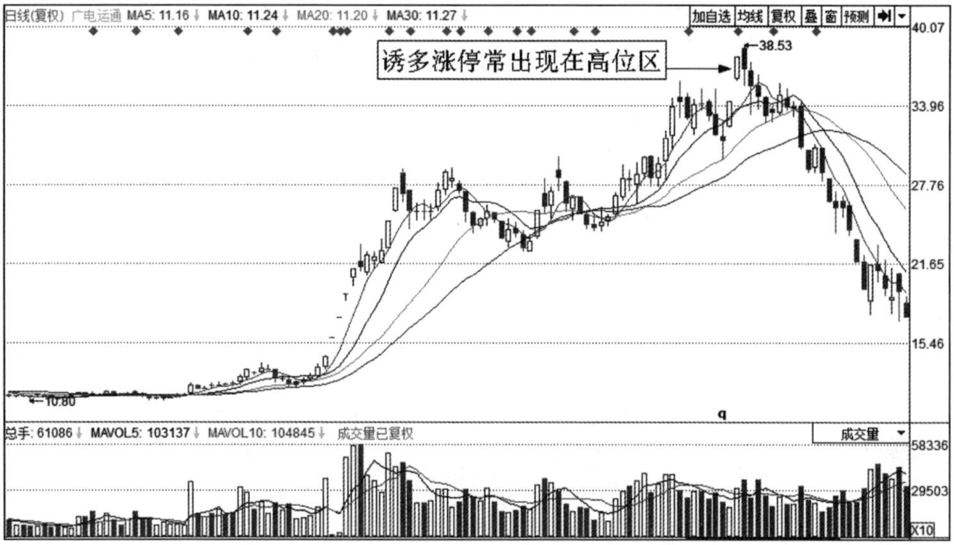

图 1–6–2

从图 1–6–3 中可以看出，该股最后虽然以涨停收盘，但途中涨停屡次在盘中被打开。冲击涨停却不封住涨停板，暴露出主力无心做多的意图，判断主力有可能是在出货。交易时间越往后，盘面就出现更多细节，更加暴露出

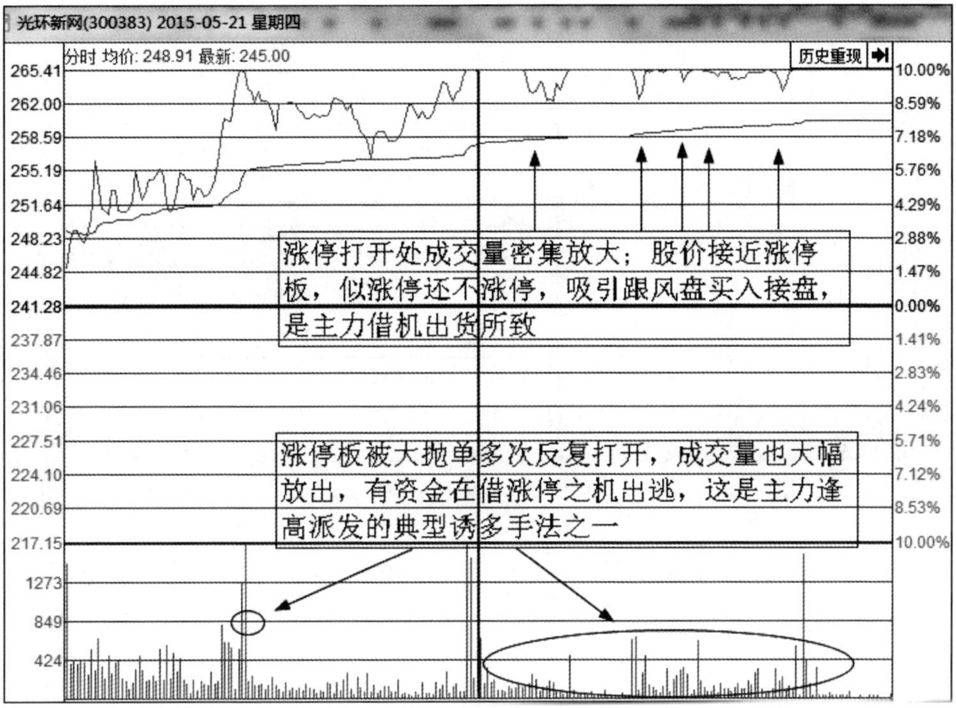

图 1–6–3

主力的出货意图。

图 1–6–4 是登云股份（002715）的走势图，该股在 2015 年 6 月 2 日利用涨停板出货。特别是封板后被巨量卖盘砸开，盘中有大量抛单涌出，看到这种情况，投资者就要小心了。

主力通常会抓住投资者盈利的迫切心情布下陷阱，利用涨停出货就是很常见的一种。广大投资者只有有效识别涨停出货陷阱，才能规避此类投资风险，更好地利用涨停板创造盈利，不至于沦为主力出货的工具，在高位接盘后造成亏损。

如图 1–6–5 所示，该股在涨停价位出现数次裂口，有可能是主力减仓甚至是出货的表现，后市不看好，投资者应减仓或卖股离场。我们可以看下当时号百控股当日所处的 K 线位置，如图 1–6–6 所示。

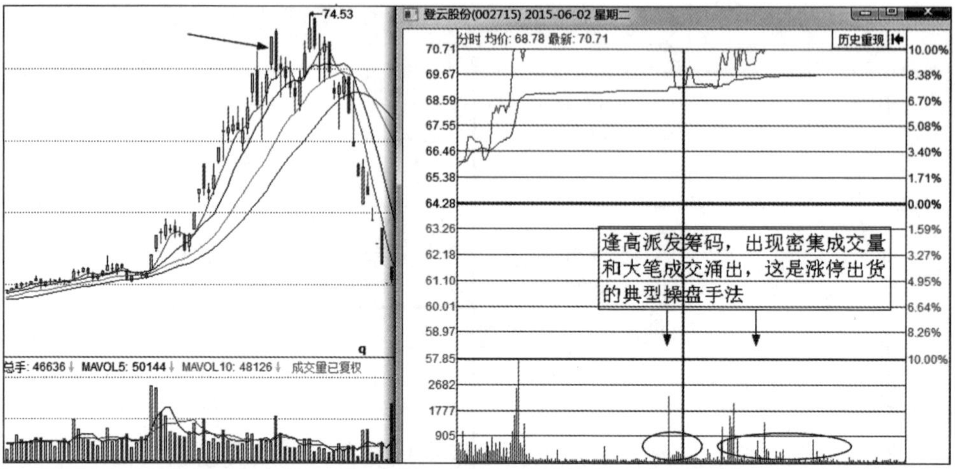
74.53
总手: 46636 MAVOL5: 50144 MAVOL10: 48126 成交量已复权
登云股份(002715) 2015-06-02 星期二
分时 均价: 68.78 最新: 70.71
历史重现
逢高派发筹码，出现密集成交量和大笔成交涌出，这是涨停出货的典型操盘手法

图 1–6–4

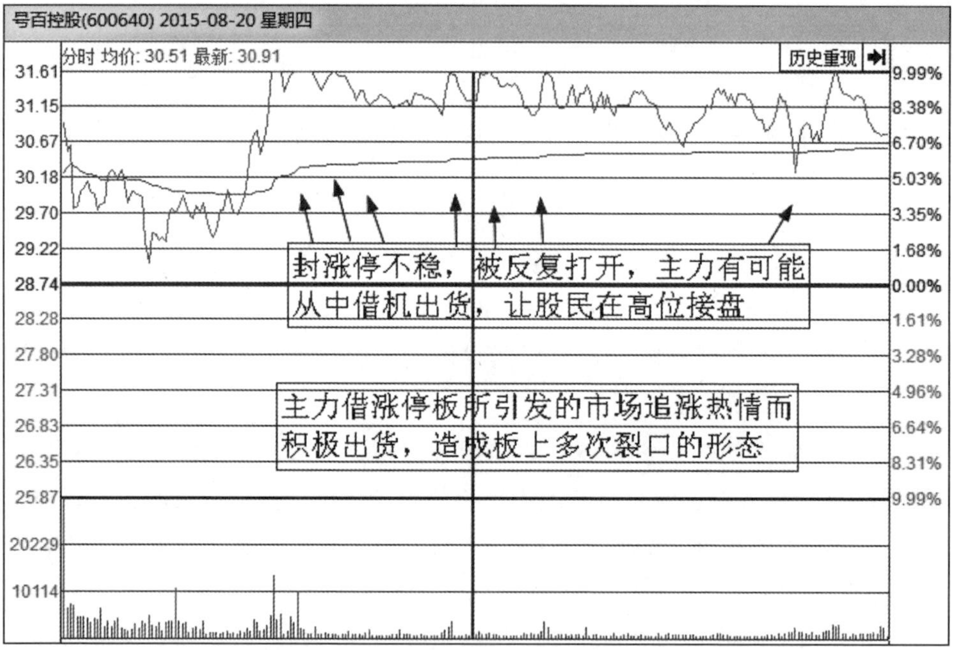
号百控股(600640) 2015-08-20 星期四
分时 均价: 30.51 最新: 30.91
历史重现
封涨停不稳，被反复打开，主力有可能从中借机出货，让股民在高位接盘
主力借涨停板所引发的市场追涨热情而积极出货，造成板上多次裂口的形态

图 1–6–5

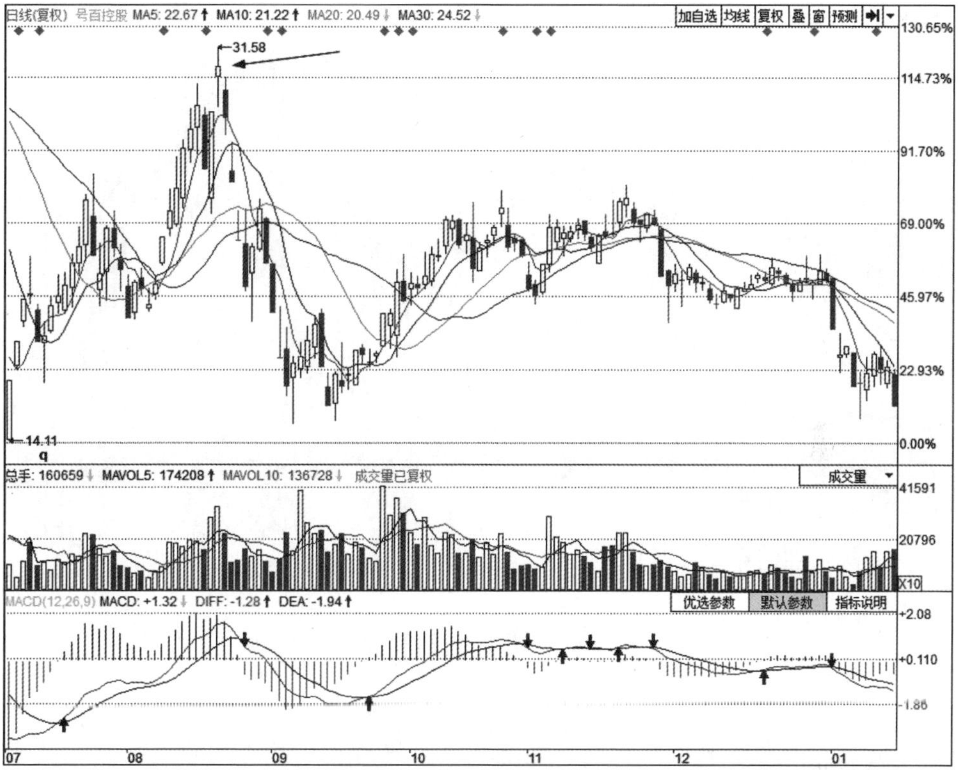

图 1–6–6

三、高位巨量涨停

高位涨停并且当天放出巨量，这种形态的涨停板很危险，需要引起投资者的警觉。一般来说，此类个股不值得追涨，追买的风险大于收益，如图 1–6–7 所示。

图 1–6–7 是广田集团（002482）的 K 线走势图。箭头位置显示出该股一开盘，主力便将股价封至涨停，然后引诱散户进场接盘，主力趁机撤买单挂卖单，把大批筹码都甩给抢进者。从 K 线图上可以看到，涨停中途曾打开过，当日成交量达 705031 手，当日收盘虽然又封至涨停，但第二日一开盘股价便下跌。

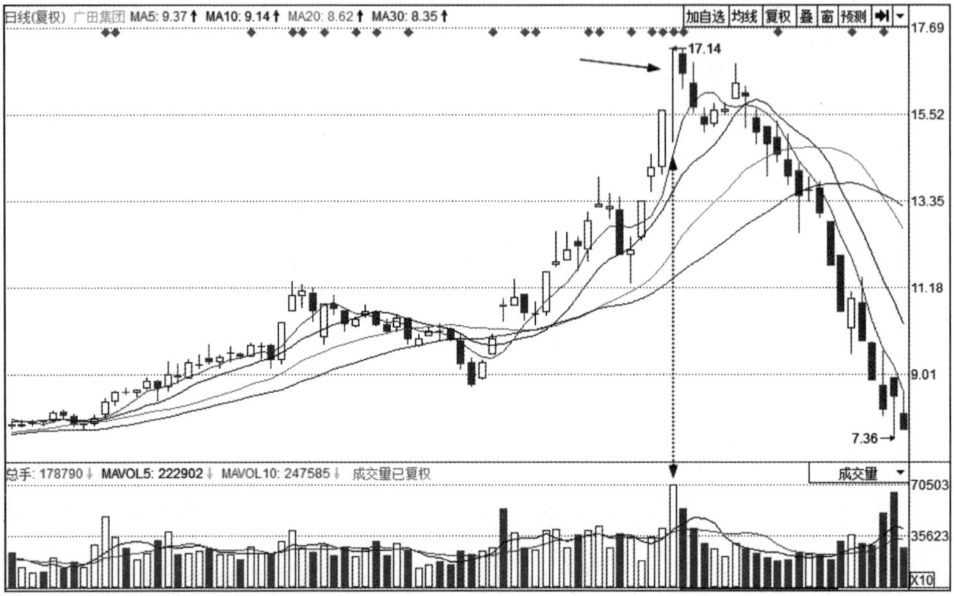

图 1–6–7

主力先把股价封到涨停板上，但途中反复打开，让散户的买单顶在涨停板价位上，主力得以金蝉脱壳，溜之大吉。这种利用涨停出货的方法，其实是一种“明修栈道，暗度陈仓”的手法。

具体做法是：主力将股价拉到涨停，以大笔买单吸引人跟进，但买单封单不大。随着短线跟风盘蜂拥而来，你几百股，我几百股，积累出大量的跟风买单。然后主力就把自己的买单逐步撤单，在涨停板上偷偷出货。当下面的买盘逐渐减少时，主力又封上几十万的买单，再次吸引一批跟风盘追涨，然后又撤单，再次派发出货。

这类高位巨量涨停，投资者要小心主力悄然离场，将手中的货卖了高价，倒给散户接盘。

四、昙花一现的短线涨停运作

有一类特殊的主力，这类主力资金实力较弱，吸筹数量少，不控盘个股，他们大多采用短线或波段操作，其运作的个股涨停板也不过是昙花一现，没有连续上攻的能力。从短线交易的角度来看，这类个股应及时卖出，否则将面临套牢的风险。

图 1-6-8 是荣盛发展（002146）的 K 线走势图，该股的涨停板就是昙花一现的短线涨停运作。从图中可以看到，涨停当日的量能较为理想，且封板相对牢靠。但次日却风云突变，巨量伴以上影线较长的阴 K 线，这说明主力并无强力拉升该股的意愿，只是借助涨停板创造的短期差价赚取波段利润。

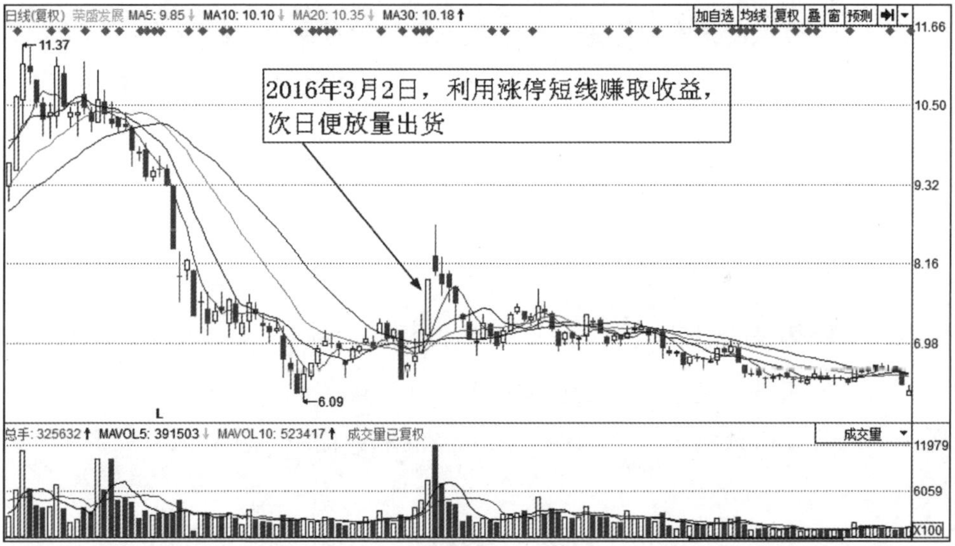

图 1-6-8

第七节　如何追击涨停板

涨停敢死队曾经在证券市场上一度叱咤风云，追涨停，拉涨停，造就了一段股市传奇。他们的操作手法并不稀奇，用八个字概括，就是“追求强势，追逐涨停”。这种操盘手法之所以能够获得成功，其中既有运气和天赋的成分，也有个人的坚持与努力。

追击涨停板的根本原因是 A 股设立的涨跌停板制度，如股票上涨到 10% 就涨停，但还有资金在排队抢购，说明上涨远未到位，后期还有上冲的动力。又因为 T+1 制度，上冲的趋势可以延续到随后的交易日。动用资金在适当时机追击涨停板，尤其是在个股走势形态较好，逐渐放量的过程中，比较容易形成连续涨停或上涨。

下面来介绍追击涨停板的买入技巧。

一、即将封涨停时，追涨买入

买入时机分为两种：一是追击涨停，在涨停瞬间下单买入，如图 1–7–1 所示；二是分析预测个股会涨停，在涨停价附近挂单等候买入，如图 1–7–2 所示。

图 1–7–1 是森远股份（300210）2016 年 6 月 20 日的走势图。该股在开盘后强势上涨，盘中陡峭拉升。投资者可以追击涨停，在涨停瞬间下单买入，获取后市上涨收益。

图 1–7–2 是中体产业（600158）的分时走势图。该股开盘以 3.14% 的涨幅高开，开盘之后快速冲击涨停板，其间有两次小幅回落，之后迅速封住涨停板，全天再无打开。在开盘的 12 分钟内，投资者有足够的时间在该股即将封住涨停板时追涨介入。

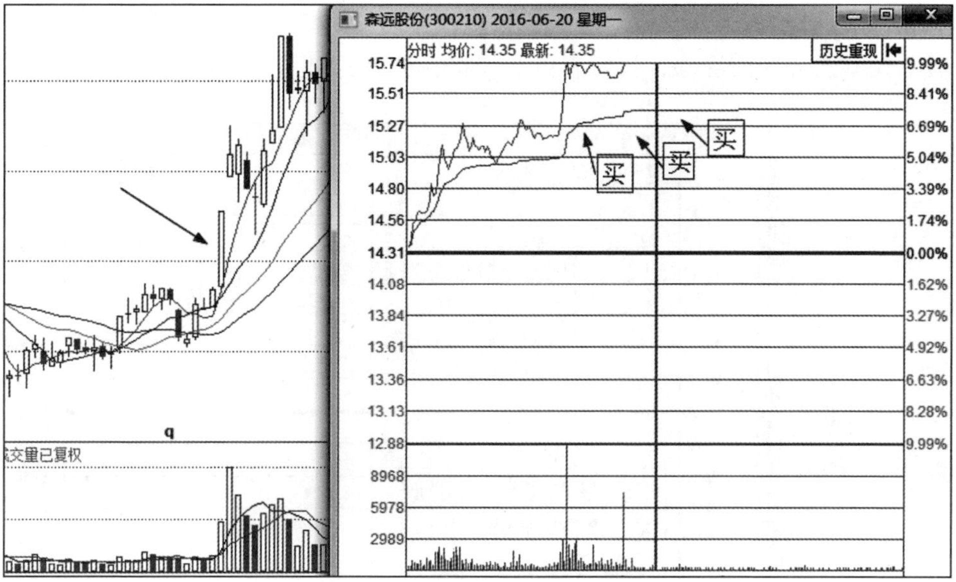
森远股份(300210) 2016-06-20 星期一
分时 均价: 14.35 最新: 14.35
历史重现
买
买
买
成交量已复权

图 1-7-1

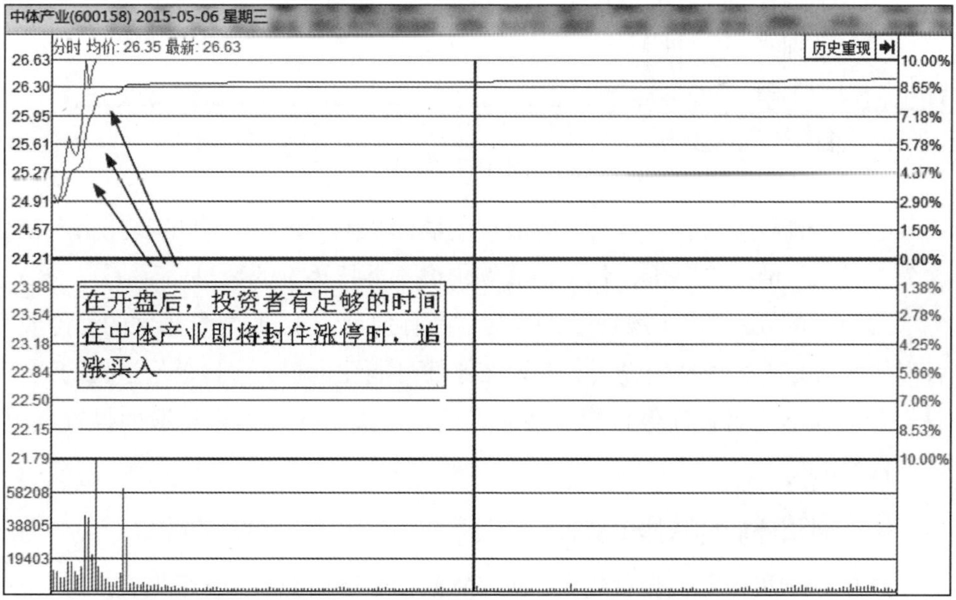
中体产业(600158) 2015-05-06 星期三
分时 均价: 26.35 最新: 26.63
历史重现
在开盘后，投资者有足够的时间在中体产业即将封住涨停时，追涨买入

图 1-7-2

图 1-7-3 是山东威达（002026）的分时图。从图中可以看到，该股开盘后不久就强势封死涨停，投资者可在即将封涨停的时刻追涨买入。

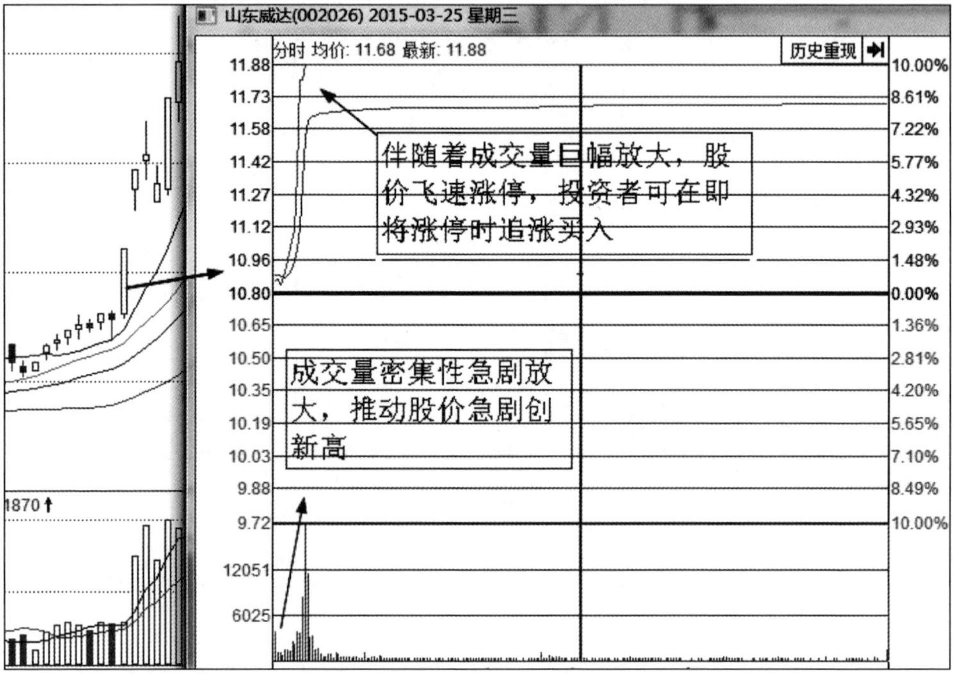

图 1-7-3

追击涨停板要关注封盘量。所谓封盘量，就是位于“买一”的委托买入量。这个“买一”价是涨停价，就是在涨停价位置委托买进的数量。

封盘量的大小，对于股价能否持续走高有预示作用。封盘量越大的涨停股，后市往往具有持续大涨的动力，继续涨停的可能性也越大。封盘量过大的话，股价会被牢牢地封在涨停位置，持股者可以继续持股，但未持股的投资者想买进就很困难了。

二、封涨停后排队挂单买入

挂单越早买入的机会就越大，任何时候都不要放弃希望。根据实战经验，股价启动涨停时，有时会有盘中开板的情况，给投资者进场的机会，如图 1-7-4

所示。

图 1–7–4 是阳光股份（000608）2016 年 7 月 18 日的分时图。该股开盘后不久便直线上冲，直至涨停板。在这种形态中，投资者追涨的难度较大，但并不是没有买入的机会。若盘中出现较大的抛售压力，涨停板被打开的情况也是会发生的。投资者若不放弃希望，及早挂单，就能把握这种稍纵即逝的机会，获得宝贵的筹码。

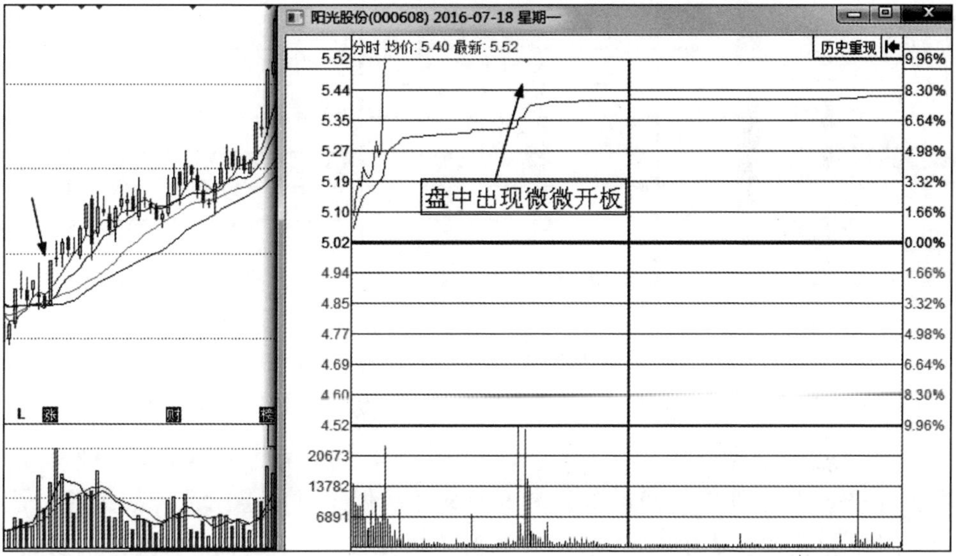

图 1–7–4

如图 1–7–5 所示，看好的股票涨停了没买到也不要灰心，排队等待也是有可能成交的。股票的盘子越大，开板的可能性也越大，尤其是大盘出现跳水时。盘子越大，入驻的机构越多，观点就越容易出现分歧，我们也就有捡漏的可能。

三、发现涨停开板时，追涨买入

如果投资者的研判能力较弱，没能及时识别和抓住买入即将涨停的个股，或者错过了买进的最佳时机，还有一个补救方法，就是在涨停板打开时跟进。

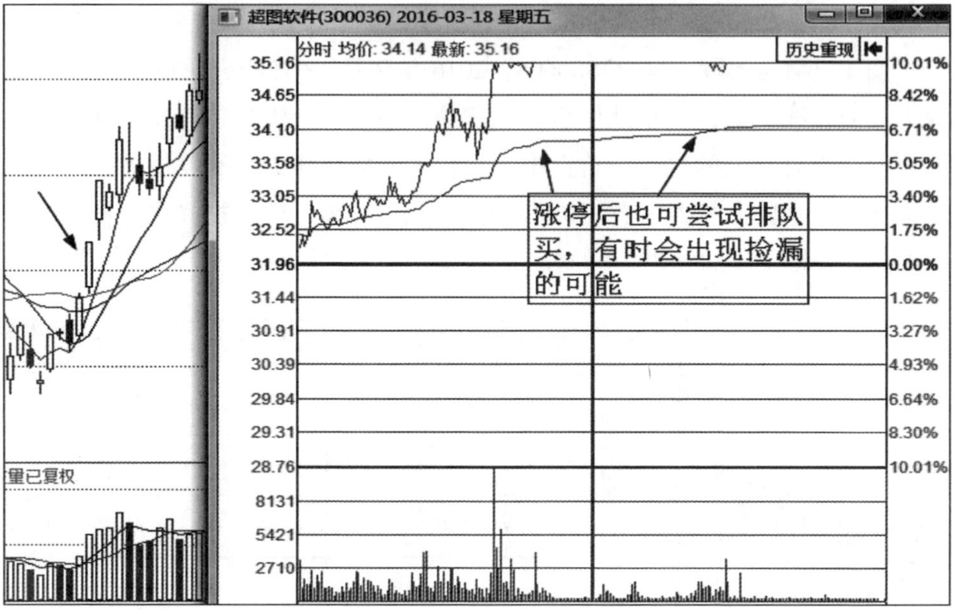

图 1-7-5

采用这种方法有一定的风险，适合水平高和进取型的投资者轻仓买入。

图 1-7-6 是博雅生物（300294）在 2016 年 1 月 19 日的走势图。该股开盘后不久即冲上涨停，使投资者来不及介入。但这种快速封涨停的个股，往往一时立足未稳，又打开涨停。该股在封涨停板后，盘中出现打开涨停的时间，投资者可以趁机买入。

图 1-7-7 是大唐电信（600198）的分时走势图。该股封涨停后不久，涨停板就被打开三次，投资者都有机会介入。

图 1-7-8 是国电电力（600795）的分时走势图。该股封涨停板后，盘中有 20 分钟打开涨停板的时间，投资者趁机进入，可以坐享后市的拉升行情。

图 1-7-9 是永利带业（300230）的走势图。该股冲上涨停板后，出现了短暂的裂口。投资者如果错过之前的买入时机，可在此时择机介入。

图 1-7-10 是银信科技（300231）的走势图。该股封涨停后，出现一个极为短暂、幅度很小的裂口，很可能是主力大买单跟进不及时或者有卖单跑出

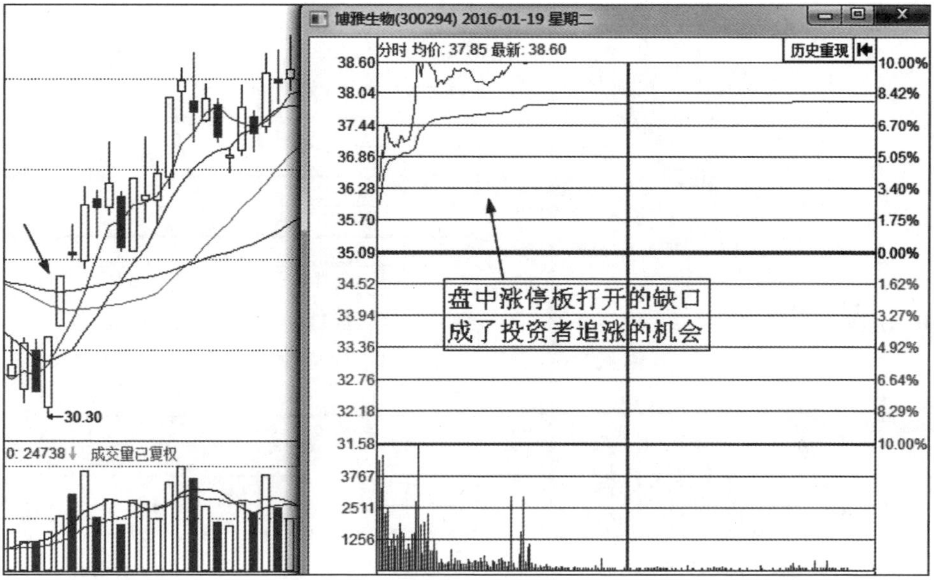
博雅生物(300294) 2016-01-19 星期二
分时 均价: 37.85 最新: 38.60
历史重现
盘中涨停板打开的缺口
成了投资者追涨的机会
30.30
成交量已复权

图 1-7-6

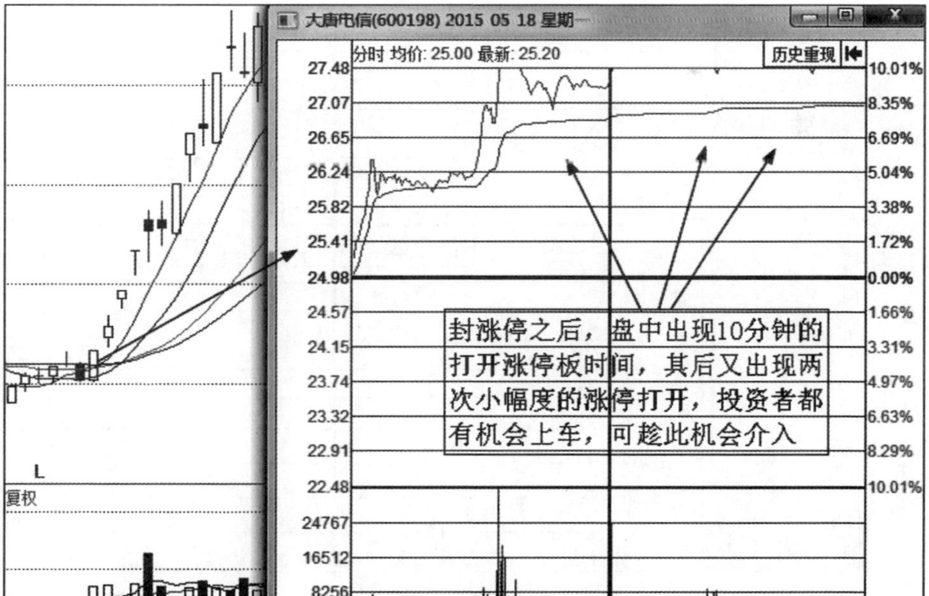
大唐电信(600198) 2015 05 18 星期一
分时 均价: 25.00 最新: 25.20
历史重现
封涨停之后，盘中出现10分钟的
打开涨停板时间，其后又出现两
次小幅度的涨停打开，投资者都
有机会上车，可趁此机会介入
复权

图 1-7-7

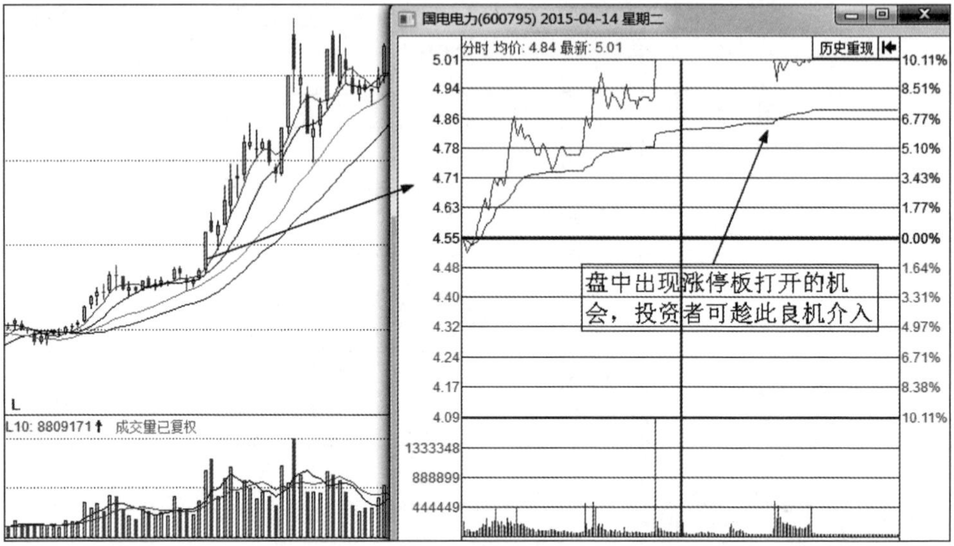
国电电力(600795) 2015-04-14 星期二
分时 均价: 4.84 最新: 5.01
历史重现
盘中出现涨停板打开的机会，投资者可趁此良机介入
L10: 8809171 成交量已复权

图 1-7-8

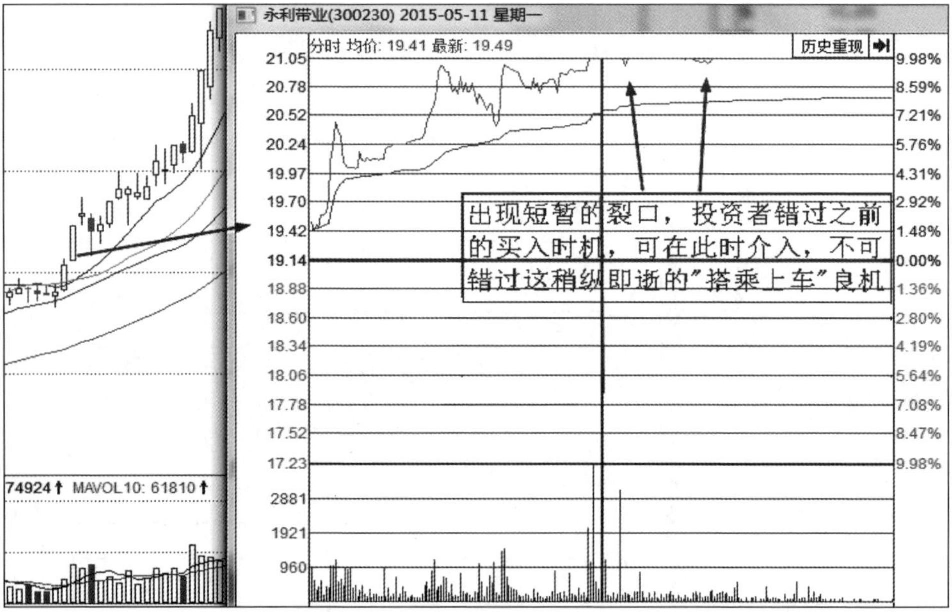
永利带业(300230) 2015-05-11 星期一
分时 均价: 19.41 最新: 19.49
历史重现
出现短暂的裂口，投资者错过之前的买入时机，可在此时介入，不可错过这稍纵即逝的"搭乘上车"良机
74924 MAVOL10: 61810

图 1-7-9

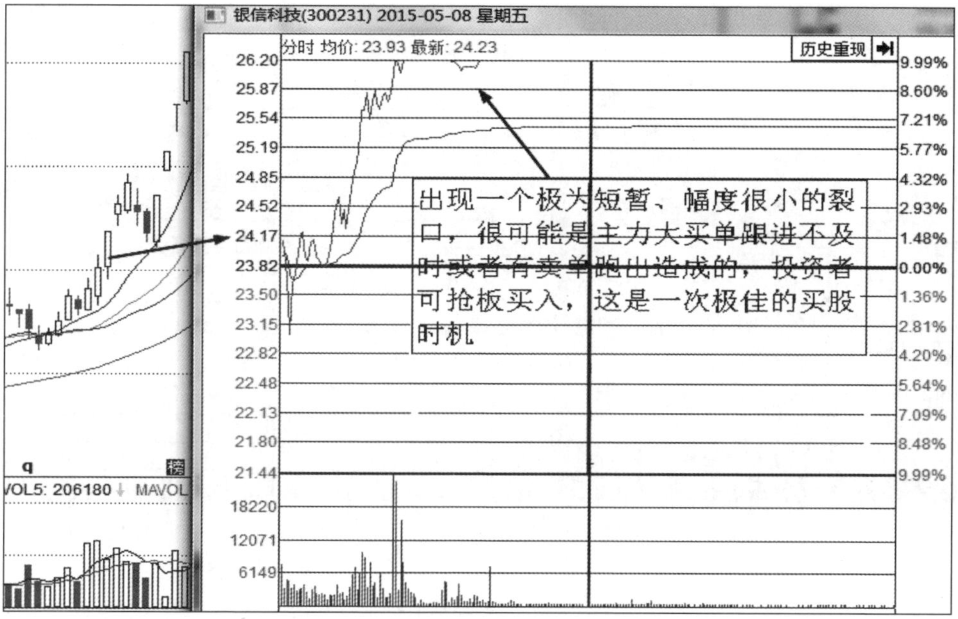

图 1–7–10

造成的，投资者此时可以抢板买入。

图 1–7–11 是盛和资源（600392）的走势图。在 2016 年 4 月 13 日的涨停中，中途曾经有几次打开涨停，为细心的投资者提供了良好的介入机会。

图 1–7–12 是金刚玻璃（300093）的走势图。该股在涨停后多次出现“开闸放水”的情况，是投资者追涨买入的极好时机。

二次封板时追进，是稳健的涨停板买入法，这是因为主力拉涨停板时，最大的风险就是遭遇场内资金砸盘或者大盘突然跳水，从而使得涨停被迫开板。如果主力认栽，则通常会放弃动用资金再次封板。反之，如果股价能再次封上涨停，则表明主力仍有继续运作股价的意愿。

不过，这里要提醒投资者的是，很多个股涨停后很少会有二次开板买进的机会。

涨停板被打开时买入，最好能够满足以下几点要求。

（1）涨停板被打开时，最好短时间内被封住，从打开到被封住的时间越

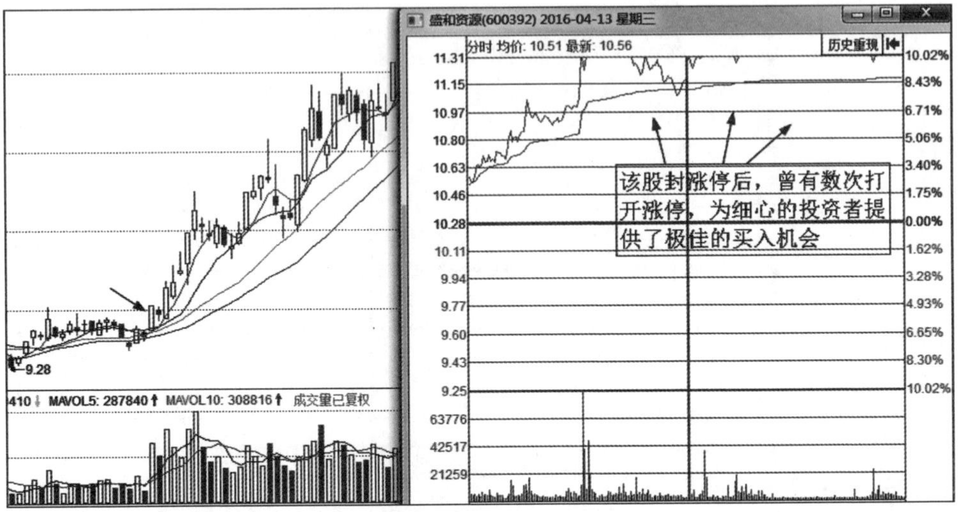
盛和资源(600392) 2016-04-13 星期三
分时 均价: 10.51 最新: 10.56
历史重现
MAVOL5: 287840 MAVOL10: 308816 成交量已复权
该股封涨停后，曾有数次打开涨停，为细心的投资者提供了极佳的买入机会

图 1-7-11

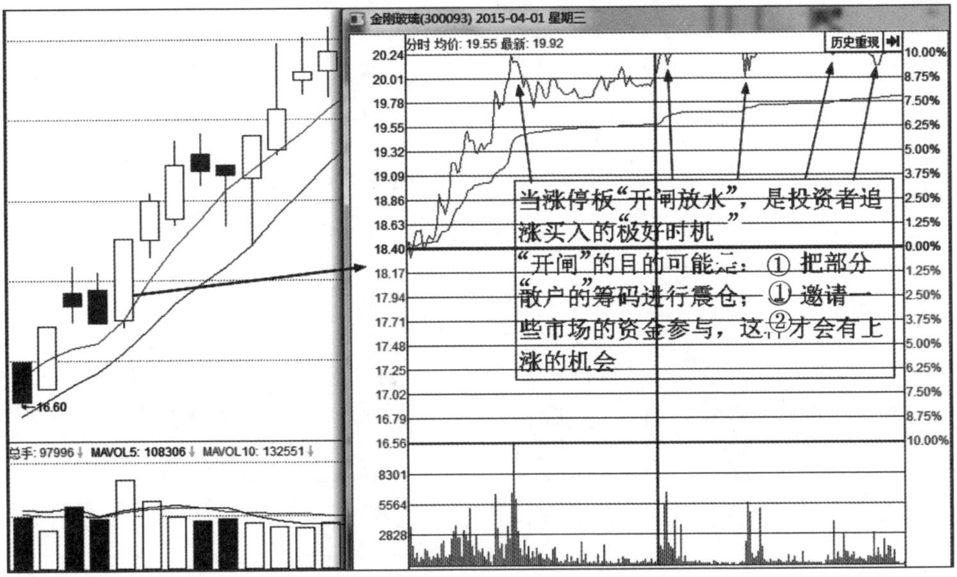
金刚玻璃(300093) 2015-04-01 星期三
分时 均价: 19.55 最新: 19.92
历史重现
总手: 97996 MAVOL5: 108306 MAVOL10: 132551
当涨停板“开闸放水”，是投资者追涨买入的极好时机
“开闸”的目的可能是：① 把部分散户的筹码进行震仓；② 邀请一些市场的资金参与，这样才会有上涨的机会

图 1-7-12

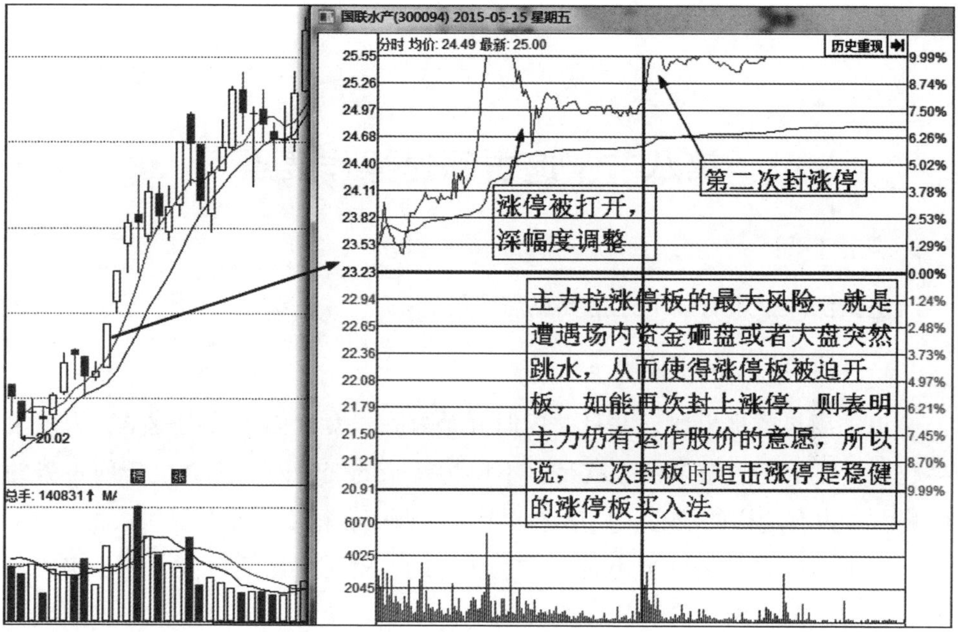

图 1–7–13

短越好。

（2）看该股中长线走势是否有获利的空间，是否是上升趋势。上升趋势的股票才可以操作。

（3）要能看懂主力是否用涨停板出货。

（4）轻仓，并设好止损点。

（5）必须结合各项指标，并配合日 K 线走势进行研判。如股价站上 5 日、10 日均线最佳；MACD 在 0 轴之上且出现金叉，发出买进信号等。

追涨停板是短线高风险的炒作类型，特别是在我国这种“T+1”交易制度下，当天买进不能当天卖出，碰到下跌风险无法回避。在涨停时买入的一刹那，谁也没有把握该股是不是会打开涨停板下杀。面对未知行情时，一定要做好风险控制，严格执行资金管理原则。特别是仓位上不宜重仓买入，毕竟这是一种高度投机的行为，收益大，风险也大。

第八节　追击涨停操作要点

追击涨停个股有以下几个要点需要注意。

一、追关门早的涨停股

追关门早的涨停股，并且关门时间最好在早盘，因为关门越早，力度也会越大，显示主力做多信心越足，不惧怕剩余的交易时间里大盘任何走势的影响。主力有这样的信心，后市继续上涨的概率和幅度也相对较大。

对那些在收盘最后半小时内拉上涨停的，就需要谨慎对待。许多实力较弱的主力，会利用收盘前的一段时间一口气猛拉，尾盘拉出光头涨停阳线，诱骗投资者入场接盘。

二、优先追盘子小的涨停板

这里所说的“盘子”，是指流通盘。因为盘子越小，抛盘相对也越轻，主力控盘与拉升也更加容易一些。盘子越大，多头封涨停的资金消耗越大，封住涨停的难度系数自然比中小盘股大得多。

那么具体多大才算盘子大或小呢？目前市场并无明确的界定，大家只能根据自己的经验来判定。按照流通市值来计算，笔者的划分为，以 100 亿元为界限，超过 100 亿元的流通盘属于大盘，50 亿 ~ 100 亿元属于中盘，50 亿元以下属于小盘。

三、追涨的环境要求

要在大盘走强或热点板块里捕捉涨停板，这种环境下个股走势十分活跃，人气比较旺盛。如果市场中出现鲜明的热点效应时，就要及时介入热点板块的个股，最好是板块的领涨龙头股品种。虽然领涨龙头股品种前期的涨幅可能有些大了，却往往是最安全的，最终涨幅也会很可观。

如果热点板块持续性强，则追入涨停板获利的机会更大。投资者应尽量避免介入冷门板块和股性不活跃的个股，宁可休息不赚钱，也不要为了一点小利而去追涨冒险。

四、敢于在个股涨停前买入

许多个股都是采取一波、两波或三波攻击封住涨停，因此，密切关注开盘跳空越过重要压力位或技术关口，同时是近期首次放量的个股。如果个股本身处于低位，板块联动效应已经显现时，可以在涨停前果断建立尝试性仓位。一旦封住涨停时，要敢于排队建立追击性仓位。

如果大盘走势配合，个股处于较低位置，该股又能带动同板块股票联动上扬，那么盘中打开涨停板时，也是我们买入的机会。这类个股后市涨升的可能性较大，可以大胆建仓买入。

五、控制好风险

计划你的交易，交易你的计划。在买入股票前，要严格设置止损点，并动态设置止盈目标，掌握好高抛的机会。一旦出现跌破止损位和破位下跌的走势，要果断止损离场，严格执行交易纪律，安全第一。

追击涨停板既有优点，也有缺点。如果在行情到达顶峰时，投资者接了上涨过程中的最后一棒，可能损失惨重。投资者在操作的同时不能忽视风险，应适当注意资金管理与仓位控制。

六、追击涨停要求高

追击涨停是一种短线快速获利的操盘技术，它对投资者的心态、操盘技巧、看盘基本功和应变能力等，都有非常高的要求。如果投资者没有对以上各方面进行细心完善的准备，贸然追击涨停板，很容易遭受挫折。此类个股上涨幅度大，振幅也大，就像一匹脱缰的野马，稍有不慎就可能被摔下马。

七、观察主力的操盘手法

捕捉涨停板就是搭顺风车，介入有主力资金控盘拉升的股票。为什么许多投资者感觉捕捉涨停板难度较大？就是因为市场中存在控盘风格、操作手法和操盘细节大不相同的各种主力机构。

游资主力运作涨停的手法往往是快如闪电，来去如风，与基金主力、券商主力、QFII 主力等的操盘手法都有较大的差别。而涨停板实际上就是主力资金重兵运作的明显信号，是主力调整布局、变换节奏的标志。追击涨停板要研究目标股主力的操盘手法，才能做到与主力共舞，知己知彼，百战不殆。

第二章 解读盘口信息，提升交易功力

第一节　什么是盘口

盘口是多空交战的战场，也是发现主力动向的窗口。有时上档卖盘布满了大压单，下档只有小接盘；有时下档排满了大接盘，上档只有小卖单；有时成交量稀少，只有零星几笔交易，有时大单连续不断，这都是盘口的表面现象。

从这些表面现象的背后，可以看出主力的意图。读懂了盘口语言，理解了它，就能及时地跟上主力的步伐，抓住主升浪；读懂了它，就能在主力发出警告信号时及时下车，免去套牢的厄运。

所谓“盘口”，也可称为“盘口语言”“盘面信息”“盘口信息”，狭义地讲，是指股价在分时走势图上显示的信息，主要包括分时走势图、买1至买5和卖1至卖5的实时挂单、每一笔实时成交明细窗口、内盘、外盘、均价线、成交总金额、换手率等。当然，还包括当日最高价和最低价、开市价和收市价、昨收盘价等。这是每个人在看盘过程中都能直接看到的，但就是这些简单的数字，却包含了很多非常有用的信息。

广义地讲，盘口信息还包括个股在历史走势中的交投情况，这些可以通过K线走势图、成交量、技术指标波动情况等反映出来。盘口信息详尽勾勒出了股价每日完整的交投过程，清晰地反映了投资者的买卖意愿。

主力动用大资金炒作股价，最终目的是为了获利。为达到此目的，主力会展开吸筹、拉升、洗盘、出货等所有动作，这些动作都会在K线图和分时走势图上表现出来。通过这些盘口语言，投资者可以了解主力操盘的思路，分析判断主力的未来动向。

对于投资者而言，盘口信息语言解读能力的强弱，标志着看盘水平的高低，也会影响操作的效果。正确解读盘口信息，有利于把握个股运行的节奏，这也是投资盈利和投机制胜的一个关键所在。

图2-1-1是吉艾科技（300309）的盘口示意图，从图中可以看到很多盘口信息。

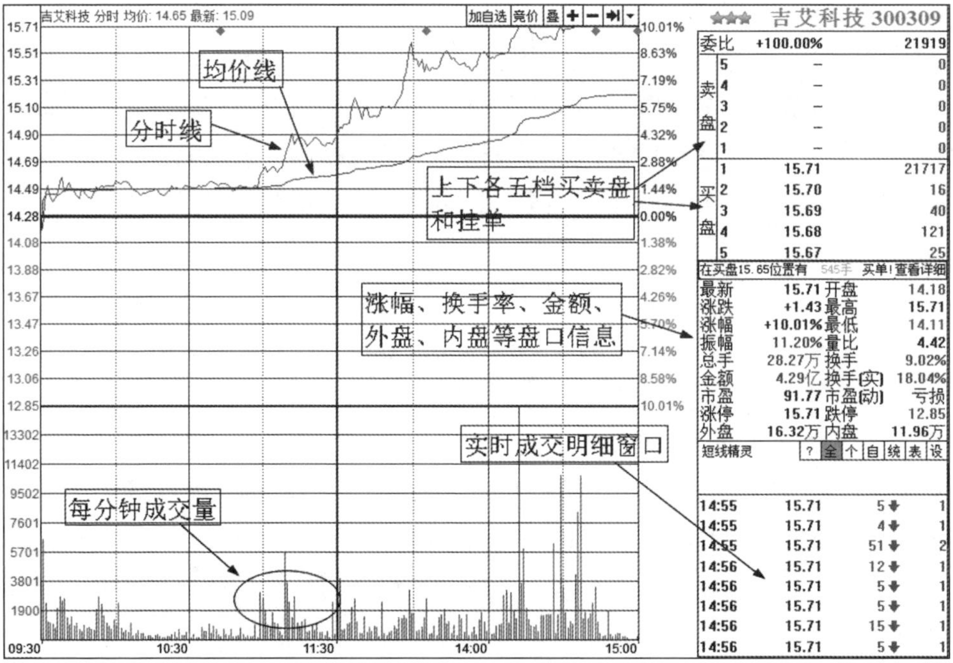

图 2-1-1

本书中所讲的盘口，不是简单地观察买卖盘情况、成交情况、分时线走势情况等狭义的盘口信息，其中最重要的是讲究量价结合，并通过个股历史走势K线图等来综合分析盘口。这样做的最大好处在于既可以实时把握盘口动向，又可以在个股前期走势的基础上，验证实时盘口信息的准确性，增加研判行情的准确性。

K 线图是投资者打开股票行情软件后最先观察到的图形，也是判断个股走势处于强势阶段还是弱势走势的窗口，而实时盘口语言则是精确把握进出场点的重要依据。在实战中将两者结合运用，才不会顾此失彼。不看 K 线图，只注重实时的盘口信息，会一叶障目，只见树木，不见森林；只看 K 线图而不留心盘口的实时变化，也会错失最好的买卖时机。

主力既然做盘，就有做盘的目的，就会在盘面上留下蛛丝马迹。只要我们细心观察，认真分析，就可以看出主力的意图和动向。主力做盘的方式一般有做开盘价、做尾盘、开盘拉升、盘中拉升、尾盘拉升、开盘打压、盘中打压、尾盘打压、试盘、洗盘、对敲、大单压顶、大单托底、下托上挂等。所有这些盘口动作都会影响到股价的运行，观察盘口的任务就是从盘口语言中捕获有效信息，并结合 K 线走势图来分析个股当日和日后的可能走势。

第二节　如何看大盘盘口

大盘盘口其实是指股票价格指数的分时盘口数据。在实盘操作中，大盘走势是我们重点关注的对象之一。通过观察分析大盘指数的分时图，我们可以实时了解并把握市场多空力量的转变情况。在股票行情软件中，通过数字快捷键“03”，可以调出上证综指的走势图。

图 2-2-1 是上证指数 2016 年 8 月 29 日的分时图，在这一分时图中，有以下几点值得大家注意。

（1）白色曲线和黄色曲线。

一是上证领先指数，用黄色曲线表示。上证领先指数线可以看作反映中小盘类个股整体走势情况的曲线。因为该指数采用不加权方法进行计算，仅

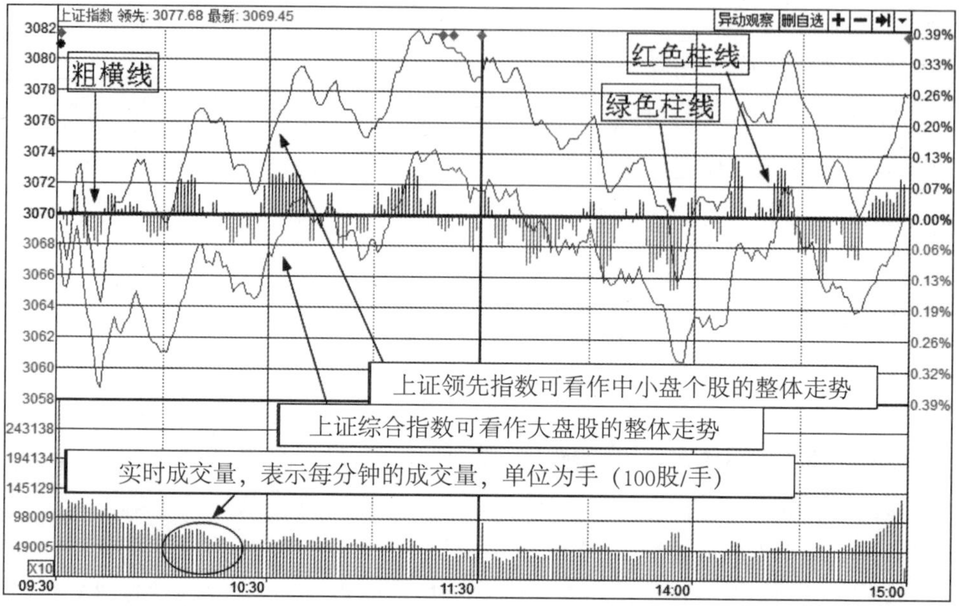

图 2-2-1

考虑到个股的股价因素，因此，那些股价相对较高的中小盘个股对其影响力更大一些。

二是大盘综合指数，用白色曲线表示（有些软件设定的颜色是蓝色）。平常我们所说的大盘指数就是它，大盘综合指数线可看作反映大盘权重股整体走势情况的曲线。因为该指数采用加权方法进行计算，在这种计算方法中，一只股票的市值越大，对指数的影响力就越大。由于那些大盘权重股的股本大、市值高，所以它们对该指数的影响力更大。

在大盘分时图中，值得我们重点关注的内容是黄白曲线的位置关系，参考白色曲线和黄色曲线的相对位置关系，可以得到以下信息。

①当指数上涨，黄色曲线在白色曲线走势之上时，表示中小盘个股涨幅较大；当黄色曲线在白色曲线走势之下，则表示大盘权重股涨幅较大。

②当指数下跌时，如果白色曲线仍然在黄色曲线之上，说明中小盘股的跌幅大于大盘股的跌幅；如果黄色曲线在白色曲线之上，表示中小盘股的跌

幅小于大盘股的跌幅。

（2）红、绿柱线。

红色、绿色的柱线反映当前大盘所有股票买盘与卖盘的对比情况。红柱的伸长和缩短代表上涨买盘力量的增减，绿柱的伸长和缩短表示下跌卖盘的力度强弱。

（3）粗横线。

粗横线表示上一交易日指数的收盘位置，它是当日上涨与下跌的走势的分界线。在它上方是大盘的上涨区域，下方是大盘的下跌区域。

（4）实时成交量。

实时成交量反映的是一分钟的市场成交金额大小，单位是手（每手是100股）。实时成交量柱状线会随着成交量的增长而拉长，随着成交量的减少而缩短。结合当时的指数走势，可以从量价配合关系的角度来解读市场的变化情况，进而预测大盘的后期走势。

第三节　如何判断大盘盘口强弱

大盘通常反映众多股票的整体市场行为，相当程度上会影响个股的股价走势。如果大盘是上升的，那么市场里的个股普遍都是上升的；如果大盘是下跌的，那么市场里的个股多数是会下跌的。所以大盘走势的强弱，成了每天操作股票时必须关心的。实战操作中，判断大盘盘口强弱，对于个股的操盘来说就显得十分重要。

一、涨跌家数对比

涨跌家数对比情况，是整体市场多空双方较量争夺的即时结果，可以反映出大盘涨跌的真实情况。

大盘涨，同时上涨家数多于下跌家数，说明大盘上涨自然，涨势真实，

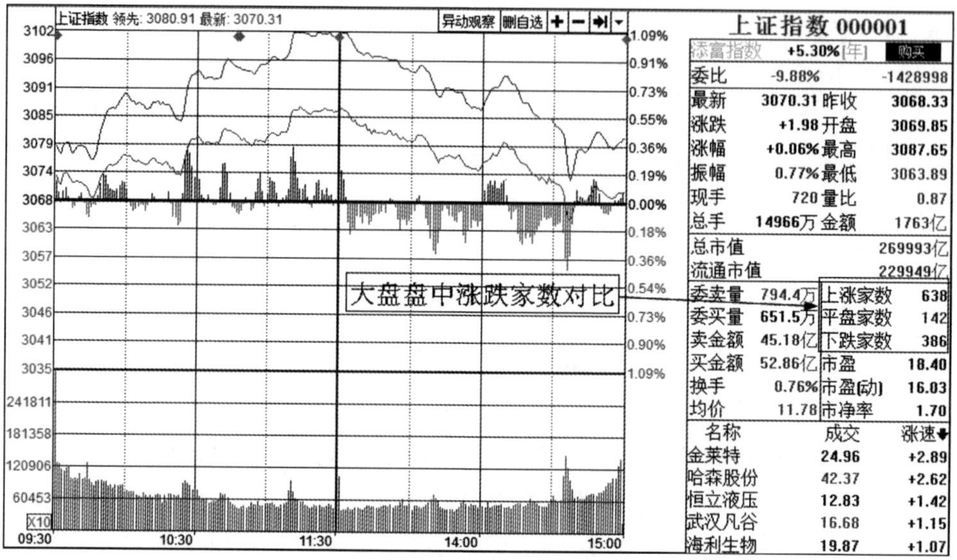

图 2–3–1

代表个股普涨。大盘强，可以积极展开操作。

大盘涨，而下跌家数却多于上涨家数，说明蓝筹权重股正在拉抬指数，大盘涨势为虚涨。大盘假强，当日并不适于操作个股。

大盘跌，同时下跌家数多于上涨家数，说明大盘下跌自然，跌势真实，市场处于普跌状态。大盘弱，短线操作要停止。

大盘跌，而上涨家数却大于下跌家数，说明蓝筹权重股被抛售，跌势虚假，当前的市场状况下仍可选择优质品种进行操作。

二、个股涨幅排行榜

在每个交易日的看盘过程中，涨幅排行榜是我们不时要查看的信息，大家可以利用快捷键“60”“61”“63”方便地调出它们。通过个股涨幅排行榜，能迅速判断大盘的走势强弱。当日涨停的股票越多，说明大盘越强，市场属于强势，此时，大盘背景为个股的表现提供了良好的条件。

“60”可以调出沪深 A 股涨幅排行榜（见图 2–3–2）。

“61”可以调出上海 A 股涨幅排行榜（见图 2–3–3）。

	代码	名称	..	涨幅%⬇	现价	涨跌	市盈(动)	市净率	流通市值	最低	买价	买量	总市值
1	002807	N江阴行		+43.97	6.68	+2.04	16.32	1.39	13.99亿	5.99	6.68	76.21万	118.1亿
2	601216	君正集团		+10.05	4.60	+0.42	30.86	3.03	339.1亿	4.14	4.60	23.56万	388.1亿
3	300539	横河模具		+10.04	11.73	+1.07	38.99	3.38	2.79亿	11.73	11.73	90793	11.14亿
4	002728	台城制药		+10.02	30.20	+2.75	69.03	7.23	17.22亿	28.00	30.20	2537	60.40亿
5	002291	星期六		+10.02	13.51	+1.23	133.7	2.94	49.09亿	12.08	13.50	157	53.89亿
6	603159	上海亚虹		+10.01	41.42	+3.77	100.3	11.51	10.36亿	41.42	41.42	23226	41.42亿
7	002319	乐通股份		+10.01	19.01	+1.73	340.1	6.73	38.01亿	19.01	19.01	11.07万	38.02亿
8	300540	深冷股份		+10.01	51.43	+4.68	72.34	6.62	10.29亿	51.43	51.43	14405	41.14亿
9	000889	茂业通信		+10.01	13.19	+1.20	32.07	3.45	58.74亿	12.03	13.19	14270	82.02亿
10	603031	安德利		+10.01	39.79	+3.62	73.09	5.69	7.96亿	39.79	39.79	17375	31.83亿
11	600620	天宸股份		+10.01	13.30	+1.21	85.68	2.92	91.33亿	12.49	13.30	14357	91.33亿
12	601595	上海电影		+10.01	46.06	+4.19	70.04	9.50	43.07亿	44.44	46.06	59099	172.0亿
13	002808	苏州恒久		+10.01	46.39	+4.22	174.4	11.22	13.92亿	46.39	46.39	15565	55.67亿
14	600338	西藏珠峰		+10.01	31.99	+2.91	39.62	24.74	50.65亿	29.40	31.99	4954	208.9亿
15	300532	今天国际		+10.01	67.06	+6.10	89.22	7.97	14.08亿	67.06	67.06	15446	56.33亿
16	002748	世龙实业		+10.01	20.56	+1.87	68.05	5.07	15.19亿	18.26	20.56	17208	49.34亿
17	603986	兆易创新		+10.00	95.55	+8.69	53.14	10.79	23.89亿	95.55	95.55	31417	95.55亿
18	603007	花王股份		+10.00	27.05	+2.46	35.04	4.44	9.02亿	27.05	27.05	41264	36.07亿
19	300535	达威股份		+10.00	111.28	+10.12	134.6	11.26	16.63亿	111.28	111.28	65796	66.48亿
20	300530	达志科技		+10.00	95.67	+8.70	146.4	14.79	16.74亿	88.92	95.67	531	66.97亿

图 2-3-2

	代码	名称	..	涨幅%⬇	现价	委比%	总金额	总手	换手%	市盈(动)	市净率	总市值	流通市值
1	601216	君正集团		+10.05	4.60	+100.00	7.09亿	162.0万	2.20	30.86	3.03	388.1亿	339.1亿
2	603159	上海亚虹		+10.01	41.42	+100.00	365.0万	881	0.353	100.3	11.51	41.42亿	10.36亿
3	603031	安德利		+10.01	39.79	+100.00	161.9万	407	0.204	73.09	5.69	31.83亿	7.96亿
4	600620	天宸股份		+10.01	13.30	+100.00	6.61亿	50.14万	7.30	85.68	2.92	91.33亿	91.33亿
5	601595	上海电影		+10.01	46.06	+100.00	15.61亿	34.20万	36.58	70.04	9.50	172.0亿	43.07亿
6	600338	西藏珠峰		+10.01	31.99	+100.00	4.29亿	13.73万	8.67	39.62	24.74	208.9亿	50.65亿
7	603986	兆易创新		+10.00	95.55	+100.00	662.3万	693	0.277	53.14	10.79	95.55亿	23.89亿
8	603007	花王股份		+10.00	27.05	+100.00	25.70万	95	0.029	35.04	4.44	36.07亿	9.02亿
9	603658	安图生物		+10.00	23.10	+100.00	18.48万	80	0.019	32.83	6.73	97.02亿	9.70亿
10	603090	宏盛股份		+9.99	14.76	+100.00	51660	35	0.014	38.93	3.42	14.76亿	3.69亿
11	600187	国中水务		+9.97	6.73	+100.00	25.18亿	381.4万	28.20	241.0	3.02	97.90亿	97.90亿
12	600998	九州通		+7.39	21.81	-11.16	2.86亿	13.40万	0.930	57.92	3.36	359.2亿	314.5亿
13	600818	中路股份		+7.19	29.50	-80.76	2.12亿	74594	3.13	353.6	19.55	94.83亿	70.20亿
14	600076	康欣新材		+5.99	14.51	-82.91	1.63亿	11.63万	3.18	38.55	5.49	150.1亿	53.04亿
15	600535	天士力		+5.67	42.12	+24.72	8.97亿	21.64万	2.10	33.23	5.94	455.1亿	435.0亿
16	600567	山鹰纸业		+5.52	3.06	-44.36	5.68亿	183.3万	4.87	46.43	1.71	139.3亿	115.3亿
17	600248	延长化建		+5.38	6.86	+2.99	1.84亿	27.19万	4.47	38.48	2.27	42.24亿	41.68亿
18	603889	新澳股份		+5.37	14.51	-51.35	1.50亿	10.49万	7.46	24.01	4.24	47.10亿	20.40亿
19	600531	豫光金铅		+5.07	10.15	-79.63	8.05亿	79.86万	9.02	125.3	6.43	89.90亿	89.90亿
20	603988	中电电机		+4.61	74.40	-26.44	3.93亿	52840	23.59	161.4	9.29	59.52亿	16.67亿

图 2-3-3

“63”可以调出深圳 A 股涨幅排行榜（见图 2–3–4）。

	代码	名称	涨幅%↓	现价	委比%	总金额	总手	换手%	市盈(动)	振幅%..	总市值	流通市值
1	002807	N江阴行	+43.97	6.68	+100.00	83.69万	1254	0.060	16.32	14.87	118.1亿	13.99亿
2	300539	横河模具	+10.04	11.73	+100.00	25818	22	0.009	38.99	0	11.14亿	2.79亿
3	002728	台城制药	+10.02	30.20	+100.00	3.38亿	11.34万	19.89	69.03	8.01	60.40亿	17.22亿
4	002291	星期六	+10.02	13.51	-1.46	2.75亿	21.32万	5.87	133.7	11.64	53.89亿	49.09亿
5	002319	乐通股份	+10.01	19.01	+100.00	1073万	5644	0.282	340.1	0	38.02亿	38.01亿
6	300540	深冷股份	+10.01	51.43	+100.00	83.83万	163	0.082	72.34	0	41.14亿	10.29亿
7	000889	茂业通信	+10.01	13.19	+100.00	2.75亿	21.83万	4.90	32.07	9.67	82.02亿	58.74亿
8	002808	苏州恒久	+10.01	46.39	+100.00	296.4万	639	0.213	174.4	0	55.67亿	13.92亿
9	300532	今天国际	+10.01	67.06	+100.00	150.9万	225	0.107	89.22	0	56.33亿	14.08亿
10	002748	世龙实业	+10.01	20.56	+100.00	4.51亿	22.60万	30.59	68.05	12.31	49.34亿	15.19亿
11	300535	达威股份	+10.00	111.28	+100.00	1028万	923	0.618	134.6	0	66.48亿	16.63亿
12	300530	达志科技	+10.00	95.67	+100.00	10.61亿	11.49万	65.64	146.4	7.76	66.97亿	16.74亿
13	300531	优博讯	+10.00	107.00	+100.00	9.80亿	93337	46.67	168.2	6.17	85.60亿	21.40亿
14	300533	冰川网络	+10.00	152.12	+100.00	1010万	664	0.266	85.73	0	152.1亿	38.03亿
15	002810	山东赫达	+10.00	22.99	+100.00	60992	27	0.011	45.34	0	21.97亿	5.51亿
16	002809	红墙股份	+10.00	69.31	+100.00	131.7万	190	0.095	81.24	0	55.45亿	13.86亿
17	300538	同益股份	+10.00	36.75	+100.00	47775	13	0.009	63.85	0	20.58亿	5.15亿
18	300537	广信材料	+9.99	17.61	+100.00	60772	35	0.014	41.83	0	17.61亿	4.40亿
19	000651	格力电器	+9.99	19.49	+100.00	7135万	36609	0.061	9.16	0	1172亿	1164亿
20	002052	同洲电子	+9.97	12.13	+100.00	5.04亿	42.14万	7.56	亏损	6.26	90.48亿	67.63亿

图 2–3–4

三、关注开盘半小时内的指数运行情况

早盘开盘后的前 30 分钟是多空双方争夺较为激烈的一个时间段，同时，它也是股市当日走势强弱的一个最初体现。如果开盘前有较为重要的消息影响（如金融政策方面的消息、行业或区域方面的政策消息、周边股市的涨跌等），通常可以通过早盘开盘后这半小时，了解到这些消息如何影响股市当日的运行。

此外，主力资金也往往借早盘开盘后这 30 分钟进行操作。一旦认定市场做多气氛较浓，主力资金大多会选择在开盘半小时内进行拉升，以活跃场内气氛，有利于大盘指数攀升。反之，一旦发觉股市难以上涨，主力资金就不会展开大力度的拉升行动，这也使得大盘指数随后的走势难以乐观。

从盘面形态来说，若大盘指数在开盘后的半小时呈现出量价齐升的形态，而且量能相比上一交易日有较为明显的放大，则说明看好后市的人增加，市场做多气氛较为浓烈，当日上涨的概率较大。

第四节　如何识别个股分时盘口

分时走势图真实、完整、及时地记录了每只股票在当天交易过程中每一个时点的交易数量、交易金额、人气、力度等，这些信息无疑为我们研判股票，了解和把握股票价格运动的趋势，有效指导股票市场的投资活动，提升投资活动的成功概率提供了条件。

下面首先来了解分时走势图中各曲线和指标的具体含义，如图 2–4–1 所示。

成交量柱线，柱线越高说明该时点成交量越大。

现价线，代表了个股分时盘口即时的最新价格，波动相对较为迅速。

均价线，有点类似于K线上的均线，体现了该种股票即时成交的平均价格。

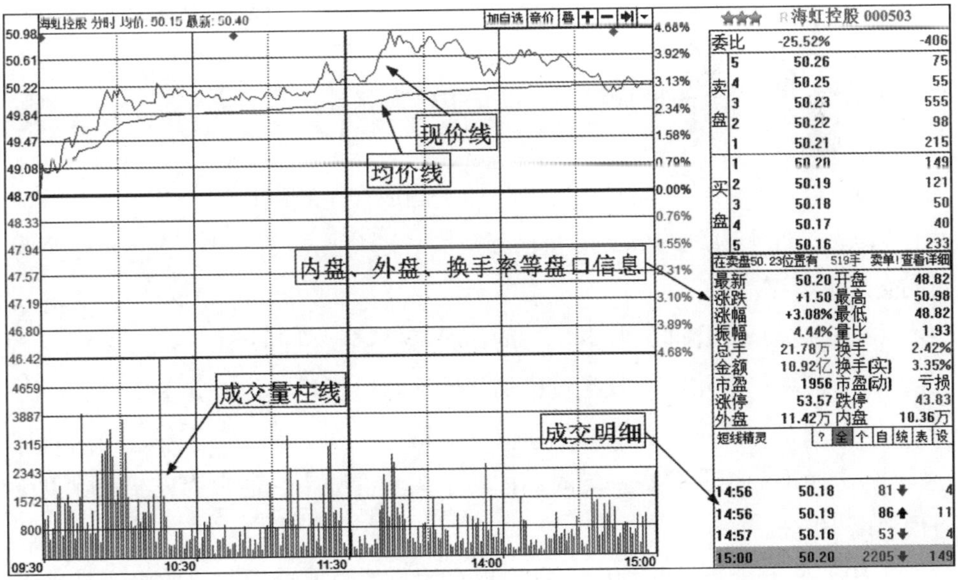

图 2–4–1

均价线相对于现价线表现较温和，波动较为缓慢。

成交明细，出现在盘面的右下方，显示动态每笔成交的价格和手数，成交量的单位是手，每 100 股为 1 手。

分时走势图中经常出现的名词及含义。

（1）外盘：又称为主动性买盘，即成交价在卖出价时成交的手数总和。

（2）内盘：又称为主动性卖盘，即成交价在买入价时成交的手数总和。

当外盘累计数量比内盘累计数量大很多，而且股价也在上涨时，表明很多人在买入股票，做多力量占了上风，行情是真实上涨。当内盘累计数量比外盘累计数量大很多，此时个股也在下跌时，表示很多人在抛售股票。外盘反映买方的意愿，内盘反映卖方的意愿，如图 2-4-2 和 2-4-3 所示。

卖盘 1 ~ 5 档：是五种等候卖出的价格及其数量，其中卖 1 为最低申卖价格。按照“价格优先，时间优先”的交易原则，谁卖出的报价低，谁就排在前面优先成交。如果卖出的报价相同，谁先报价谁就排在前面优先成交，由电脑自动撮合成交。

（4）买盘 1 ~ 5 档：是五种等候买入的价格及其数量，其中买 1 为最高申买价格。按照“价格优先，时间优先”的交易原则，谁买进的报价高，谁就排在前面。如买进的报价相同，谁先报价谁就排在前面优先成交，由电脑自动撮合成交。

（5）量比：当日总成交手数与近期平均成交手数的比值。如果量比数值大于 1，表示这个时刻的成交总量已经放大；若量比数值小于 1，表示这个时刻成交总量萎缩。

（6）涨幅：对比昨天收盘价格的该股涨跌幅度（百分比）。

（7）涨跌：对比昨天收盘价格的该股涨跌价格（单位：元）。

（8）最新：表示该股票的最新成交价格。

（9）换手：指股票在一定时间内转手买卖的频率，通常为成交量除以流通盘乘以 100%。

（10）总手：当日开盘后一直到现在为止的总成交手数。收盘时的总手

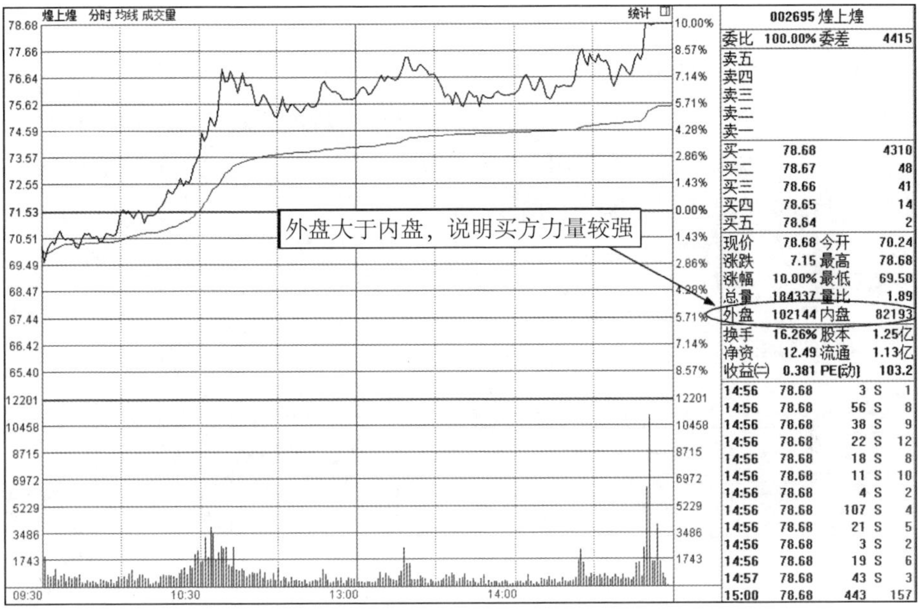
煌上煌 分时 均线 成交量
统计
002695 煌上煌
委比 100.00% 委差 4415
卖五
卖四
卖三
卖二
卖一
买一 78.68 4310
买二 78.67 48
买三 78.66 41
买四 78.65 14
买五 78.64 2
现价 78.68 今开 70.24
涨跌 7.15 最高 78.68
涨幅 10.00% 最低 69.50
总量 184337 量比 1.89
外盘 102144 内盘 82193
换手 16.26% 股本 1.25亿
净资 12.49 流通 1.13亿
收益(三) 0.381 PE(动) 103.2
外盘大于内盘，说明买方力量较强
09:30
10:30
13:00
14:00

图 2-4-2

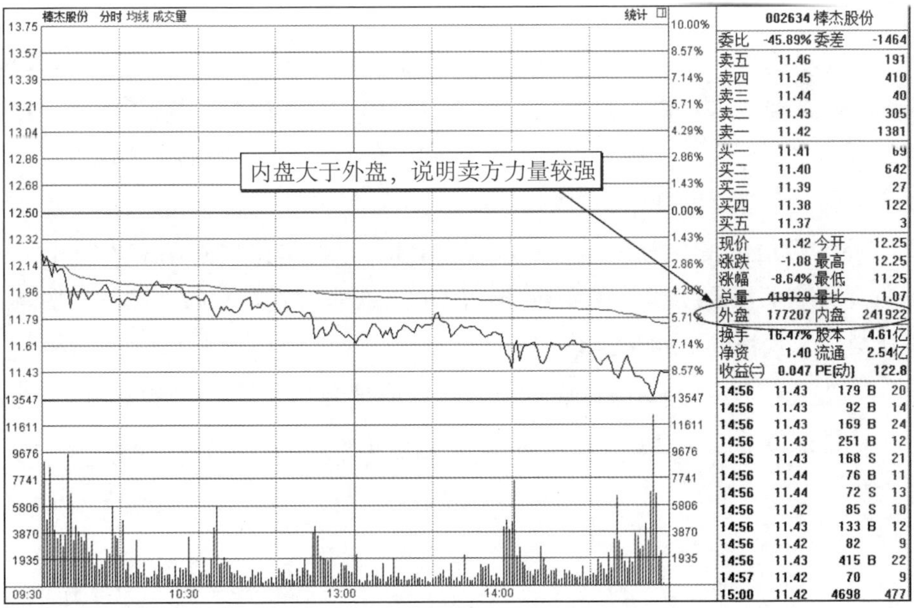
棒杰股份 分时 均线 成交量
统计
002634 棒杰股份
委比 -45.89% 委差 -1464
卖五 11.46 191
卖四 11.45 410
卖三 11.44 40
卖二 11.43 305
卖一 11.42 1381
买一 11.41 69
买二 11.40 642
买三 11.39 27
买四 11.38 122
买五 11.37 3
现价 11.42 今开 12.25
涨跌 -1.08 最高 12.25
涨幅 -8.64% 最低 11.25
总量 419129 量比 1.07
外盘 177207 内盘 241922
换手 16.47% 股本 4.61亿
净资 1.40 流通 2.54亿
收益(三) 0.047 PE(动) 122.8
内盘大于外盘，说明卖方力量较强
09:30
10:30
13:00
14:00

图 2-4-3

数表示当日成交的总手数。

（11）振幅：是指股票开盘后最高价、最低价之差的绝对值与股价的百分比，其计算公式如下：振幅 = 当天最高价 ÷ 当天最低价 ×100%–100%。

当天股价振幅越大，表明股价波动幅度越剧烈；当天股价振幅越小，表明股价波动幅度越小，交易处于多空平衡状态。

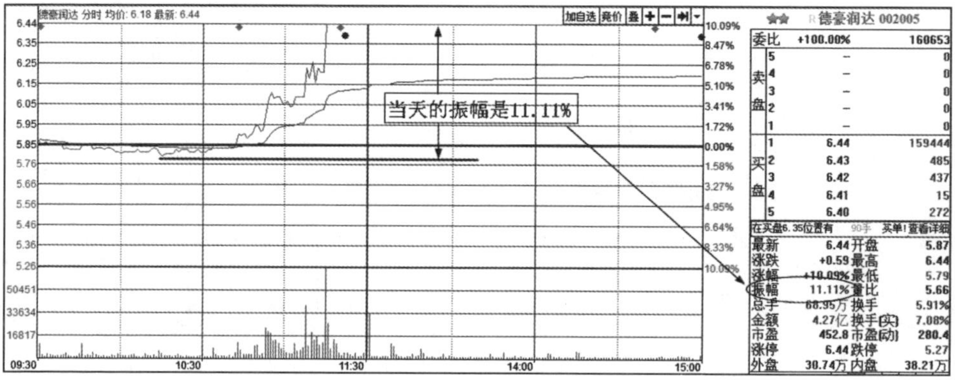

图 2–4–4

（12）委比：当委比数值为负时，说明卖盘比买盘大；委比数值为正时，说明买盘比卖盘大。委比数值从 –100% ~ +100% 的变化，代表了卖盘逐渐减弱、买盘逐渐增强的过程。委比数值从 +100% ~ –100% 的变化，代表了买盘逐渐减弱、卖盘逐渐变强的过程。

委比数值的变化范围是 +100% ~ –100%。当委比数值是 +100% 时，表示只有买盘而没有卖盘，说明市场对股价上涨非常有利，通常涨停的股票其委比数量是这样的，如图 2–4–5 所示。

当委比值是 –100% 时，表示只有卖盘而没有买盘，说明市场的抛压非常大，通常跌停的股票是这样的，如图 2–4–6 所示。

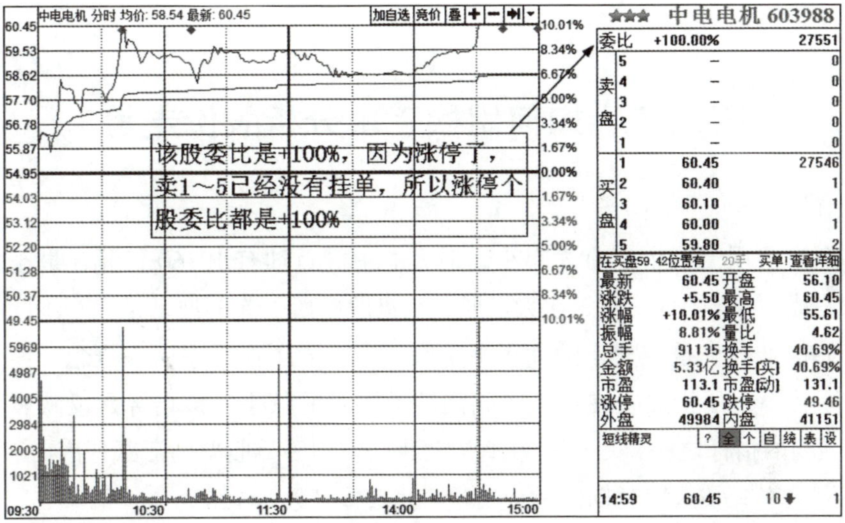
中电电机 分时 均价: 58.54 最新: 60.45
中电电机 603988
委比 +100.00% 27551
该股委比是+100%，因为涨停了，卖1～5已经没有挂单，所以涨停个股委比都是+100%
最新 60.45 开盘 56.10
涨跌 +5.50 最高 60.45
涨幅 +10.01% 最低 55.61
振幅 8.81% 量比 4.62
总手 91135 换手 40.69%
金额 5.33亿 换手(实) 40.69%
市盈 113.1 市盈(动) 131.1
涨停 60.45 跌停 49.46
外盘 49984 内盘 41151
14:59 60.45 10 1

图 2-4-5

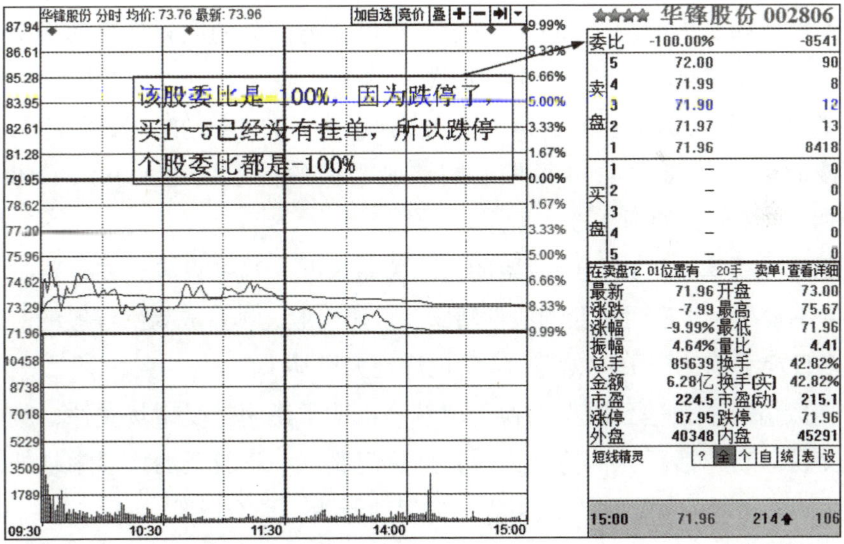
华锋股份 分时 均价: 73.76 最新: 73.96
华锋股份 002806
委比 -100.00% -8541
该股委比是-100%，因为跌停了，买1～5已经没有挂单，所以跌停个股委比都是-100%
最新 71.96 开盘 73.00
涨跌 -7.99 最高 75.67
涨幅 -9.99% 最低 71.96
振幅 4.64% 量比 4.41
总手 85639 换手 42.82%
金额 6.28亿 换手(实) 42.82%
市盈 224.5 市盈(动) 215.1
涨停 87.95 跌停 71.96
外盘 40348 内盘 45291
15:00 71.96 214 106

图 2-4-6

第五节 如何用换手率分析股价走势

上市公司流通市值有大有小，最大的中国石油有12160亿元，最小的不到4亿元。同样的成交量，在大盘股和小盘股中所引起的波动是完全不同的。

如何准确衡量成交量的大小呢？股市中引入了换手率这一概念。换手率也称周转率，是指股票在一定时间内转手买卖的频率。该指标是反映股票流动性强弱的指标之一，可以有效地帮助我们识别一只股票的活跃程度。

换手率 = 某一段时期内的成交量 / 发行总股数 ×100%

在我国，换手率 = 某一段时期内的成交量 / 流通总股数 ×100%，因为中国A股市场的股票分为可在二级市场流通的社会公众股和不可在二级市场流通的国家股和法人股两个部分，一般只对可流通部分的股票计算换手率，以便更真实和准确地反映出股票的流通性。

举个例子，2016年9月14日，松发股份（603268）的成交量是111984股，该股的流通盘为4114万股，则该股当天的换手率为111984÷4114万×100%=27.22%，如图2-5-1所示。

了解换手率，可以判断股票的供求关系情况。当一只股票在一定时间内的换手率较高时，说明该股的股性活跃，是热门股，具备成为涨停股的潜质。持续多日换手率达到7%以上，该股也许是大黑马。

一般情况下，一只股票的换手率越高，通常说明越受市场关注，股票的买卖交易活动越活跃，行情越火爆，是热门股。一只股票的换手率越低，通常说明缺乏市场追捧，股票的买卖交易活动低迷，是冷门股。

换手率指标和成交量指标是相得益彰的，股票的换手率越高，成交量也一定越高；换手率越低，成交量也会越低。

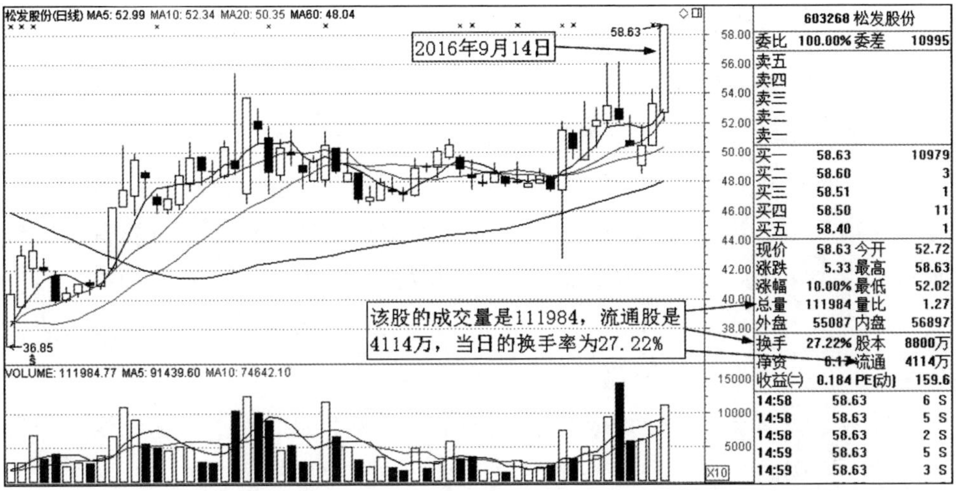

图 2-5-1

一、换手率的市场意义

（1）高换手率的股票易流通，易变现。

一般情况下，股票的高换手率通常是市场上资金追逐造成的结果，同时也说明一只股票的流通性好，进出比较容易，不会出现想买买不到，想卖卖不出去的情况，拥有较强的变现能力。

值得注意的是，换手率较高的个股，是短线资金热衷的个股，投机性强，股价起伏较大，风险也相对较大。

（2）利用换手率可以预判未来股价走势。

将换手率和股价相对位置结合起来分析，可以对股票的未来走势作出一定的预测和判断。当某只股票在成交量长时间低迷后出现放大，换手率突然上升，则可以看作有新增资金买入，股价可能会随之上涨，投资者要重点关注此类个股。如果股票在高位出现换手率高和成交量放大的情况，尤其是高位横盘之后出现这种情况，很可能是已经获利的筹码套现和主力出货，股价有可能会下跌。

（3）换手率高的个股，说明交易活跃，股民买卖意愿强。换手率低的个股，说明交易清淡，股民买卖意愿弱。

二、换手率大小的区分

使用换手率这一工具分析行情时，可以从两方面着手，一是关注个股某个交易日的换手率情况，二是关注个股在某一段时间内的累计换手率情况。

一般来说，可以将3%的日换手率看作交投平淡与活跃的分界点。当日换手率小于3%时，意味着个股的流通性较差，是不活跃的股票和冷门股，说明没有主力运作，或者主力近期不想有所作为。换手率低于3%的个股，基本上没有出现大行情的机会。

日换手率常常大于7%或以上，则说明市场里的筹码在加速交换。如果买入这些筹码的是主力资金一方，卖出筹码的是散户资金一方，则说明主力资金在加速建仓，这类个股有机会向上猛涨，因此这种个股的短期走势甚至是中期走势都是值得我们关注的。反之，如果卖出这些筹码的是主力资金一方，买入筹码的是散户资金一方，则说明主力资金在加速离场，是个股即将出现下跌行情的信号。

股票上涨的原因是主力资金推动的结果，换手率达到10%，往往意味着大资金积极介入，通过活跃的买卖来交换市场中浮动的筹码。

换手率在20%以上，且股价又处于高位，就要小心主力出货，宜尽早获利出局，因为此时风险大于收益。

三、换手率在个股走势中的运用

（1）相对低位换手率放大。

在下跌行情中出现换手率低、缩量的情况，通常说明股价已经跌到底部，意味着股价起涨的时机即将来临。换手率非常低，说明之前买入股票的投资者不愿意卖出该股。当没有股民想卖出股票时，成交清淡，主力想要吸筹，只能选用向上拉涨的办法来获取更多的筹码。

股价下跌到一定的低点时，做空的能量已经匮乏。物极必反，股价已经到底部，有向上涨的物质基础和意愿，股价随时有可能出现反弹。

相对低位换手率放大，表示市场上的大资金正在低位趁利空大口吞吃散户因恐慌而割掉的廉价筹码。敢于在利空时囤积货物，说明这种利空是暂时的。越是在底部换手充分，上行中的抛压越轻，未来的上涨空间相对越大。

图 2-5-2 是远程电缆（002692）的日 K 线走势图，该股有一波长达 3 个月的下跌行情。股价跌到最低点 2.98 元时，当日的换手率只有 0.95%，且多日换手率连续维持这个水平，显示成交量出现萎缩的状况，股价也在 2.98 元价位附近横盘，这预示该股的下跌动能已经不足，开始筑底，随时有可能出现反弹。

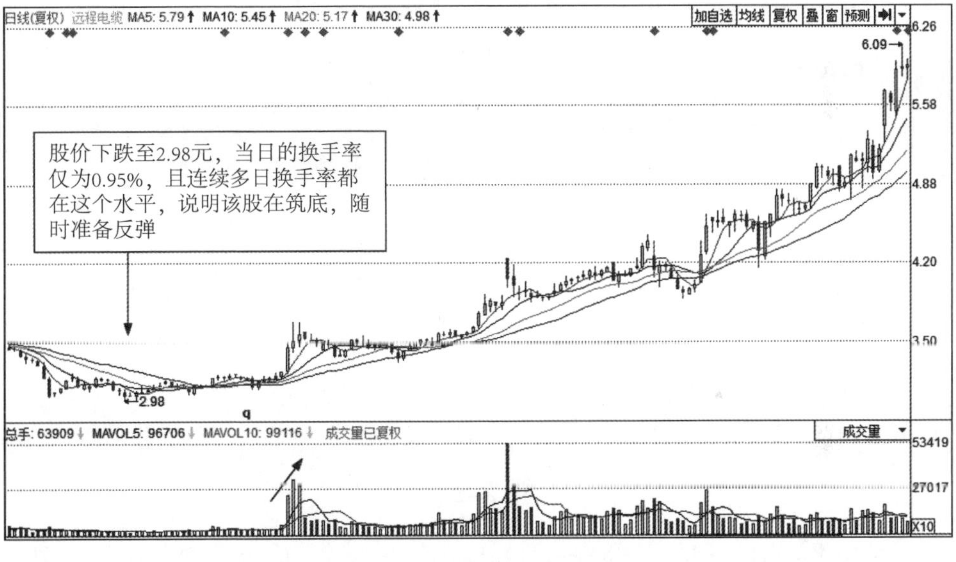

图 2-5-2

随着大盘启动上涨，该股也出现了上涨走势。其后该股突破均线，成交量放大，股价开始反转向上，投资者可以买入股票。

当股票在底部充分换手，而且伴随底部放量，说明有新资金介入，这预示着该股后市看好。一旦该股换手率放大，一定程度上说明该股行情启动，值得投资者关注，如图 2-5-3 所示。

图 2-5-3 是福晶科技（002222）的日 K 线走势图，此前该股经历了一波下跌走势。随着股价的走低，该股的换手率也逐渐走低。2016 年 5 月 12 日，

该股以一根小阴线收盘，换手率为2.69%。这一换手率几乎是该股在最近一段时间内的最低值。

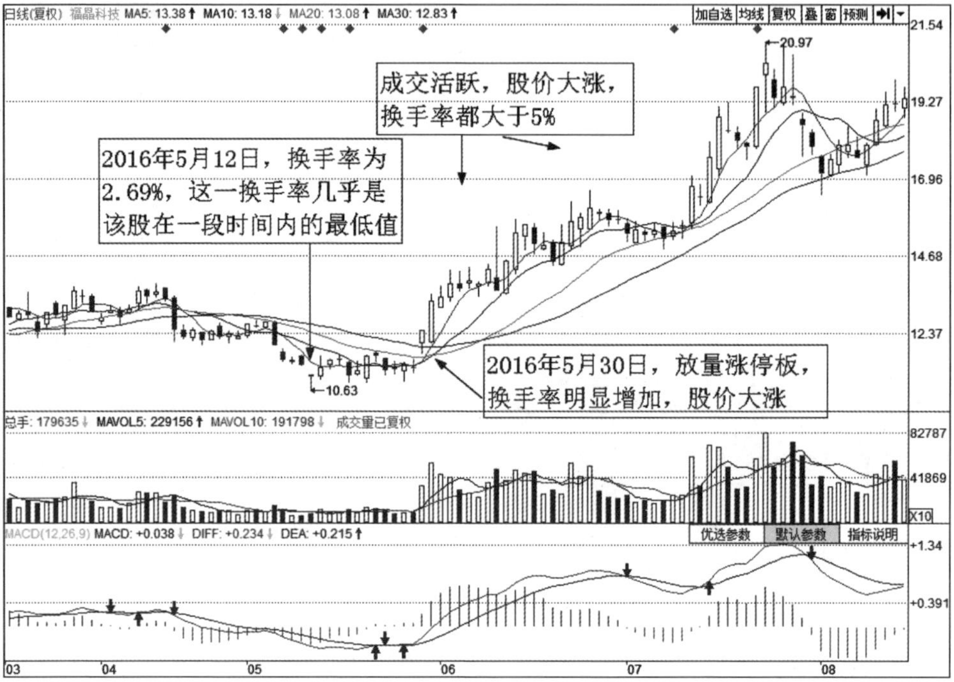

图 2-5-3

2016年5月30日，该股放量收出一个涨停板，换手率明显增加。综合分析该股成功站上30日均线，5日和10日均线向上发散，说明股价开始起涨，投资者可以适当介入该股。

当股票的换手率处于低位，连续几个交易日不断增加，股价有时还会出现放量涨停的现象，这表明该股股价上涨趋势已经形成。投资者发现某只股票换手率不断增加时，可以结合其他技术分析指标进行综合判断，这样操盘成功率更高，如图2-5-4所示。

图2-5-4是华媒控股（000607）的日K线走势图，该股前期经历了一段震荡调整走势，在震荡调整过程中换手率一直维持在较低的水平。

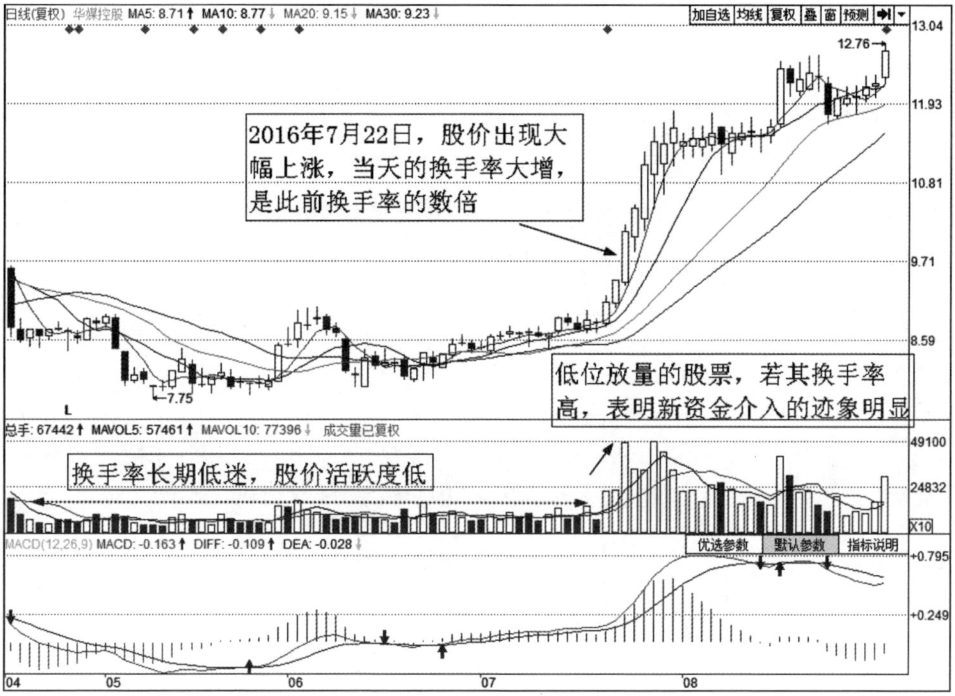

图 2-5-4

2016 年 7 月 22 日，股价突然以大阳线拉升，换手率为 9.73%。股价和成交量暴涨，很有可能是股价启动上涨行情的征兆。再结合均线分析，股价成功站上 5 日和 10 日均线，该股均线呈现向上发散状态，后市看好，投资者应果断买入股票。其后，该股连续出现大阳线拉升走势，证明了此前判断的正确性。

当一只股票处于横盘盘整走势或下跌走势时，换手率保持在较低的水平，突然平地一声雷，某个交易日股价出现大幅上涨，换手率突然大增，这是起涨的征兆。投资者如果能抓住这个起涨的征兆，短期内就会快速获得丰厚的收益。

某只股票在起涨前，换手率一直保持在较低的水平，量价表现都十分低迷，投资者较少关注。这样的个股一旦起涨，更有爆发力。如图 2-5-5 所示。

图 2-5-5 是三川智慧（300066）的日 K 线走势图，该股前期展开了一段时间的下跌走势，股价维持在较低的换手率。

2016 年 6 月 20 日，该股明显放量上涨，当天的换手率也达到 4.91%，短线有起涨的迹象。再结合均线综合分析，当天股价成功站在多条均线之上，且 5 日、10 日和 30 日均线向上发散，表明该股即将启动上涨行情，投资者可以跟进买入股票，坐享后市拉升的收益。

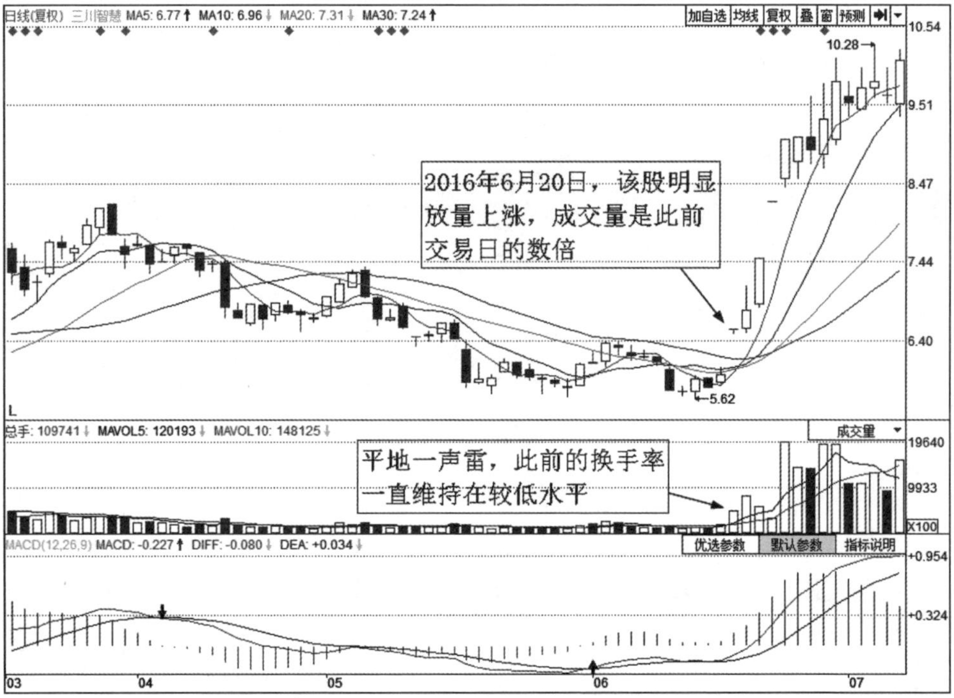

图 2-5-5

（2）高位换手率放大。

当股价上涨到一定时期的高点时，成交量和换手率均创新高，投资者就应该小心谨慎了，这很有可能是主力在出货。将股价拉升至高位出货，是主力惯用的方法。

研判主力是否出货，成交量和换手率高低是一个重要的指标。当成交量和换手率在高位都创出新高时，投资者应卖出股票，避免被套。

股价经过连续拉升之后，做多动能已经明显得到释放，此时出现换手率放大的情况，表明主力已经开始出货了，如图 2-5-6 所示。

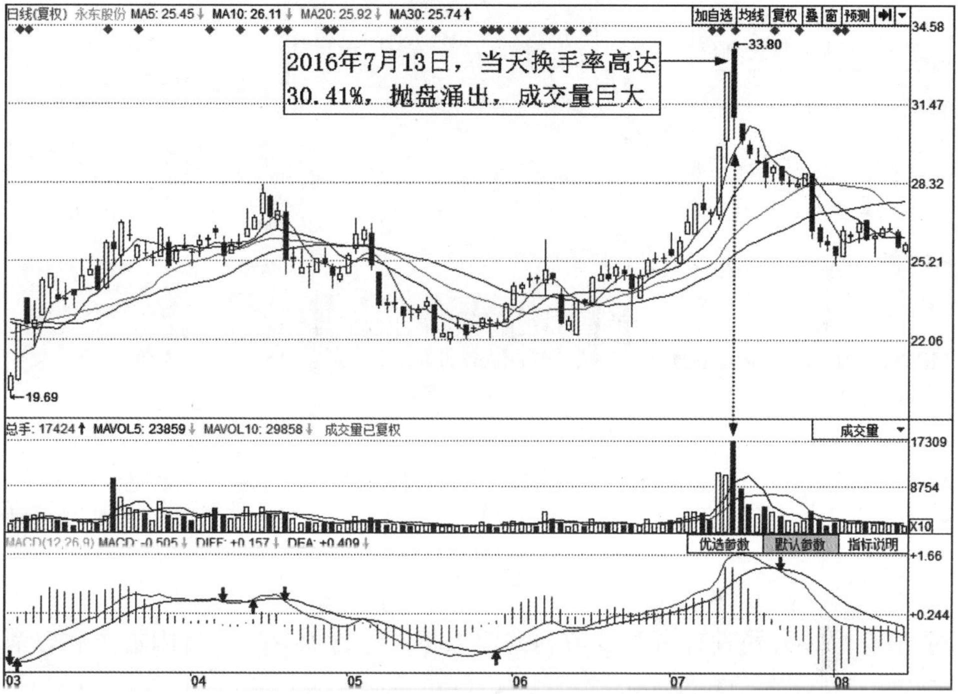

图 2-5-6

图 2-5-6 是永东股份（002753）的日 K 线走势图。该股短线经过大幅拉升，2016 年 7 月 13 日换手率高达 30.41%，换手率放大到极限水平，明显比前几个交易日放大。盘中抛盘涌出，成交量巨大，消耗太多上涨的能量，表明市场分歧严重。同时股价也创下 33.80 元的高价，这预示着该股可能已经上涨到了阶段性高点，谨慎的投资者应该卖出股票或者减仓，避免股价见顶回落的风险。

图 2-5-7 是雅百特（002323）的走势图。此股在 2016 年 3 月 2 日停牌，之后公布一则定增消息："非公开发行不超过 3805 万股，募集资金总额不超

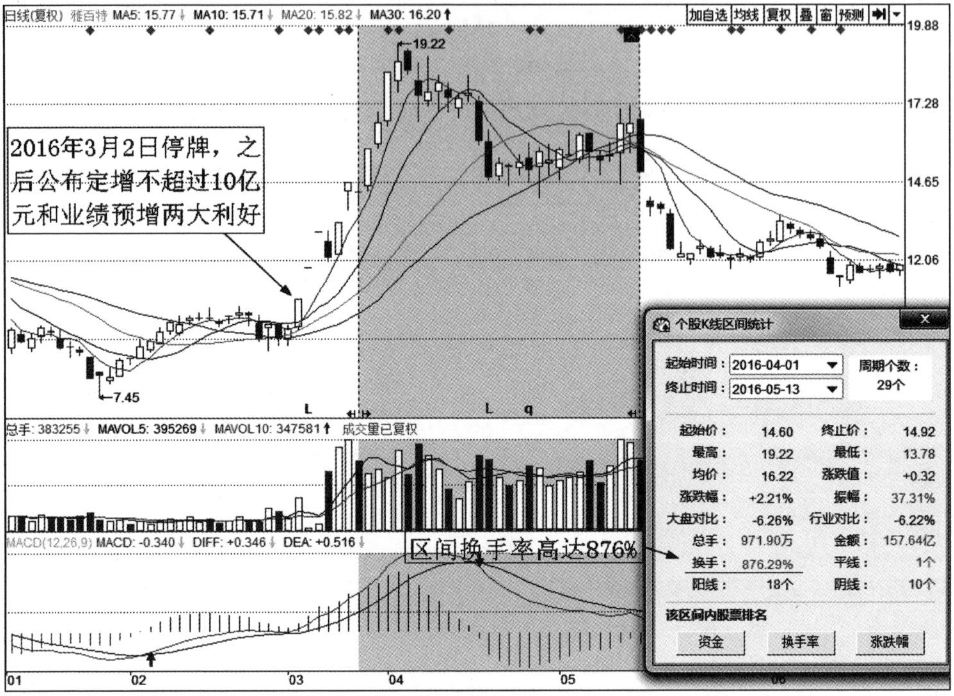

图 2-5-7

过 10 亿元，公司预计一季度盈利大增 188% 至 232%。”股价因这个利好消息而出现多个连续涨停板走势。

2016 年 4 月初至 2016 年 5 月 13 日，出现区间 876% 的换手率，考虑到此股短线涨幅已高，这个高位巨额换手的风险信号应引起我们的注意，因为它极有可能是主力资金正在派发离场的标志。

主力此后不再强势拉升此股，这意味着主力短期内做多意愿不强。通过以上分析得出结论：高位高换手率提示风险，可以作为逢高出局的信号。

当股价达到高点，换手率也同时出现最大值时，投资者看到这种情况，应果断卖出股票。有时候即使出现这种情况，股价还会持续几个交易日的惯性上涨，但这种上涨是一个陷阱，投资者应小心防备，不可为了最后的上涨而被套在山顶，如图 2-5-8、图 2-5-9、图 2-5-10 所示。

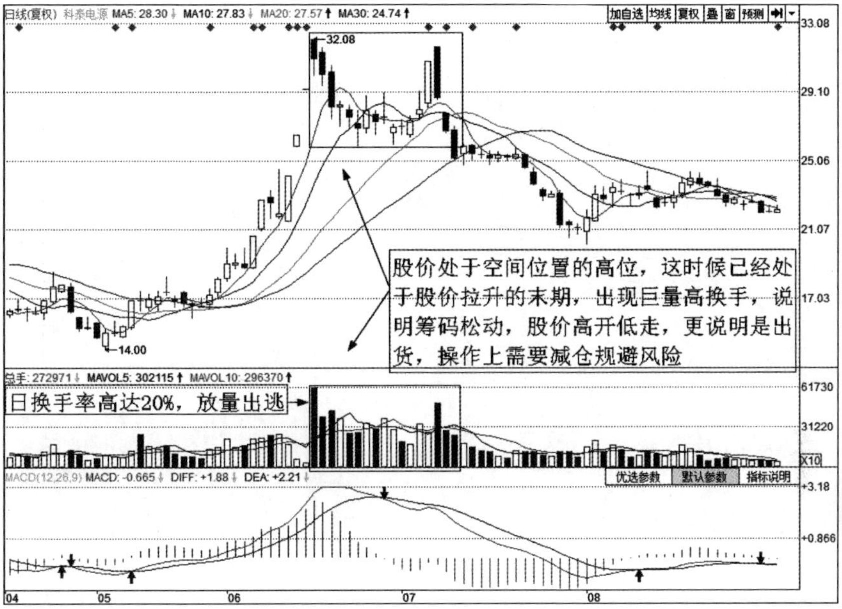
日线(复权) 科泰电源 MA5: 28.30 MA10: 27.83 MA20: 27.57 MA30: 24.74
加自选 均线 复权 叠 窗 预测
33.08
29.10
25.06
21.07
17.03
32.08
14.00
股价处于空间位置的高位，这时候已经处于股价拉升的末期，出现巨量高换手，说明筹码松动，股价高开低走，更说明是出货，操作上需要减仓规避风险
总手: 272971 MAVOL5: 302115 MAVOL10: 296370
日换手率高达20%，放量出逃
61730
31220
X10
MACD(12,26,9) MACD: -0.665 DIFF: +1.88 DEA: +2.21
优选参数 默认参数 指标说明
+3.18
+0.866
04
05
06
07
08

图 2-5-8

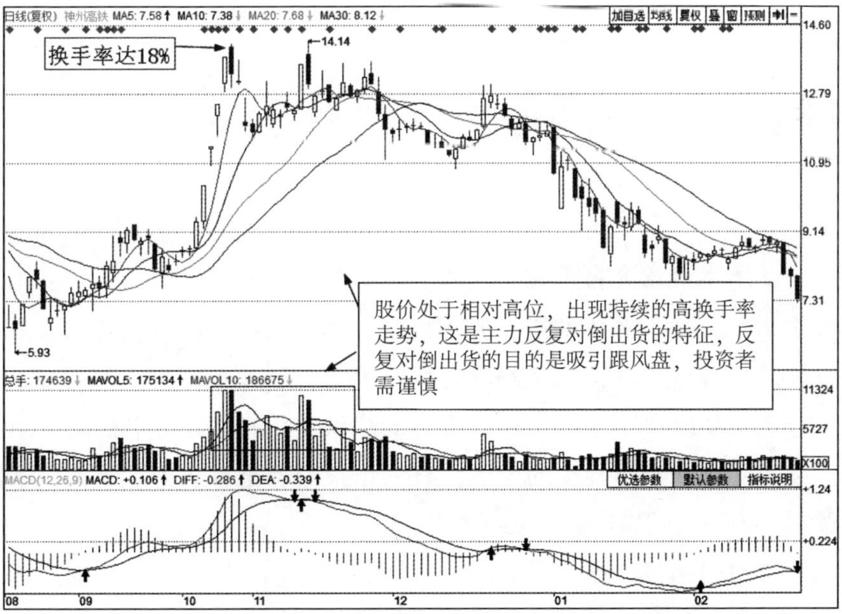
日线(复权) 神州高铁 MA5: 7.58 MA10: 7.38 MA20: 7.68 MA30: 8.12
加自选 均线 复权 叠 窗 预测
14.60
12.79
10.95
9.14
7.31
换手率达18%
14.14
5.93
股价处于相对高位，出现持续的高换手率走势，这是主力反复对倒出货的特征，反复对倒出货的目的是吸引跟风盘，投资者需谨慎
总手: 174639 MAVOL5: 175134 MAVOL10: 186675
11324
5727
X100
MACD(12,26,9) MACD: +0.106 DIFF: -0.286 DEA: -0.339
优选参数 默认参数 指标说明
+1.24
+0.224
08
09
10
11
12
01
02

图 2-5-9

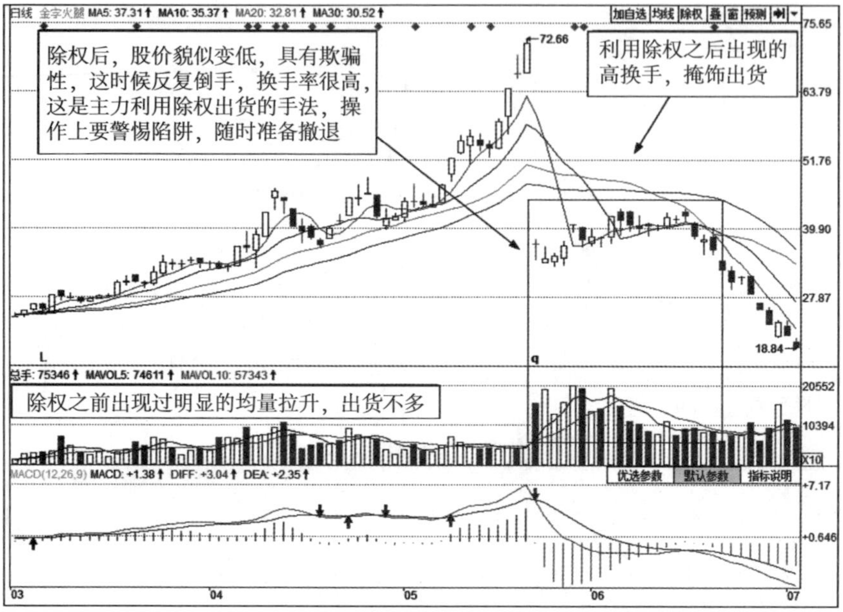

图 2-5-10

第六节　如何运用集合竞价分析股价走势

一、了解集合竞价的规则

投资者都知道，股价的当日开盘价格并不是前一日的收盘价格，而是通过开盘前的集合竞价产生一个新的价格，即当日的开盘价格。既然开盘价格是在集合竞价的时候产生的，那么股价的涨跌变化必将在开盘的时候就显现出来。发现那些开盘有异动的个股，有利于投资者把握主力的动向，了解主力的意图，为当天的操作做好充分准备。

集合竞价时间是：每个交易日上午 9:15–9:25。

集合竞价是由投资者按照自己所能接受的心理价格，自由地进行买卖申报，电脑交易主机系统对全部有效委托进行一次集中撮合处理的过程。在集中竞价时间内的有效委托报单未成交，则自动进入 9:30 开始的连续竞价。

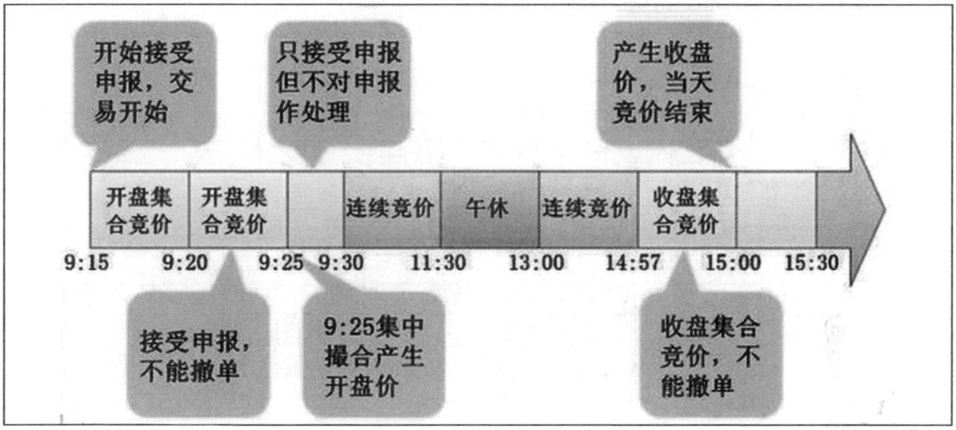

图 2-6-1

每个交易日上午 9:15–9:25 是早盘集合竞价时间，这时的竞价规则和 9:30 以后的连续竞价规则有所不同。9:30 以后的交易是按照价格优先、时间优先的原则成交，但集合竞价这段时间内，有一个重要的原则，就是数量优先，谁的成交量大，谁优先成交。电脑根据此原则撮合竞价，数量最大的优先成交，其成交价就是开盘价。也就是说，谁的筹码多，谁就能在集合竞价阶段拥有话语权和定价权。在市场中，谁的筹码多呢？毫无疑问是市场主力，所以，开盘之前的集合竞价，有时能够反映出一只股票主力的实力和意图。

集合竞价是一天股价运行的开始，其作为开盘前交易情况的反映，常常不可避免地流露出当日多方的运作意图。经过一夜的权衡利弊思考，用心细致的投资者，通过分析集合竞价的情况，可以较早地预知大盘当天的强弱情况，也可以较早地熟悉目标股当日的信息，及早进入交易状态，发现并掌握集合竞价中出现的某些稍纵即逝的机会，及时买入股票，获取收益。

一般来说，“高开 + 放量”说明做多意愿较强，当日收阳的概率较大；“低开 + 缩量”说明做空意愿较强，当日收阴的概率较大。

集合竞价决定开盘价，它是一天股价运行的开始。逻辑上，如果主力某

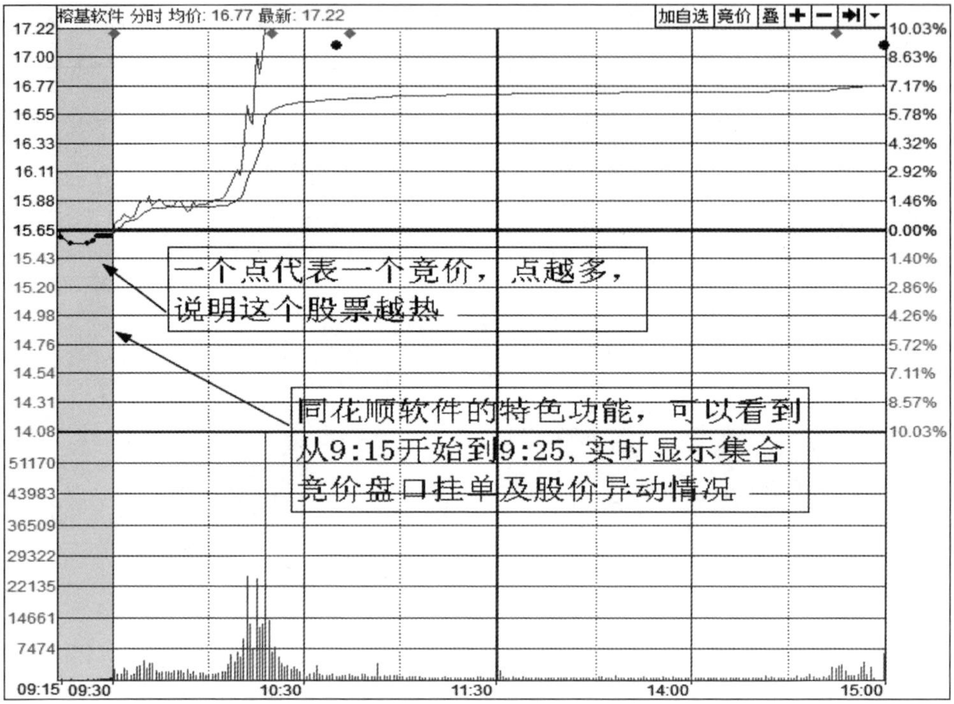

图 2-6-2

日要运作股票，就会控制集合竞价，从而控制开盘价，使得开盘价更加符合操盘的要求，所以我们有必要好好研究一下集合竞价。

那么，如何利用集合竞价来获取优势呢？一般情况下，如果某只股票在前一交易日是上涨走势，收盘时成交的买单量很大，且当天集合竞价时又跳空高走，并且买单量也很大，那么这只股票发展为涨停的可能性就很大。

投资者可以通过 K 线组合、均线系统、成交量等情况进行综合分析，确认该股具备涨停的一些特征之后，果断挂单，参与竞价买入。也可以依据当天的排行榜进行新的选择，以期捕捉到最具潜力的股票，获得比较满意的投资效果。

下面来看几个运用集合竞价的例子。

图 2-6-3 是一种稳健递增型的图形，这种图形的特点是参与竞价的单子

呈现出阶梯式递增的形态，而且比较平稳。从这种竞价图来看，参与者表现出不紧不慢的从容气度。在实战中动态选股的时候，要多留意这样的竞价图。

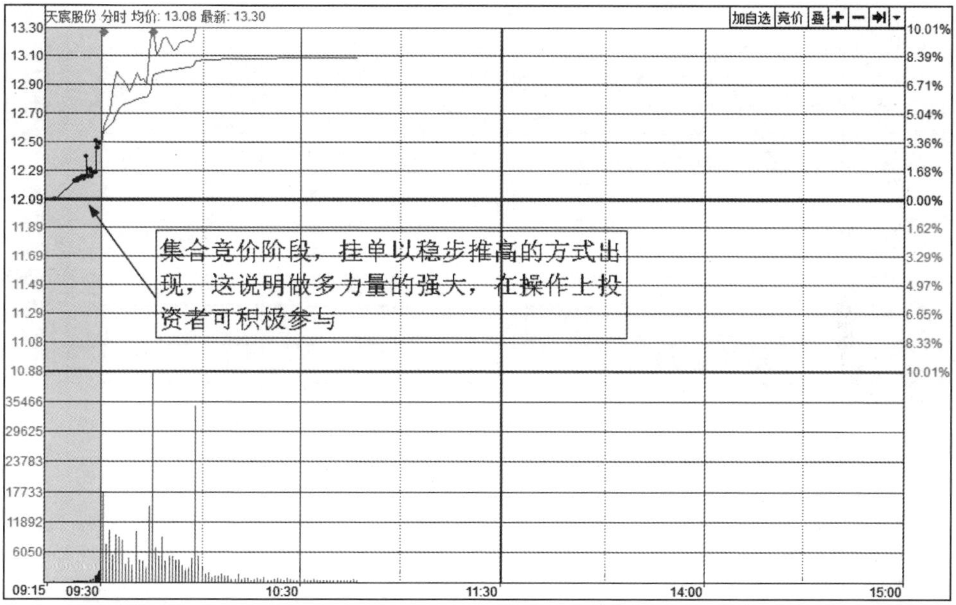

图 2–6–3

图 2–6–4 是宝色股份（300402）的分时走势图。该股在集合竞价阶段成交量大幅放大，导致股价迅速涨停。投资者临盘可以积极参与，挂单买入，运气好的话说不定能买进。

图 2–6–5 的情况比较特别，在集合竞价时间段，先是快速向下打到跌停，然后瞬间快速向上。很显然，这是一种典型的诱空行为。

在集合竞价时，主力利用中小资金无法决定开盘价的优势大玩花样，先是在 9:20 之前垂直下打，做出一副要暴跌的态势，诱使中小散户抛出筹码。然后在 9:20 迅速做高股价，散户此时要撤单也来不及了，因为此时处于无法撤单的时间段，一旦上当，只能眼睁睁地看着自己吃亏。普通投资者如果不是高手，原则上不要在这样的集合竞价时间段操作，尤其是中小散户，资金有限，就别凑那份热闹了。

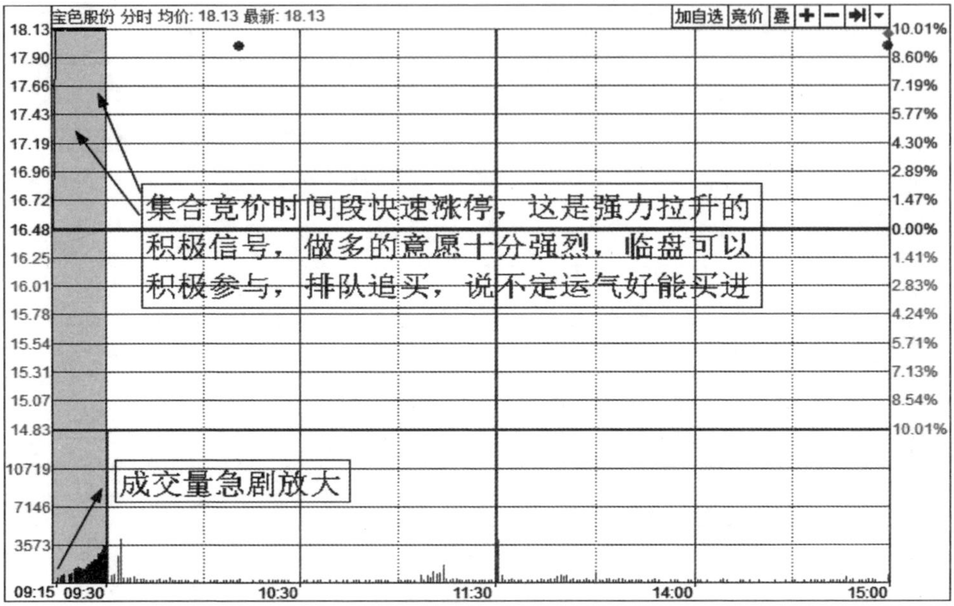
宝色股份 分时 均价: 18.13 最新: 18.13
加自选 竞价 叠
18.13
17.90
17.66
17.43
17.19
16.96
16.72
16.48
16.25
16.01
15.78
15.54
15.31
15.07
14.83
10719
7146
3573
09:15 09:30
10:30
11:30
14:00
15:00
10.01%
8.60%
7.19%
5.77%
4.30%
2.89%
1.47%
0.00%
1.41%
2.83%
4.24%
5.71%
7.13%
8.54%
10.01%
集合竞价时间段快速涨停，这是强力拉升的积极信号，做多的意愿十分强烈，临盘可以积极参与，排队追买，说不定运气好能买进
成交量急剧放大

图 2-6-4

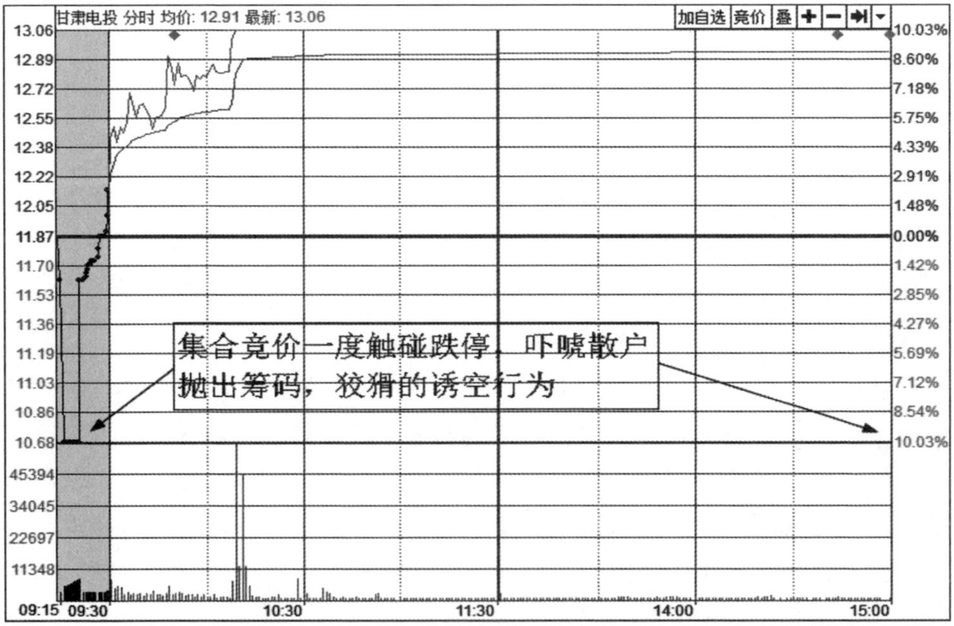
甘肃电投 分时 均价: 12.91 最新: 13.06
加自选 竞价 叠
13.06
12.89
12.72
12.55
12.38
12.22
12.05
11.87
11.70
11.53
11.36
11.19
11.03
10.86
10.68
45394
34045
22697
11348
09:15 09:30
10:30
11:30
14:00
15:00
10.03%
8.60%
7.18%
5.75%
4.33%
2.91%
1.48%
0.00%
1.42%
2.85%
4.27%
5.69%
7.12%
8.54%
10.03%
集合竞价一度触碰跌停，吓唬散户抛出筹码，狡猾的诱空行为

图 2-6-5

二、利用集合竞价抓涨停股

利用集合竞价的机会来选择涨停股，就是要选择那些强势的个股。因为弱势股票即便涨停，也不容易挑选出来，除非前一日股价已经放量涨停，第二日有可能延续前期的走势继续涨停。

集合竞价捉涨停，是指在集合竞价的时间段内，找到当天最有可能封涨停的股票。在集合竞价阶段，投资者应该注意以下几点。

（1）大盘处于牛市环境中，参与仓位可以在七成以上；大盘处于熊市环境，参与仓位严格控制在两成以下。

（2）形态好的个股资金多分配一些，形态不好的少分配些。股市变幻莫测，捕捉涨停板是短线行为，系统环境及突发事件往往会改变个股的短线走势，主力不是傻子，会根据环境的改变而采取不同的策略。

集合竞价时，投资者追涨主要的依据是股价的强势程度，也就是股价的上涨程度，以及成交量的放大程度。当日能够大涨的牛股，总能在集合竞价的时候放量高开，并且开盘之后继续拉升。只要大盘指数在当日收盘的时候不会下跌，或者下跌幅度不是很大，那么集合竞价时出现的强势股，在当日连续竞价阶段依旧会是强势个股。在集合竞价时就高开并位居涨幅榜前列的股票，投资者应该首先关注。

在下列情况中，利用集合竞价抓涨停效果最好。

股价突破重要的压力位和技术位，如前期高点、平台上边线、重要均线位、压力线等，开盘以高开之势突破，涨幅超过3%，集合竞价成交量较大，而且大盘处于强势行情时，投资者可重点关注。

图2–6–6是荣安地产（000517）的分时走势图。2015年3月30日，早盘集合竞价成交价为11.50元，成交手数达7966手。这么多的成交数量到底是怎么来的？在没有特别利好的情况下，散户会盲目地在集合竞价时动用这么大的数量去参与吗？

显然无论能力和实力，这都不可能是中小投资者所为，唯一可以解释的是，主力有意拉抬股价。图2–6–7是该股后市的走势，当时大盘处于牛市，行情非常火爆，连续展开单边上涨行情，这也为该股的强势爆发提供了良好的大

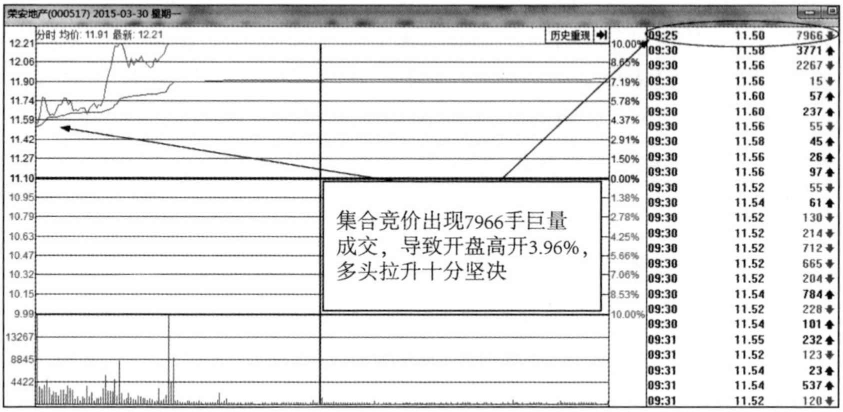
荣安地产(000517) 2015-03-30 星期一
分时 均价: 11.91 最新: 12.21
历史重现
集合竞价出现7966手巨量成交，导致开盘高开3.96%，多头拉升十分坚决

图 2–6–6

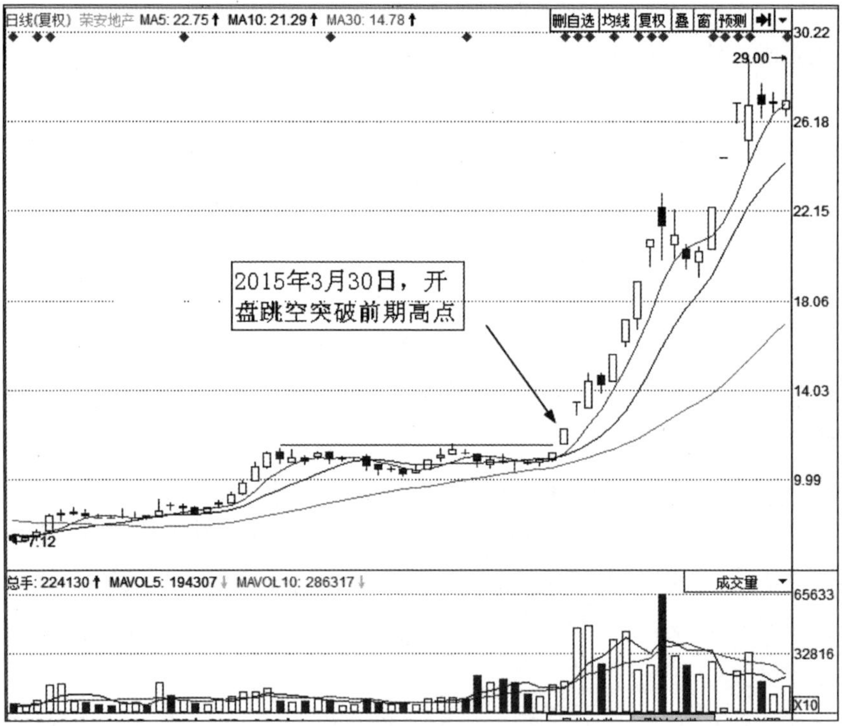
日线(复权) 荣安地产 MA5: 22.75 MA10: 21.29 MA30: 14.78
29.00
7.12
2015年3月30日，开盘跳空突破前期高点
总手: 224130 MAVOL5: 194307 MAVOL10: 286317
成交量

图 2–6–7

盘环境。

图 2-6-7 是荣安地产（000517）的日 K 线走势图。开盘价高开 3.96%，强势突破前期高点，主力拉升的目的十分明确。主力已经跃跃欲试，投资者此时就要果断出击，买入股票，坐享上涨行情。

对集合竞价后开盘的理解，要建立在整个股票价格走势和大盘行情的基础上，这样才能胜券在握。

早盘集合竞价最好高开，投资者要重点关注开盘高开的个股。并不是说开盘在低点位的股票就不会涨停，只是说开盘高开的股票更具有涨停的可能性。集合竞价选股要求在 9:25 到 9:30 之间，这短短 5 分钟内立即选出符合高开且成交量放大的个股。

图 2-6-8 是雪人股份（002639）的走势图，该股以 2.5% 的涨幅高开。显然，主力在集合竞价的时候就已经将股价拉升起来了，这种高开放量上涨的股票，非常值得投资者关注。

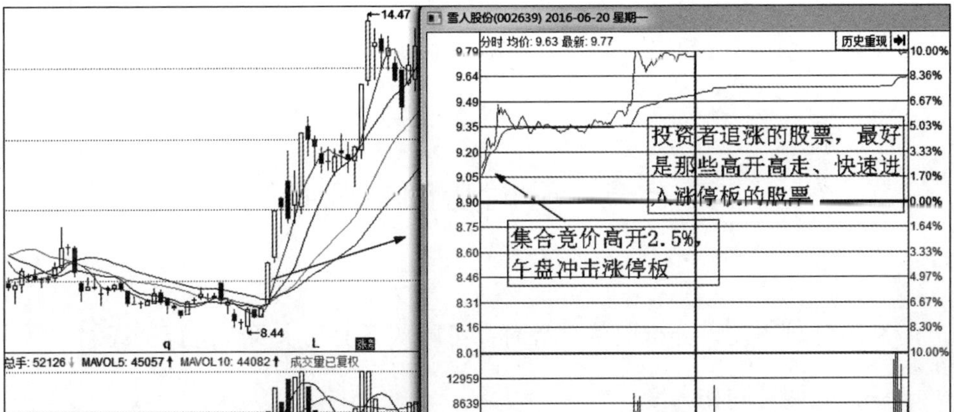

图 2-6-8

（3）受利好消息影响，相关板块个股集体高开，此时高开幅度最大的个股，最有可能成为该板块的龙头股，投资者应重点关注。强者恒强，炒股要抓龙头。抓住龙头股，能给投资者带来超额利润，能让投资者在最短的时间内获得最大的投资收益，也能捕获最多的涨停。

（4）观察涨幅排行榜和涨速榜，在这些股票当中，含有具有当天涨停潜质的股票。涨得快的一定是有力量的，所以出现涨停板的可能性也很大。

（5）开盘后股价处于强势中，回调不破开盘价、均价线或前日收盘价。

（6）找出当前热点板块中的热门股，然后结合 K 线图和各项技术指标进行综合分析，确定其处于强势，均线系统多头排列最佳。

（7）大盘处于牛市或波段上涨行情最佳，大盘处于牛市小级别调整行情或平衡市次之，大盘处于熊市最差。

综上所述，选出最符合心意的一两只个股，在开盘三至五分钟内买进，这样选定的股票当日涨停的可能极大。股市越是处于强势，集合竞价涨幅榜前列的个股，当日涨停的越多。当日一旦选错，第二日开盘就要卖掉，重新选股。此种方法有一定的风险性，不是高手不要采用。

集合竞价捉涨停，其要点在于正确判定当前股市是处于强势还是弱势，强势可用，弱势不可用。其次，要能把握住当前股市的热点，控制好仓位，并能灵活掌握技术分析方法。

第七节　分时盘口看盘技巧

利用分时图盘口分析股价走势时，可以从下面几个要素进行把握。

一、回调时间和力度

（1）短时回调和弱力度回调。

如图 2–7–1 所示，该股在一段平稳走势之后，突然强势陡峭拉升，接着又有一段短时间的回落，然后继续大幅上涨。在这种情况下，回调的时间越短，再次上涨的可能性往往越大，投资者可以抓住时机买入。短时回调是强势股的表现，这种调整表示盘中做空力量很虚弱，空方无力将股价打压下来。

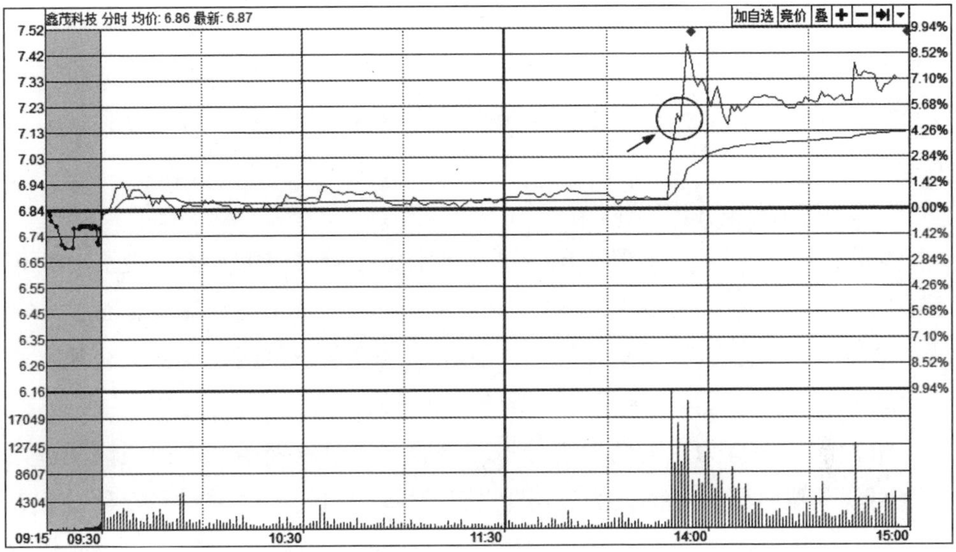
鑫茂科技 分时 均价: 6.86 最新: 6.87
加自选 竞价 叠
7.52
7.42
7.33
7.23
7.13
7.03
6.94
6.84
6.74
6.65
6.55
6.45
6.35
6.26
6.16
17049
12745
8607
4304
9.94%
8.52%
7.10%
5.68%
4.26%
2.84%
1.42%
0.00%
09:15 09:30 10:30 11:30 14:00 15:00

图 2-7-1

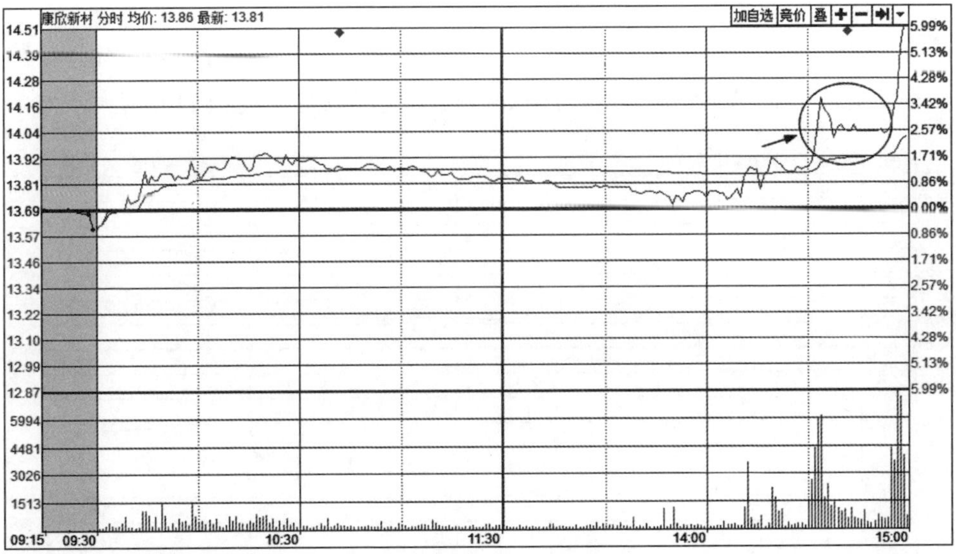
康欣新材 分时 均价: 13.86 最新: 13.81
加自选 竞价 叠
14.51
14.39
14.28
14.16
14.04
13.92
13.81
13.69
13.57
13.46
13.34
13.22
13.10
12.99
12.87
5994
4481
3026
1513
5.99%
5.13%
4.28%
3.42%
2.57%
1.71%
0.86%
0.00%
09:15 09:30 10:30 11:30 14:00 15:00

图 2-7-2

让我们再从回调力度的角度来分析。该股迅速上涨后，进入调整阶段，但回调力度远远小于上涨力度。这说明多方力量强大，抛压无力将股价大幅度打回。弱势回调后再次突破前期高点可以介入，投资者应敏捷地抓住买入的时机。

（2）中时回调和中度回调。

如图 2–7–2 所示，该股在尾盘迅速上涨，接着又进入一段与上涨时间相近的回调阶段，这说明盘中的多空双方力量暂时维持平衡。这时是否买入，就要综合考虑量能，看其是否能再次放大。该股在中时回调后，成交量突然再次放大，随后又进入到新一轮的强势上涨阶段。

下面再从回调力度的角度来分析。该股在尾盘快速上涨，但很快便进入一个回落调整阶段，且回调力度与上涨力度基本相同。这说明多方和空方力量相当，抛压既无法将股价大幅打回，多方的抵抗能力也比较强，因此股价不会下跌太多。在这种情况下，后市的走势就要看量能能否充分放大了。

（3）长时回调和强势回调。

如图 2–7–3 所示，该股在开盘后出现上涨，随后便进入了长时间的回调（图中箭头处），回调时间达上涨时间的数倍。这说明盘中抛盘的力量大于做多

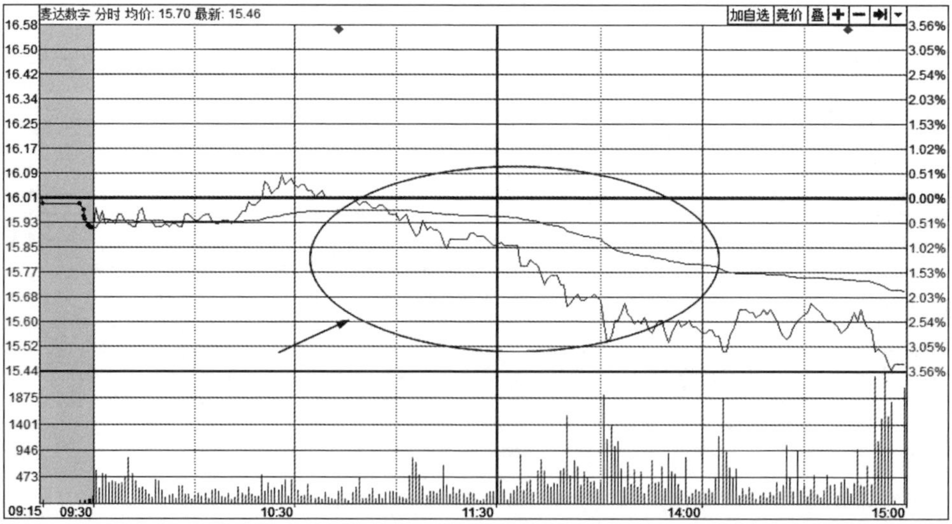

图 2–7–3

的力量，股价难以持续上涨。这种情况通常表明主力在顺势出货，或者主力感到抛压沉重，难以继续做高。

下面再从回调力度的角度来分析。该股的回调力度非常大，简直就是一段下跌趋势，成交量也跟着放大，这说明做多力量虚弱，短线投资者应坚决回避。

二、回调量能

（1）缩量回调或无量回调。

缩量回调是指股价在上涨后产生回落，在回落过程中成交量逐渐萎缩。无量回调和缩量回调类似，只是成交量相对更少一些，抛盘较小。

如图 2–7–4 所示，该股在一段上涨后进入回调阶段，成交量也明显减少。成交量萎缩说明持股者有较稳定的心态，如果回调结束后成交量再次放大，后市股价上涨值得期待。

（2）放量回调。

放量回调是指股价在上涨后产生回落。由于卖盘增加，抛压增强，主力有逐步出货的迹象，因而形成放大的成交量。面对这种回调，投资者应谨慎，

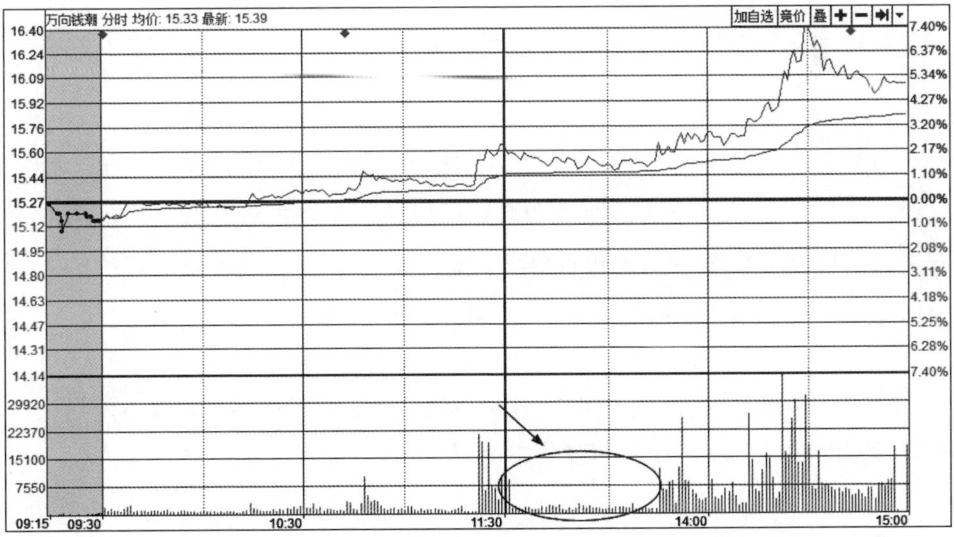

图 2–7–4

退出为上策。

如图 2–7–5 所示，该股开盘后股价下跌，开始进行回调，成交量随之迅速放大。出现这种情况说明主动性卖盘增多，抛压逐步增强，主力有出货的迹象，该股当日后市持续走弱就是个很好的证明。对于这种走势的股票，投资者要格外小心，最好先出局观望。

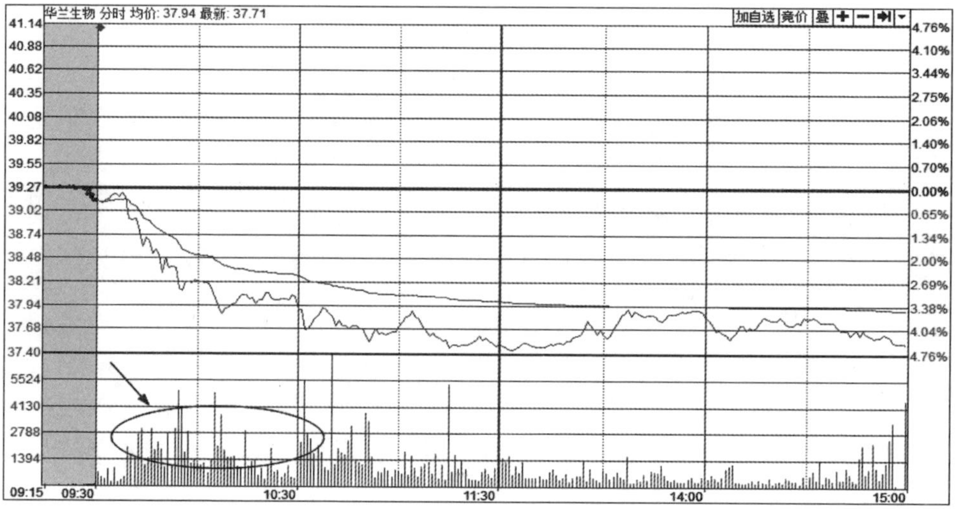

图 2–7–5

三、强势上涨和下跌角度

上涨角度是资金在盘中做多力度的体现。如果资金推动力度极大，那么股价的上涨角度必然陡峭，持股者自然可以获得丰厚的投资收益。如果股价的上涨角度很小，表示盘中资金做多动能不足，在这种情况下，股价的上涨空间也较小，从而无法给投资者带来大幅盈利的机会。

（1）强势的上涨角度。

上涨的角度越是陡峭，说明拉升力越强，盘中做多的资金力量越是强大。投资者若能跟进上涨角度大的股票，可以获得更多的收益。

如图 2–7–6 所示，该股经过开盘之初的一段走低和震荡后，突然开始强势上涨，上升角度陡峭，气势凶悍。一般而言，形成强势的上涨角度时，上

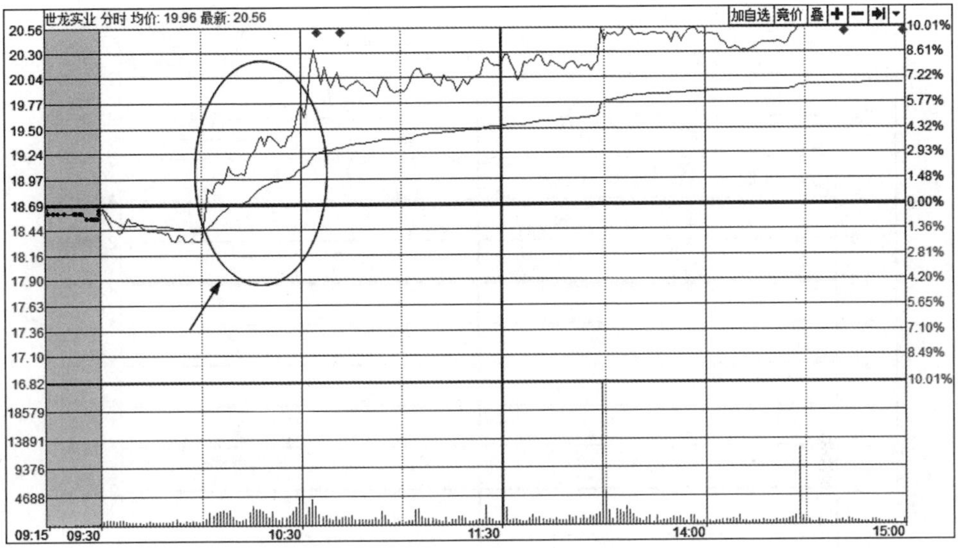

图 2-7-6

涨的速度很快，幅度也大，这时投资者如果立即跟进，会有不小的收益，这种形态也比较容易形成涨停。

如图 2-7-7 所示，在 11 点钟之后，该股突然发力上攻，形成一波陡峭拉升。这波拉升结束后，出现了十几分钟的回调行情。回调结束，又一波陡峭拉升开始，其倾斜角度明显大于此前的一波上涨角度，直至拉至涨停。从逐渐陡峭的拉升波段可以看出，该股的做多热情强烈。

如图 2-7-8 所示，该股一开盘，便有一波 3.39% 的上涨。经过调整之后，股价再次展开上攻走势。此时的上涨角度与前一个上涨角度相比明显变大，更加陡峭。这说明盘中多头发动了更加猛烈的进攻，空头无力阻挡。当强势的上涨角度出现时，投资者应择机介入，通常可以获得不错的收益。

（2）强势的下跌角度。

强势的下跌角度，是指股价下跌角度陡峭，这说明盘中空头完全占据优势，多头无力或者不愿意承接卖盘，从而导致股价加速下跌。当强势的下跌角度出现时，投资者通常应该择机离场，避免遭受更大的损失。

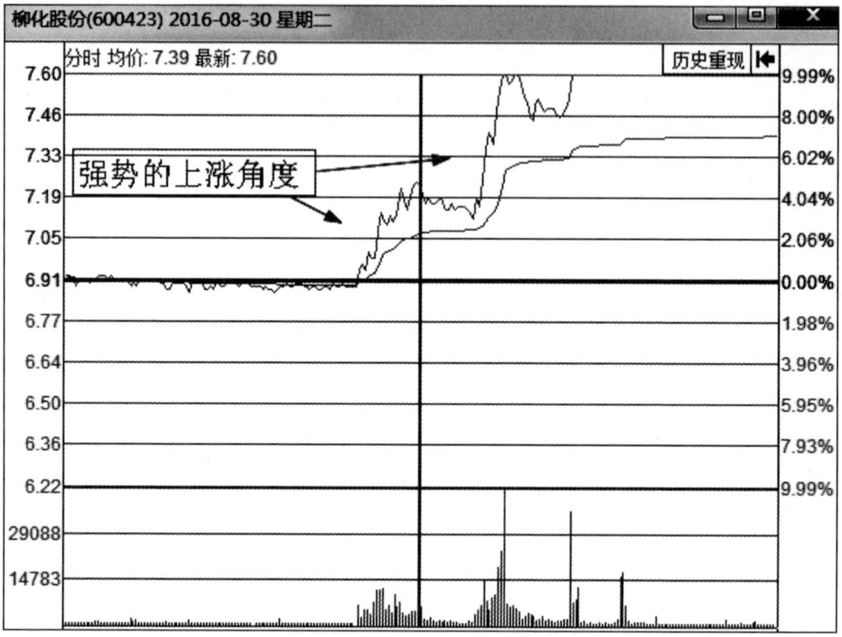
柳化股份(600423) 2016-08-30 星期二
分时 均价: 7.39 最新: 7.60
历史重现
强势的上涨角度
7.60
7.46
7.33
7.19
7.05
6.91
6.77
6.64
6.50
6.36
6.22
29088
14783
9.99%
8.00%
6.02%
4.04%
2.06%
0.00%
1.98%
3.96%
5.95%
7.93%
9.99%

图 2–7–7

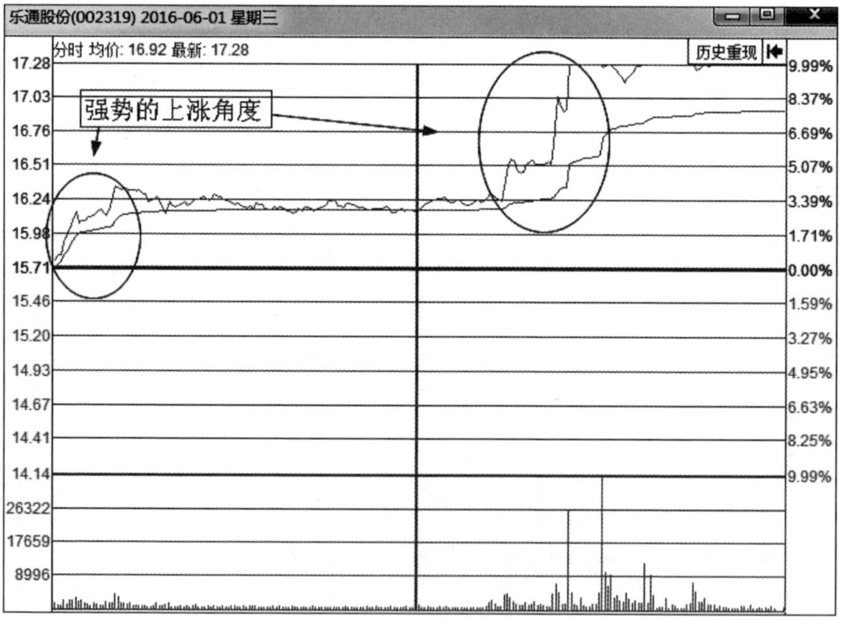
乐通股份(002319) 2016-06-01 星期三
分时 均价: 16.92 最新: 17.28
历史重现
强势的上涨角度
17.28
17.03
16.76
16.51
16.24
15.98
15.71
15.46
15.20
14.93
14.67
14.41
14.14
26322
17659
8996
9.99%
8.37%
6.69%
5.07%
3.39%
1.71%
0.00%
1.59%
3.27%
4.95%
6.63%
8.25%
9.99%

图 2–7–8

如图 2–7–9 所示，该股震荡走低，午盘开盘不久又开始强势下跌，角度向下且更陡峭。这说明空方加大了做空的力度，急于出货，股价加速下跌。投资者遇到这种形势要回避，以减少损失。

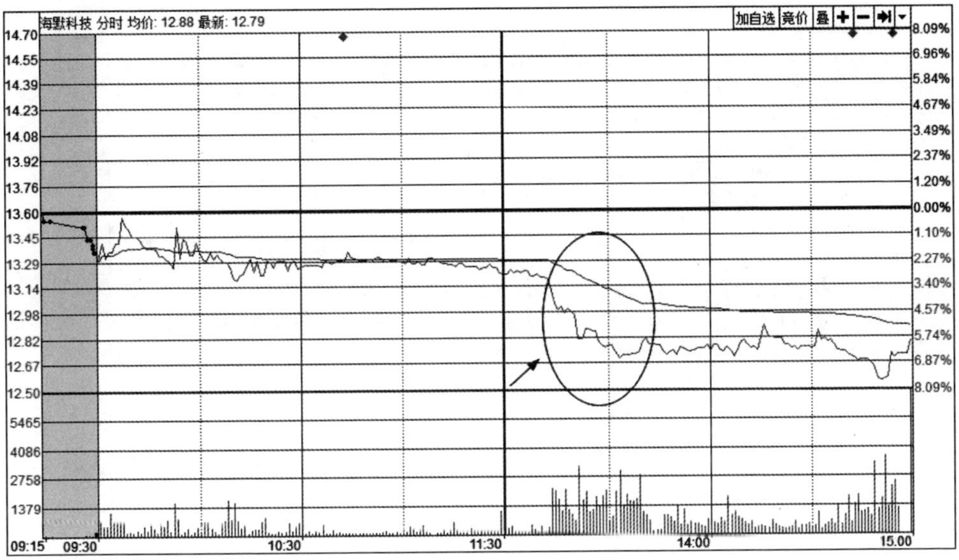

图 2–7–9

图 2–7–10 是开元仪器（300338）2016 年 1 月 4 日的走势图，该股开盘后出现了大幅度的下跌走势。股价跌幅越大，说明盘中资金做空的力度越大。在资金不断做空的时候，投资者有什么理由继续停留在场中呢？在下跌角度增大的时候及时出局，就可以回避股价下跌的风险。

图 2–7–11 是国星光电（002449）2016 年 7 月 27 日的走势图，该股在盘中出现了连续下跌的走势。在股价下跌的过程中可以看到，成交量始终保持放大的状态，这说明连续的下跌是因为盘中有大量的抛盘进行主动性的卖出导致的。在资金不断出货的时候，任何做多行为都将导致资金的损失。

在强势下跌角度形成的时候，成交量也随之出现放大的迹象，量能的变化说明此时的下跌是资金在盘中大规模抛售导致的。

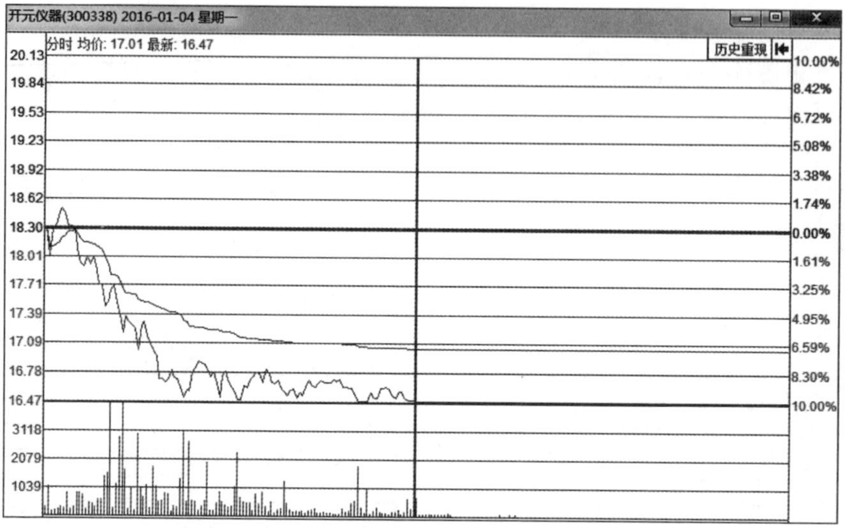
开元仪器(300338) 2016-01-04 星期一
分时 均价: 17.01 最新: 16.47
历史重现
20.13
19.84
19.53
19.23
18.92
18.62
18.30
18.01
17.71
17.39
17.09
16.78
16.47
3118
2079
1039
10.00%
8.42%
6.72%
5.08%
3.38%
1.74%
0.00%
1.61%
3.25%
4.95%
6.59%
8.30%
10.00%

图 2-7-10

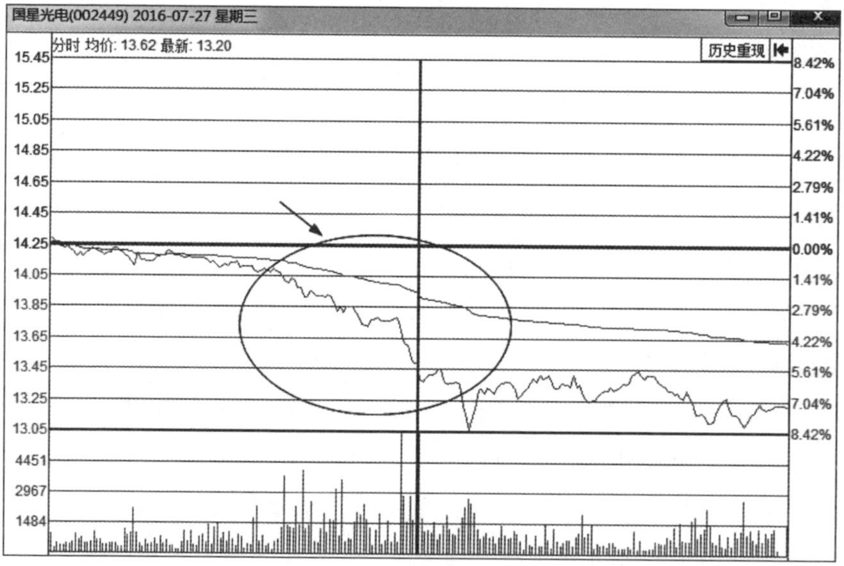
国星光电(002449) 2016-07-27 星期三
分时 均价: 13.62 最新: 13.20
历史重现
15.45
15.25
15.05
14.85
14.65
14.45
14.25
14.05
13.85
13.65
13.45
13.25
13.05
4451
2967
1484
8.42%
7.04%
5.61%
4.22%
2.79%
1.41%
0.00%
1.41%
2.79%
4.22%
5.61%
7.04%
8.42%

图 2-7-11

四、反弹

反弹是指在下跌行情中，股价受到买方支撑而暂时回升的现象。

（1）小力度反弹。

小力度反弹是指股价在下跌过程中出现了上涨的走势，且反弹时间短，上涨力度非常小，很快就会继续下探。

如图 2-7-12 中圆圈处所示，该股反弹时间短，说明盘中做空的力量大于做多力量，多方展开的攻势很难对空方产生威胁。投资者看到这种走势，还是以回避为妙。

出现小力度的反弹情况，说明盘中做多力量不强，甚至很弱，根本无法与空方抗衡，只要空方稍加力度打击就失败了。小力度反弹大多出现在个股强势下跌过程中。投资者看到这样的走势时，要及时回避，持股者也要及时抛出手中的股票出局。

（2）大力度反弹。

大力度反弹是指股价在下跌过程中出现了反弹，且反弹幅度远远大于前期下跌的幅度。

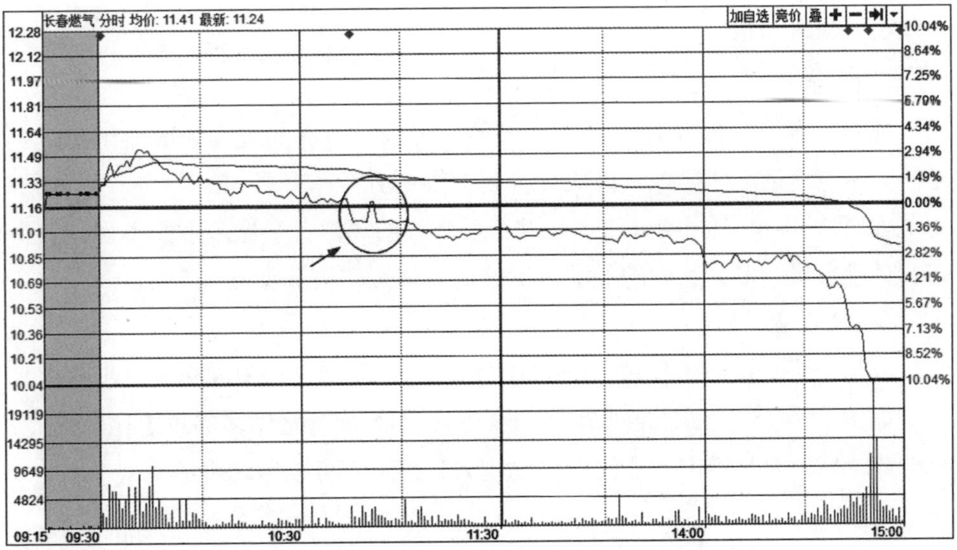

图 2-7-12

如图 2–7–13 中圆圈处所示，说明盘中多空双方力量对比明显，多方力量很强大，空方暂时处于弱势。后市走势还需进一步观察，投资者需要审时度势。

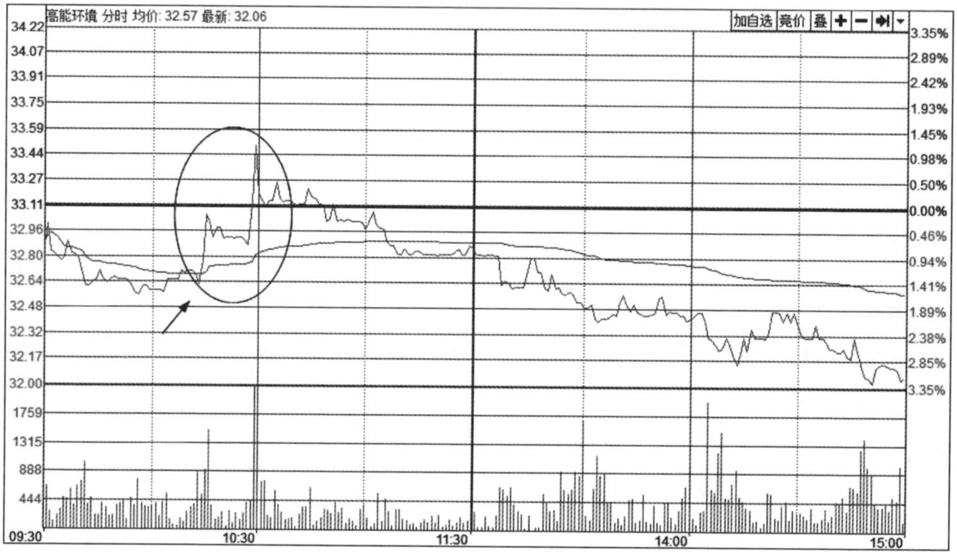

图 2–7–13

五、反弹量能

（1）缩量或无量反弹。

缩量反弹是指股价经过下跌后开始反弹，在反弹的过程中成交量减少。无量反弹与缩量反弹类似，但成交量萎缩得更厉害。

如图 2–7–14 中圆圈处所示，缩量反弹说明场内资金做多意愿不强，较少有人愿意参与做多，这样的上涨真实性值得怀疑，投资者不宜介入。

（2）放量反弹。

放量反弹是指股价经过下跌后开始反弹，在反弹过程中成交量逐步放大。

如图 2–7–15 中圆圈处所示，放量反弹说明场内资金做多的意愿比较强烈，参与者较多，因此后市上涨的概率比较大，投资者可以考虑跟进。

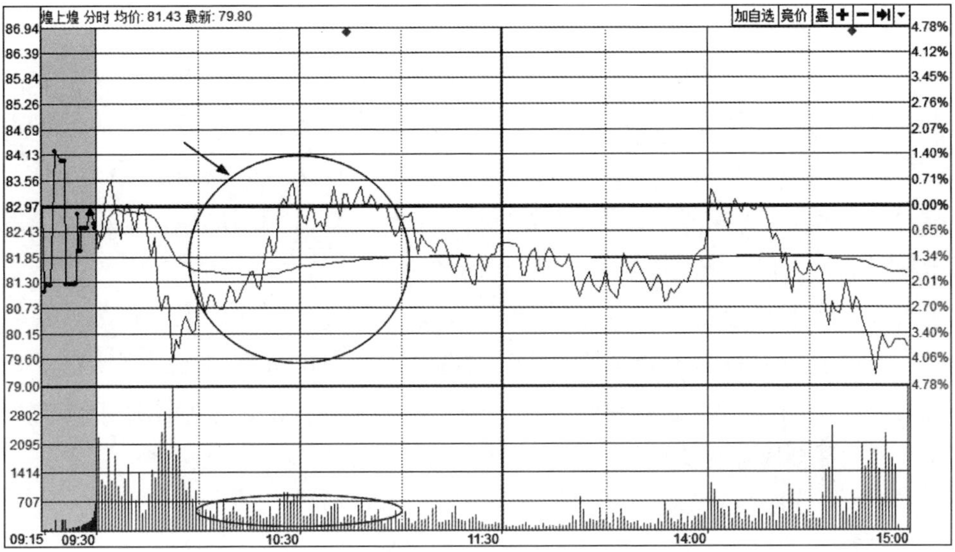
煌上煌 分时 均价: 81.43 最新: 79.80
加自选 竞价 叠
86.94
86.39
85.84
85.26
84.69
84.13
83.56
82.97
82.43
81.85
81.30
80.73
80.15
79.60
79.00
2802
2095
1414
707
09:15 09:30
10:30
11:30
14:00
15:00
4.78%
4.12%
3.45%
2.76%
2.07%
1.40%
0.71%
0.00%
0.65%
1.34%
2.01%
2.70%
3.40%
4.06%
4.78%

图 2-7-14

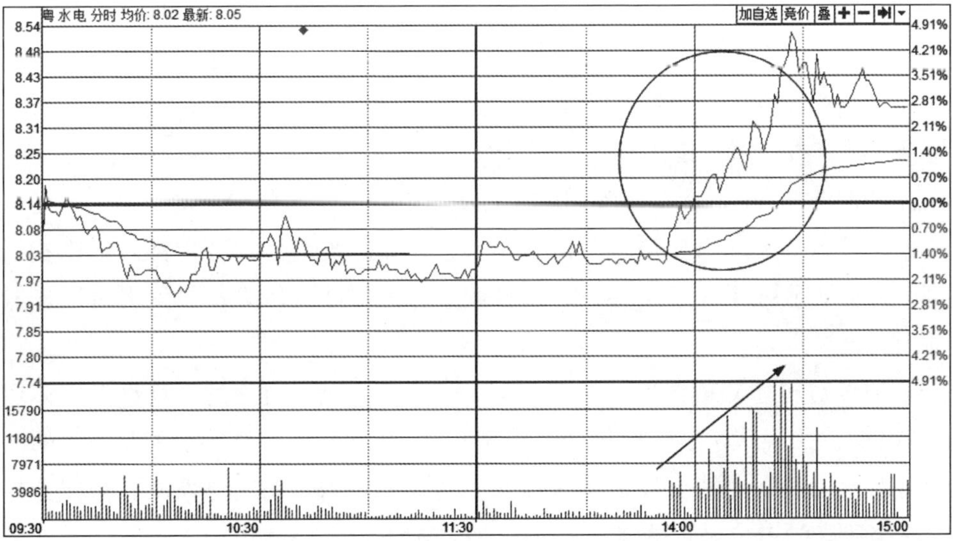
粤水电 分时 均价: 8.02 最新: 8.05
加自选 竞价 叠
8.54
8.48
8.43
8.37
8.31
8.25
8.20
8.14
8.08
8.03
7.97
7.91
7.85
7.80
7.74
15790
11804
7971
3986
09:30
10:30
11:30
14:00
15:00
4.91%
4.21%
3.51%
2.81%
2.11%
1.40%
0.70%
0.00%
0.70%
1.40%
2.11%
2.81%
3.51%
4.21%
4.91%

图 2-7-15

六、参照大盘走势对比强弱

很多个股看似走强，实则并非如此。在大盘表现强劲的背景下，个股大幅上涨并不代表什么，也不能简单地据此认为有主力拉升。分析个股的盘中运行情况，要对比当日大盘的运行情况。只有在一个明确的参照系下，有了明确的比照对象，才能对个股的运行情况有一个更为明晰的认识。结合大盘来观察个股，是了解个股短期内运行强弱的重要方法。

在对个股分时盘口进行实时观察时，最好能叠加对应的大盘指数，同时特别关注那些走势强于大盘的个股，这些个股更可能存在主力。当大盘下跌的时候，这些个股的避险效果更好。当大盘上涨的时候，这些个股上涨的可能性和上涨幅度会更大。

（1）个股强于大盘。

只是看个股的分时盘口是不够的，必须跟大盘对比分析才能看清楚个股的强弱。看清楚了个股的强弱，才能对未来走势进行更准确的预测。

如图 2-7-16 所示，大盘在整个早盘都处于横盘整理状态，而该股却大幅拉高，这表明个股走势显著强于大盘指数，据此可以认为这只股票有拉升能力和意愿比较强的主力隐藏在其中。该股无论是形态上，还是背后运作力量上都看涨，投资者可以买入。

如图 2-7-17 所示，该股开盘之后逐波拉升，基本位于均价线之上，走势流畅，显示上涨动力充足，后市存在上升动力。再对比大盘走势，可以看到该股走势明显强于大盘走势，后市继续上涨的可能性较大，投资者可以逢低适当买入。

通过对比才知道强弱。之所以称为强势股，是通过它的主动性上涨体现出来的。在大盘大涨、个股普涨的情况下，目标个股的上涨很可能是被动的。通过对比，我们才能更好地辨识强弱。结合大盘当日的走势情况，对比分析目标个股盘中走势是否更强，是分时盘口看盘技巧之一。

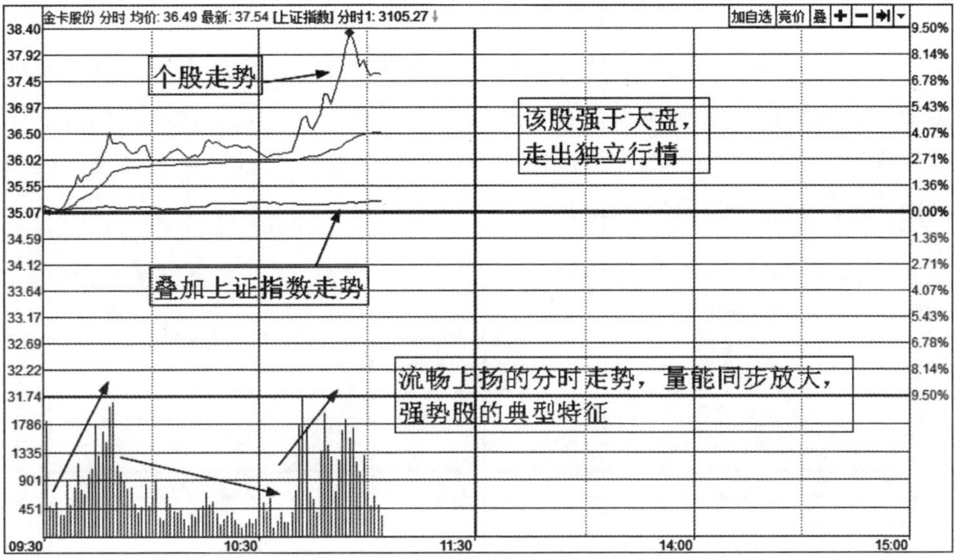
金卡股份 分时 均价: 36.49 最新: 37.54 [上证指数] 分时1: 3105.27
个股走势
该股强于大盘，
走出独立行情
叠加上证指数走势
流畅上扬的分时走势，量能同步放大，
强势股的典型特征

图 2-7-16

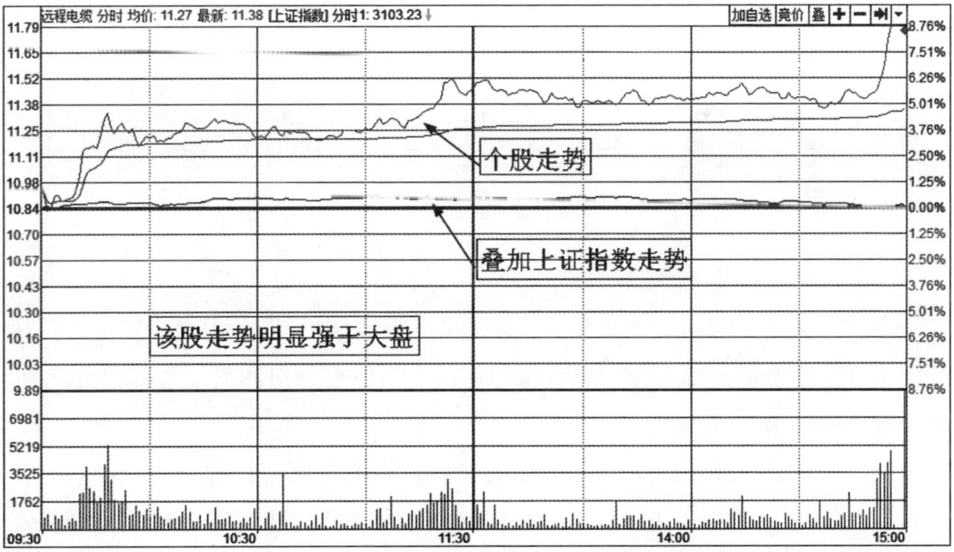
远程电缆 分时 均价: 11.27 最新: 11.38 [上证指数] 分时1: 3103.23
个股走势
叠加上证指数走势
该股走势明显强于大盘

图 2-7-17

图 2–7–18 是欧浦智网（002711）2016 年 9 月 8 日的分时图，图中叠加了当日的上证指数。通过对比可以看出，该股的分时走势远强于当日的大盘走势。在大盘横向窄幅波动，看不到任何上涨迹象的背景下，该股在盘中却节节攀升，主力资金推动个股迹象明显。这种独立于大盘、强于大盘的运行格局，正是强势分时图的典型特征。

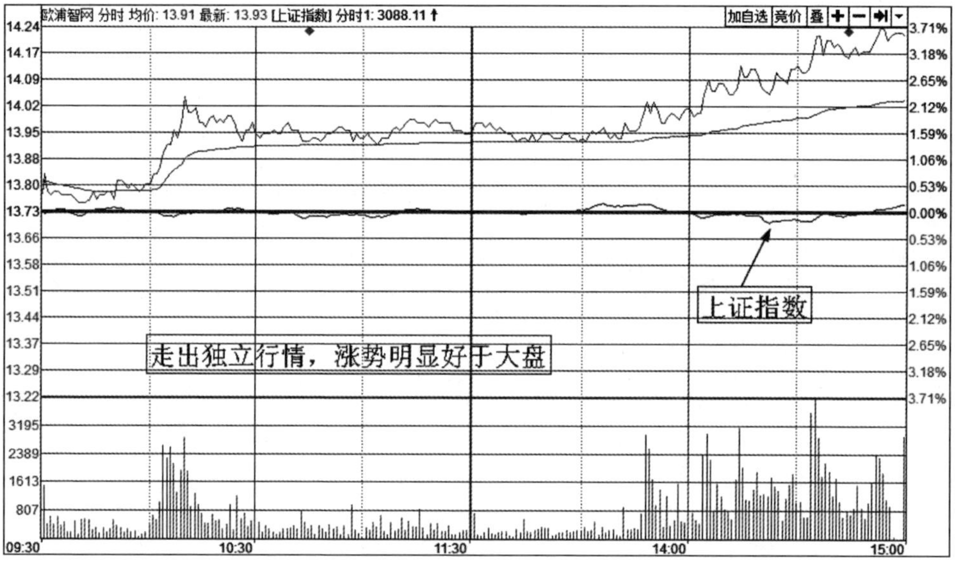

图 2–7–18

（2）个股跟随大盘波动。

如图 2–7–19 所示，大盘指数上涨，明星电力也上涨；大盘指数上涨途中调整，明星电力也随之调整；大盘指数回落，明星电力也回落；大盘指数反弹，明星电力也跟着反弹。

分时行情如此运行，可以看出个股走势跟随大盘，并没有显示出相对强势。这种股票独立性不强，在大盘弱势的时候很难走出上涨行情，在大盘强势的时候也不会处于涨幅榜前列。实战中，我们应该避免介入这类股票，把资金尽量放到上涨可能性最大和上涨潜在空间最大的股票上，毕竟这样才能实现快速获利。

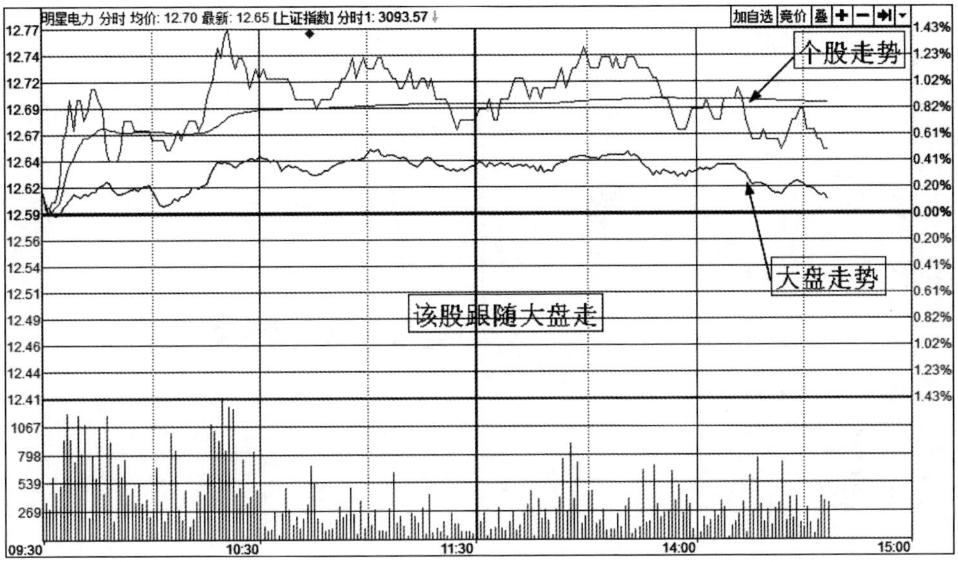

图 2-7-19

如图 2-7-20 所示，大盘指数上冲，该股随着大盘一起上行；随着大盘走跌，该股也随之下跌。这种股票基本上跟随大盘走势起伏，没有独立性，属于没有主力或主力实力不强的那种类型。盘中可能都是散户们在进进出出，走势基本要看大盘脸色，跟随大盘波动。

如图 2-7-21 所示，西宁特钢（600117）开盘之后逐步上涨，大盘指数也是一样的走势，两者是亦步亦趋的关系。由此看来，西宁特钢的走势并不具有独立性，其中有主力的可能性很小，即使有的话拉升能力或意图也不够，预示这只股票后市上涨的可能性和空间都非常小。

如图 2-7-22 所示，当同济堂（600090）爬升之时，大盘也在一同爬升；当大盘冲高回落时，同济堂也一同回落。从分时图走势来看，同济堂基本跟随大盘走势，没有什么独立性，不具有一只强势股的典型特征，所以投资者应该谨慎参与。

如图 2-7-23，锦州港（600190）的走势与大盘走势基本上是同步的，这表明该股走势并不独立于大盘，独立性不强，也就意味着其中没有主力或者

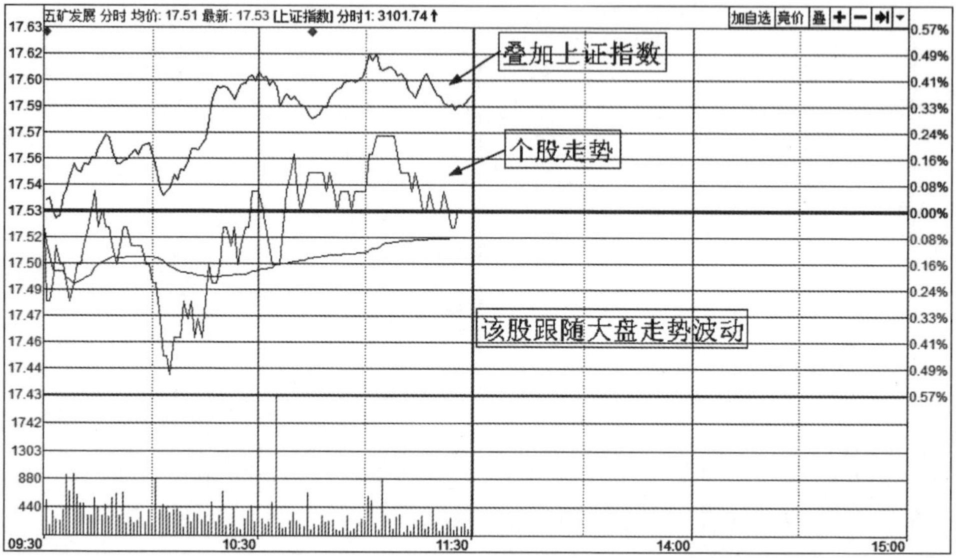
五矿发展 分时 均价: 17.51 最新: 17.53 [上证指数] 分时1: 3101.74
加自选 竟价 叠
叠加上证指数
个股走势
该股跟随大盘走势波动
17.63
17.62
17.60
17.59
17.57
17.56
17.54
17.53
17.52
17.50
17.49
17.47
17.46
17.44
17.43
1742
1303
880
440
0.57%
0.49%
0.41%
0.33%
0.24%
0.16%
0.08%
0.00%
09:30
10:30
11:30
14:00
15:00

图 2-7-20

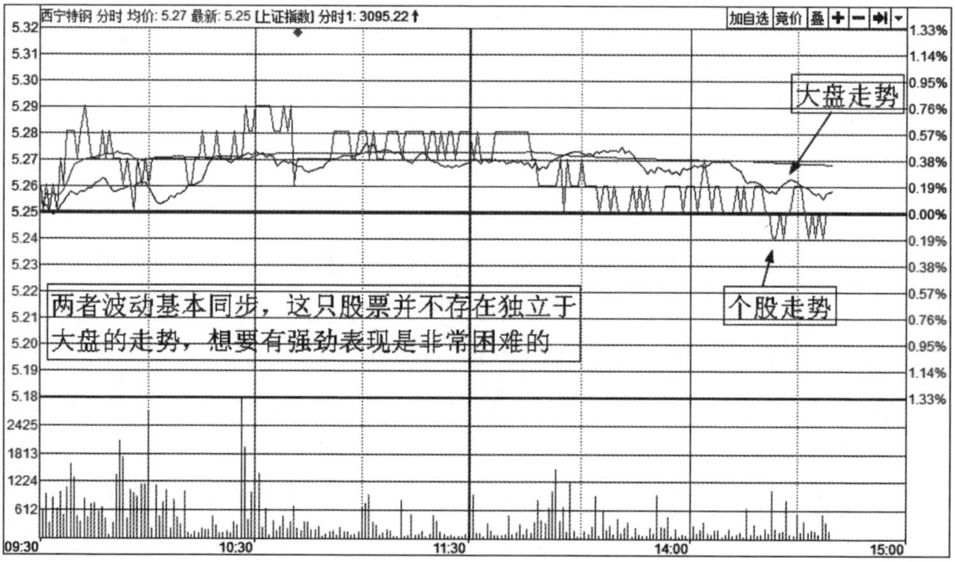
西宁特钢 分时 均价: 5.27 最新: 5.25 [上证指数] 分时1: 3095.22
加自选 竟价 叠
大盘走势
个股走势
两者波动基本同步，这只股票并不存在独立于大盘的走势，想要有强劲表现是非常困难的
5.32
5.31
5.30
5.29
5.28
5.27
5.26
5.25
5.24
5.23
5.22
5.21
5.20
5.19
5.18
2425
1813
1224
612
1.33%
1.14%
0.95%
0.76%
0.57%
0.38%
0.19%
0.00%
09:30
10:30
11:30
14:00
15:00

图 2-7-21

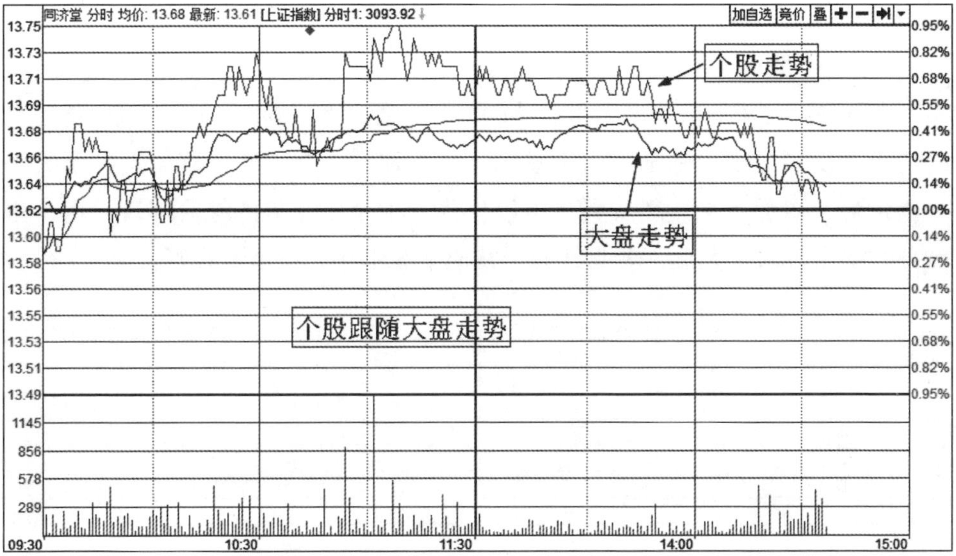
同济堂 分时 均价: 13.68 最新: 13.61 [上证指数] 分时1: 3093.92
个股走势
大盘走势
个股跟随大盘走势

图 2–7–22

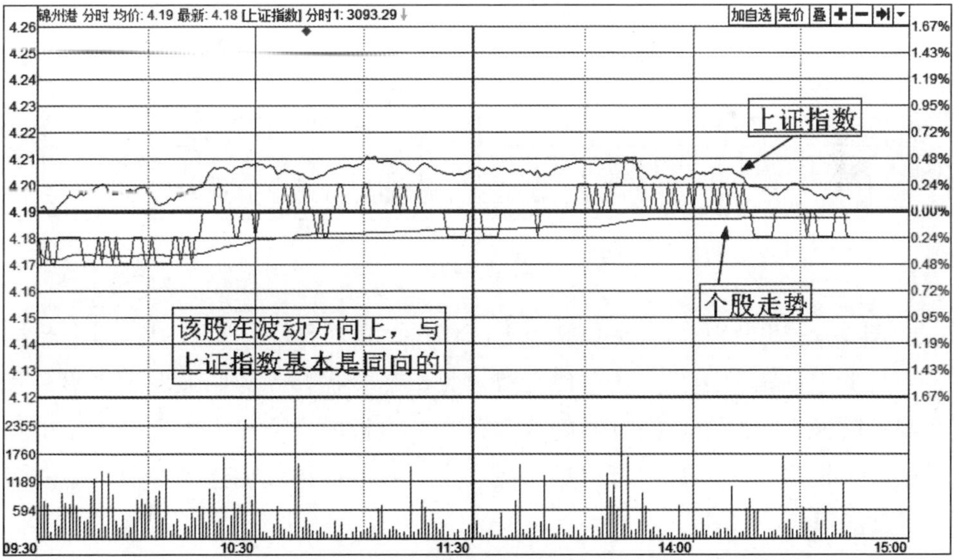
錦州港 分时 均价: 4.19 最新: 4.18 [上证指数] 分时1: 3093.29
上证指数
个股走势
该股在波动方向上，与
上证指数基本是同向的

图 2–7–23

主力拉升意愿不强。

（3）个股弱于大盘。

如图 2-7-24 所示，当大盘震荡的时候，保千里（600074）不能保持独立的走势，反而呈现出跟随大盘下跌的“随大流”走势，其下跌幅度甚至大于大盘走势，弱势可见一斑。大盘可以作为其他个股走势的综合体现，保千里的分时图走势弱于大盘，表明其弱于其他个股走势，后市不看好。

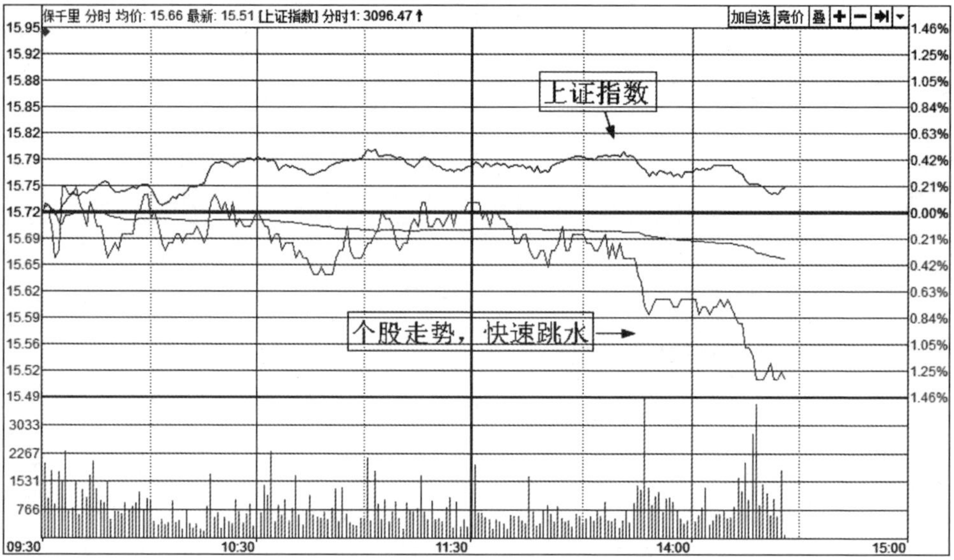

图 2-7-24

图 2-7-25 是微光股份（002801）2016 年 9 月 8 日的分时图，图中叠加了当日的上证指数走势。从对比走势可见，当日盘口走势明显弱于大盘，且在晚盘阶段还出现了形态鲜明的放量跳水，这说明空方打压力度较大，也预示个股短期将处于弱势运行格局。操作中，我们应该卖出这类个股，规避短线下跌的风险。

需要注意的是，由于分时图反映的是一天的波动情况，图形种类繁多，其规律性与 K 线图相比，不确定性要大得多。投资者在具体应用时，还需要结合股票的其他技术形态综合分析，如 K 线形态和均线、MACD、成交量等，

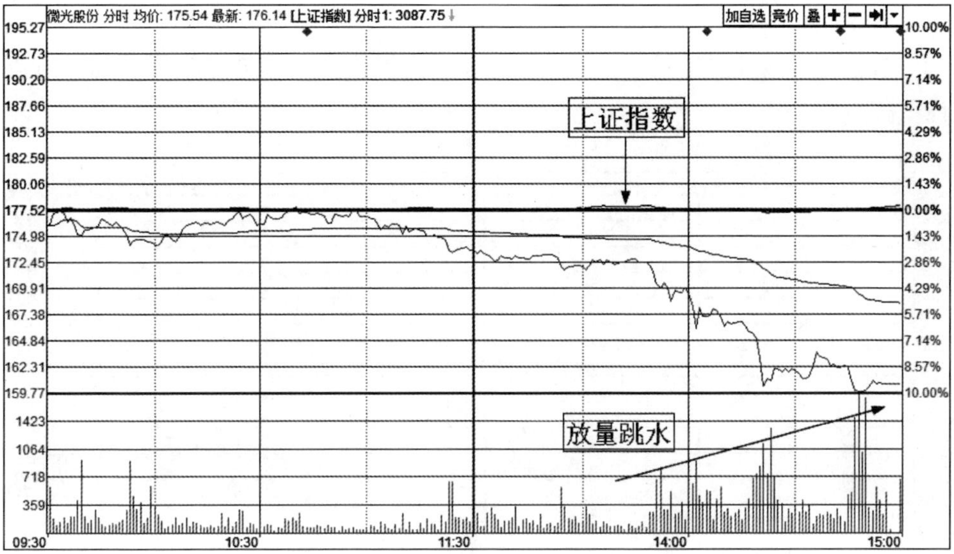

图 2-7-25

以减少操作的失误。如果根据分时图推测的走势和 K 线图反映的上涨趋势一致，则操作成功的可能性非常大。

第八节 如何看分时盘口成交量

一、攻击量

（1）形态特征。

在一段时间内，成交量持续放大，量柱由低到高甚至成倍地集中放大，就像井喷一样放大。

（2）形成原因。

只有连续地大量买进，才会形成攻击量，表明有主力机构在大量地买进，收集那些看不懂后市的持有者的筹码。

（3）实战操作要领。

在底部发现攻击量后，可以判断这只股票有主力在进行收集行动，可以择机跟进。

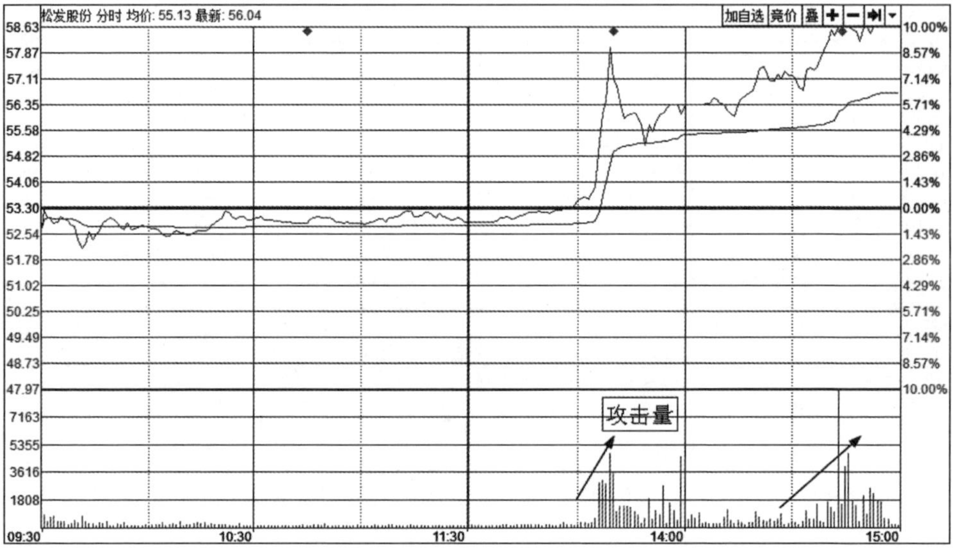

图 2-8-1

二、对倒量

（1）形态特征。

成交量单根突然突兀地放大，呈现出单根独立的量柱，放量没有持续性，一根量柱放大后，下一根就立即缩小。

（2）形成原因。

这是主力在对倒时形成的量能特征。主力对倒的目的，要根据股价所处的位置来进行判断，吸货、洗盘、拉升、出货阶段，主力都可能会用对倒来误导市场，制造混乱，让看不懂的人作出误判。

（3）实战操作要领。

对倒量出现后，最好的行动就是按兵不动，任凭主力“忽悠”。

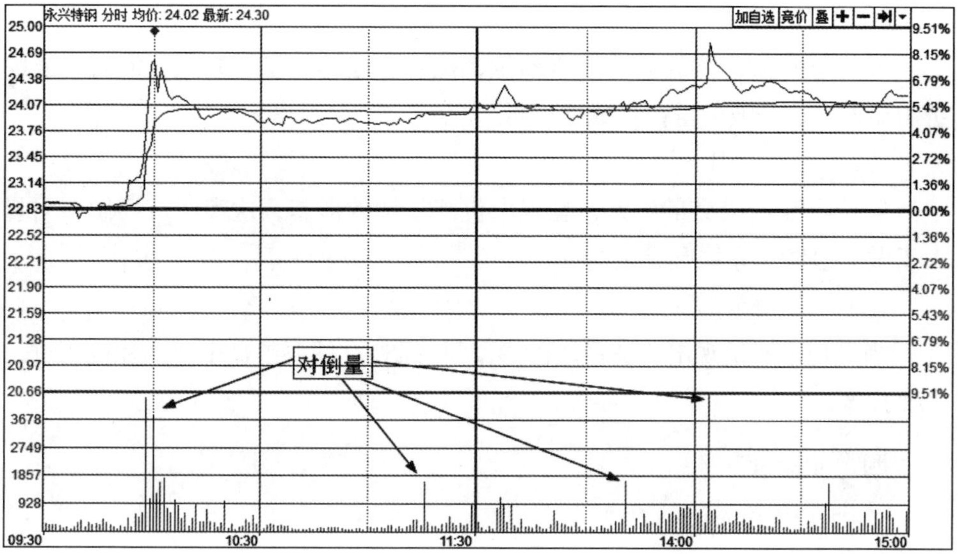

图 2–8–2

三、递增量

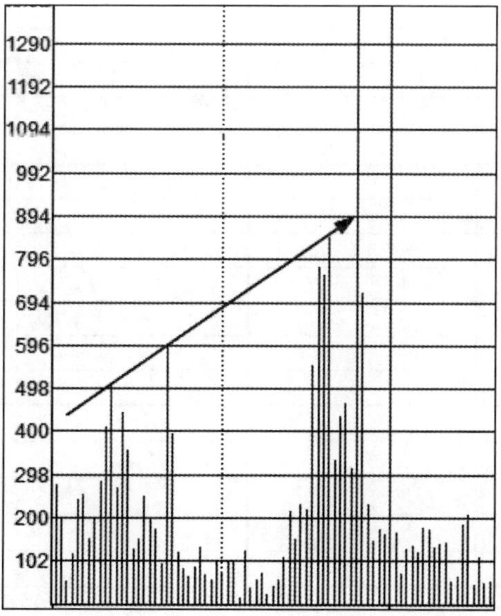

图 2–8–3

（1）形态特征。

成交量一波连续放量后接着缩量，接着再连续放量再缩量，但后一波的量明显大于前一波的量，形成递增量。

（2）形成原因。

股价上涨，成交量放大，呈现出价涨量增的形态，这表明市场做多力量大于做空力量，导致形成递增量。

（3）实战操作要领。

当发现个股呈现出价涨量增的递增量形态后，就要趁盘中回调择机买进，不要犹豫。

四、冲板量

（1）形态特征。

冲板量是指成交量持续地、成倍地集中放大，股价连续上涨直至涨停。

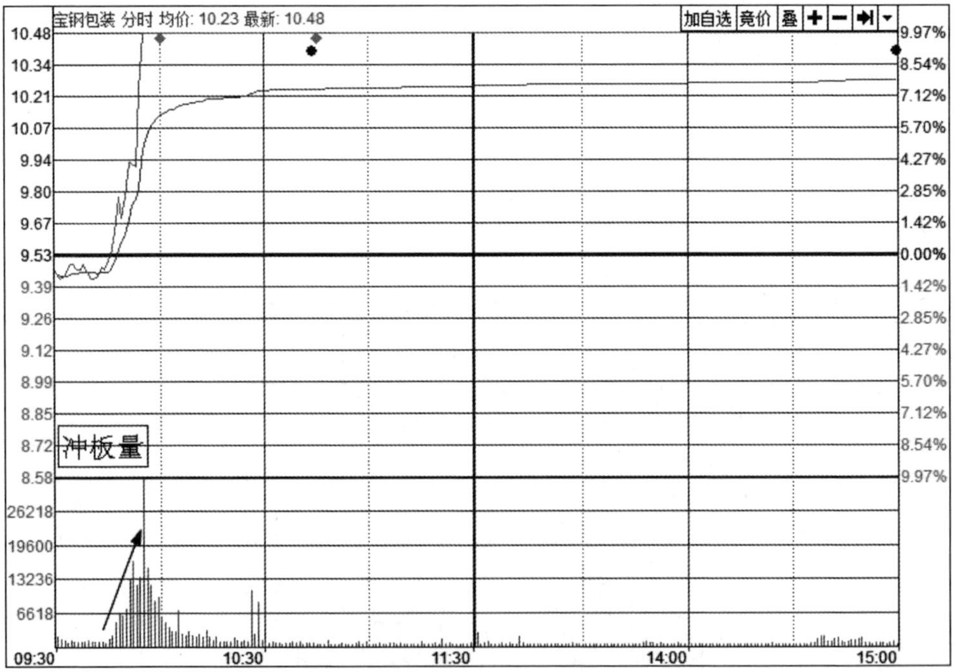

图 2-8-4

冲板量与攻击量最大的区别在于，冲板量会使股价连续攻击到涨停板，而攻击量却不一定使股价上涨到涨停板。

（2）形成原因。

冲板量是主力不停地买进盘中所有抛盘而形成的，主力势在必得，不到涨停板不罢休。

（3）实战操作要领。

发现出现冲板量的时候，一定要结合股价所处的位置来决定如何操作。

第九节　怎样培养盘口感觉

一、什么是盘口感觉

跳舞跳多了就有了舞感，外语念多了就有了语感，下棋下多了就有了手感，真正的炒股高手也应该具有盘感。有了良好的盘感，在进行股票买卖时才能游刃有余，获取较好的收益。

在实际操作中，高手经常会说这样的话，“我觉得行情会上涨”“感觉行情会下跌”等。实际上，这种感觉在事后往往被验证是正确的，而且这种感觉是一种说不清道不明的东西，是一种朦胧的预感，这就是所谓的盘口感觉，简称盘感。对于盘感，有人称之为“第六感”，也有人称之为直觉。名称虽不同，但本质含义都是一样的。

盘感，简单地说就是投资者在接触各种盘面信息后，对股价未来走势的直觉判断，它是在心理上作出的第一反应。“盘感”与“凭空臆想”是两回事，盘感是建立在坚实的实盘操作水平之上的。

盘感只能在交易中体验，很难单用语言来明确表达，更无法从别人那里生搬硬套地学来。它是交易者在长期的交易经验中形成的，是一种时间积累的成果。当人们在某一领域内介入较深时，对这一领域内事物的直觉能力就要显著高于外行人。可以说，这种直觉并不是什么神秘的事物，而是建立在人们对某一专业知识的精通掌握之上的。

盘感是投资者在日积月累的看盘、交易过程中形成的一种直观感觉，投资者根据他接触到的相关盘面信息（如K线走势、成交量情况、分时走势、成交细节等情况），在不经过逻辑分析的情况下，就可以快速产生一种较为准确的判断。盘感能力的强弱也直接关系到投资者交易水平的高低。

对于某一事物的研究，只有在深刻认识的基础上，才能更好地运用。笔者根据自己多年的实际经验，谈几点体会。

（1）只有进入交易状态，才会产生盘感，并且注意力要集中。

（2）已经形成自己的交易系统，有某种程度的稳定性，并且已经积累了丰富的实战经验，这种“盘感”可信度才高。

在操作中，盘感极为重要，它既是经验的积累，也是技术的升华。盘感并不神秘，只要投资者善于将盘面语言翻译成可以理解的信息，并在随后的时间里持续跟踪个股走势，完善自己的分析能力，良好的盘口感觉就会逐步形成。

二、坚持每天复盘，提高盘感

所谓复盘，简单地说，就是对当天的走势进行一次回顾和总结，从中发现问题和蛛丝马迹，及时修改目标和计划。每天下午3点收盘后，利用静态盘面信息再看一遍市场全貌，可以从中获得更多的盘面信息。毕竟大多数投资者白天的时间都很有限，不可能天天实时地动态盯盘，而且一般在动态盯盘的时候，也没有充足的时间进行总结。

通过复盘可以使投资者更深入地了解市场的变化，下面来总结下复盘的一般步骤有哪些。

首先，在复盘时要看大盘走势。

大盘是个股运行的大背景，是个股股价波动运行的外在环境。大盘环境制约着大部分个股的表现，对每只股票的具体运行态势都会有不同程度的影响。

市场大背景健康、良好，这一前提是各类资金进出股市的安全保证，对此投资者必须要有清醒的认识。抛开大势做个股的浮躁赚钱心态，终将无法在股市里获得成功。当大盘处于强势时，才能为板块、个股活跃提供良好的背景，投资者参与其中获利的概率才大，不容易失败。

其次，复盘时要看两市涨跌幅排行榜。

既要看个股的涨跌幅排行榜，也要看板块指数的涨跌幅排行榜。通过板块的涨跌幅排行榜，可以了解集团资金是否参与板块的炒作。当板块内上涨家数明显多于下跌家数，且有龙头股示范效应的时候，一般可以判断此板块有主力资金活跃其中，并且主力有可能处于吸筹或拉升阶段。通过个股涨跌幅排行榜，可以了解近期哪些个股较为活跃。一只个股经常出现在涨跌幅排行榜的前 20 名，则代表主力资金持续活跃。

查看个股涨跌幅排行榜，也就是查看哪些个股的主力近期较为活跃。近期较为活跃的个股，势必为我们带来很好的短线机会。

另外，要看涨幅排在前面的个股。通过分析它们之间有哪些个股存在板块、行业等方面的联系，就可以了解资金正在流进哪些行业和板块。

最后，复盘时要重点查看自己的自选股。由于自选股的数量相对少一些，投资者可以在相当长的一段时间内对这些个股进行跟踪。

二、投资者如何提高盘感

盘感来源于实际操盘过程中投资者自己的感受，这些感受是无法从别人那里学来的，它只是一种感觉。很多用心的投资者实战操盘多年以后，常常能从基本面、技术面的蛛丝马迹、风吹草动中，判断哪些股票应该卖掉，哪些股票可以买进。这些感觉有时很难用语言来表达，主要来自于投资者多年看盘培养出来的感觉，有深厚的实战经验作为基础。

提高盘感并不是一朝一夕的事情，但是掌握方法有助于我们尽量快速地提高盘感。根据笔者多年的经验，提高盘感可以从以下几个方面着手。

（1）掌握证券知识，提高投资者的股票知识储备水平。

有些股民不具备基本的证券知识，也不知如何进行基本分析、枝术分析，整天在股市里盲目地买进卖出，这样的话，想赚钱真是太难了。还有些股民非常迷信，专门买入一些带“8”的股票，如000888的峨眉山A、600888的新疆众和、601888的中国国旅等，虽然有时赚了一些钱，但他们的获利方法带有太大的偶然性，想要长久持续地获得较大收益是不可能的。

真正的盘感是建立在掌握丰富的证券知识和实战经验基础之上的，离开这些，盘感就无从产生。投资者要学习、掌握证券知识，从相关的技术理论、技术指标、各种盘面信息入手，逐步培养自己的盘感。

（2）经常进行实战操作，积累丰富的实盘经验。

要想具有良好的盘感，必须经常进行实战操作。盘感来源于经验，来自于投资者多年来日复一日地与市场打交道的经验，来自于投资者对市场形势的深刻理解。

只有经过不断的实战操作，投资者才能灵活运用学到的知识，才能准确把握许多板块和个股的股性。

（3）认真地浏览和分析当天涨幅、跌幅排名靠前的个股，对符合买入条件的个股，可以放到自选股中予以跟踪。

（4）持续跟踪目标股的盘面信息。

如果说复盘是一种静态的训练方法，那么实时跟踪目标股的走势，则是一种动态的训练方法。复盘会屏蔽很多只有实时动态才能得到的盘面信息。投资者在长期跟踪目标个股并积累大量经验后，才能从容应对实盘操作中遇到的各种情况。

（5）条件反射训练。

找出一些经典的技术形态，通过熟悉这些形态，不断地刺激自己的大脑，有助于我们实战出击。形态分析是一种直接从价格变化直观图分析未来股价走势的图形分析方法，下面列举一些经典形态进行详细介绍，以求达到抛砖引玉的作用。

表 2-9-1

<table>
<tr><td rowspan="15">形态分析</td><td rowspan="15">技术形态</td><td rowspan="9">转势形态</td><td rowspan="5">属于底部转势的技术图形</td><td>1. 头肩底</td></tr>
<tr><td>2. 双底（W 底）</td></tr>
<tr><td>3. 圆底</td></tr>
<tr><td>4.V 形底</td></tr>
<tr><td>5. 潜伏底</td></tr>
<tr><td rowspan="4">属于顶部转势的技术图形</td><td>6. 头肩顶</td></tr>
<tr><td>7. 双顶（M 顶）</td></tr>
<tr><td>8. 圆顶</td></tr>
<tr><td>9. 倒 V 形顶</td></tr>
<tr><td rowspan="6">整理形态</td><td rowspan="3">属于向上突破居多的整理形态</td><td>10. 上升三角形</td></tr>
<tr><td>11. 上升旗形</td></tr>
<tr><td>12. 下降楔形（锥形）</td></tr>
<tr><td rowspan="3">属于向下突破居多的整理形态</td><td>13. 下降三角形</td></tr>
<tr><td>14. 下降旗形</td></tr>
<tr><td>15. 上升楔形（锥形）</td></tr>
</table>

表 2-9-2

技术图形	图形名称和基本特征
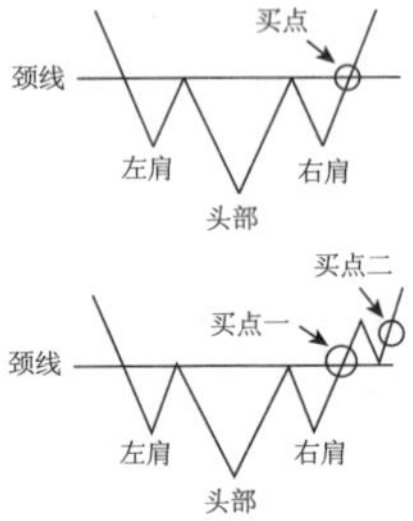	头肩底： 大多出现在熊市末期。一头两肩一颈线，三个低点两个高点。左肩和右肩的两个低点基本处在同一水平位置上，但头部的低点明显低于左右肩，且较尖。两次反弹高点基本相同，可连线成颈线。颈线可以有一定的倾斜度。成交量的变化上会出现下跌时无量，上涨时有量。突破颈线时成交量显著放大。突破后会出现两种情况（如图）。如突破后缩量回抽颈线附近，然后再上涨，可确认向上突破有效。整个构筑周期需大于 1 个月。见底信号，后市看涨。
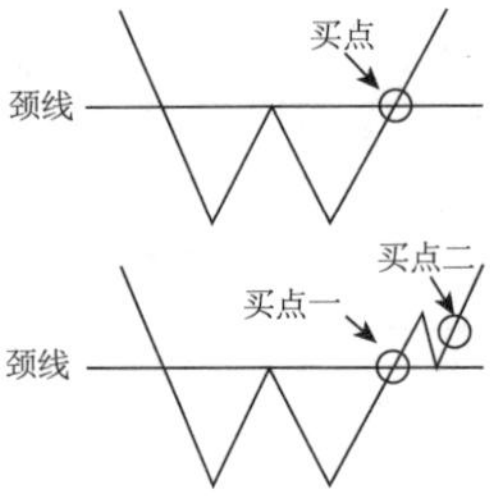	双底（W底）： 大多出现在熊市末期。股价两次探底构筑两个低点。第一个低点后的反弹幅度一般为 10%，第二个低点与第一个低点位置基本相同。第一低点成交量较大，触底回升时也大；第二低点成交量异常沉闷，左尖右圆是必要条件。第一低点与第二低点之间间隔应大于 1 个月。第二次上冲时有不少主动性买盘介入，突破颈线时成交量会明显放大。股价在突破颈线后，可能会缩量回抽至颈线附近，然后再上涨，从而确认向上突破有效。见底信号，后市看涨。
	圆底： 大多出现在熊市末期。股价从急速下跌转为缓慢下跌，底部的波动幅度极小，筑底的时间较长，有时长达 5 个月以上，形成一个圆弧形。随后股价缓慢爬升，逐渐加速，成交量随之逐渐递增，有主力持续吸筹的可能。之后就是巨量向上突破阻力线。在大盘和大盘股中出现概率较高。见底信号，后市看涨。
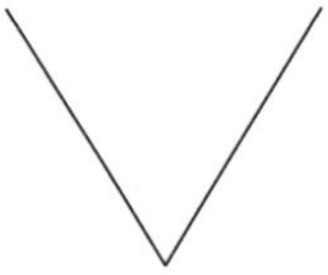	V 形底： 出现在下跌趋势中。股价先是连续快速大幅暴跌，市场极度恐慌，然后突然形成单日或双日尖形大反转，并伴有较大的成交量，之后连续快速大幅暴涨，出现戏剧性的回升。V 形是极端异常的走势，在熊市或疯熊市中出现的概率极高。
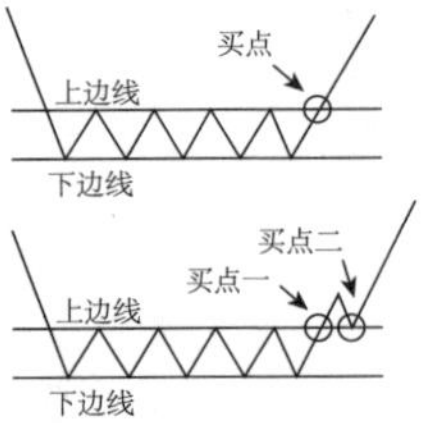	潜伏底： 出现在下跌趋势末期。股价长期在一个极狭窄的范围内做小幅横向波动，成交量上呈现不温不火的局面，随后放量突破上档压力线大幅上扬。后市看涨。潜伏底是股价上升潜力最大的一种底部形态。股市中的谚语“横有多长，竖有多高”说的就是潜伏底。

<table>
<tr><th>技术图形</th><th>图形名称和基本特征</th></tr>
<tr><td>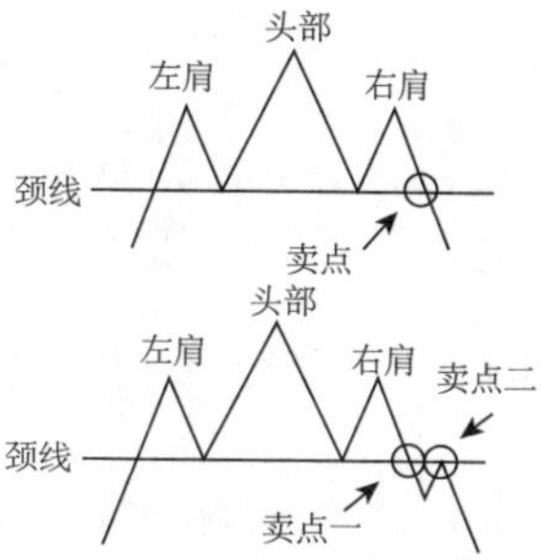
</td><td>头肩底：
大多出现在牛市末期。一头两肩一颈线，三个高点两个低点。左肩和右肩的两个高点基本处在同一水平位置上，但头部的高点明显高于左右肩，且较尖。两次回落低点基本相同，可连线成颈线。颈线可以有一定的倾斜度。成交量上无明显规则。突破颈线时成交量不一定放量。突破后会出现两种情况（如图）。如突破后回抽至颈线附近，然后再下跌，可确认向下突破有效。整个构筑周期需大于 1 个月。见顶信号，后市看跌。</td></tr>
<tr><td>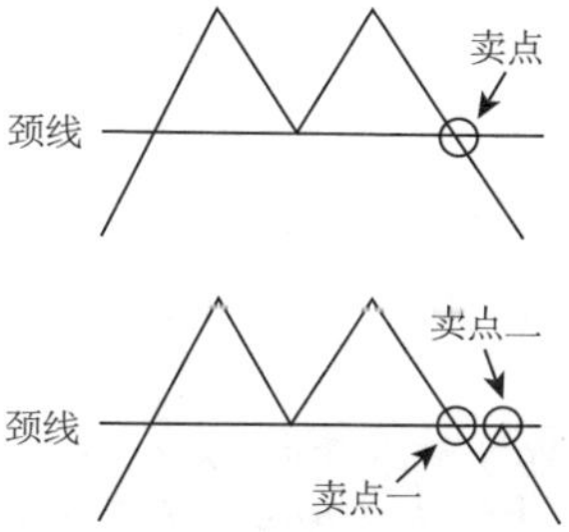
</td><td>双顶（M 顶）：
大多出现在牛市末期。股价两次探高构筑两个高点。第一个高点后的回落幅度一般为 10%，第二个高点与第一个高点位置基本相同。第一个高点与第二个高点之间间隔应大于 1 个月。突破颈线时成交量不一定放大。股价在突破颈线后，可能会回抽颈线附近，然后再下跌，从而确认向下突破有效。见顶信号，后市看涨。</td></tr>
<tr><td></td><td>圆顶：
大多出现在牛市末期。股价从急速上涨转为缓慢上升，顶部的波动幅度极小，筑顶的时间较长，有时长达 5 个月以上，形成一个圆弧形。随后股价缓慢下跌，逐渐加速，成交量上无明显变化，在向下突破时不一定放量。在大盘和大盘股中出现概率较高。见底信号，后市看跌。</td></tr>
<tr><td>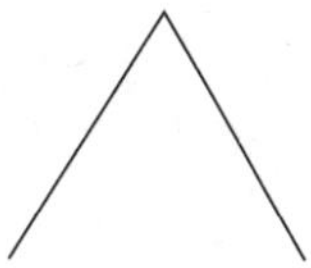</td><td>倒 V 形：
出现在牛市末期和疯牛市中。股价先是连续快速大幅暴涨，市场极度疯狂，然后突破形成单双日尖型大反转，之后连续快速大幅暴跌，出现戏剧性的跳水。倒 V 形是极端异常的走势。</td></tr>
</table>

技术图形	图形名称和基本特征
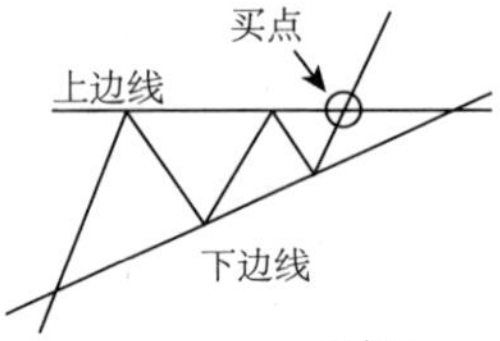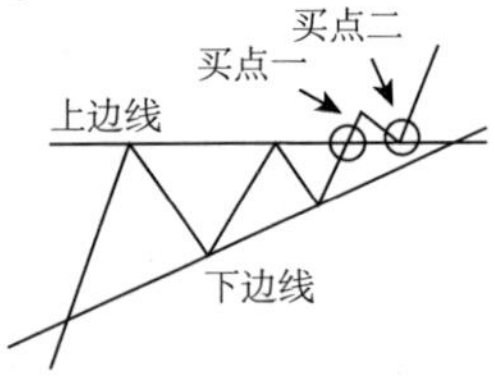	上升三角形： 高点基本不变，低点越来越高，价格变动区间由大到小，由宽变窄。成交量从左到右逐步递减，形态内包含涨跌多次波动循环。形态尾端的价格波动幅度较小。成交量异常萎缩，这是打破平静前的暂时平衡。突破后常有反抽。 操作提示：在底部或上升趋势中经常出现，蓄势待发，向上突破居多，后市看好。顶部形成的上升三角形若迟迟不能向上突破的，有主力悄悄出货的可能，变为多头陷阱。突破时必须伴有大成交量，否则为假突破。在形成过程中若成交量不萎缩可视为对倒所致。
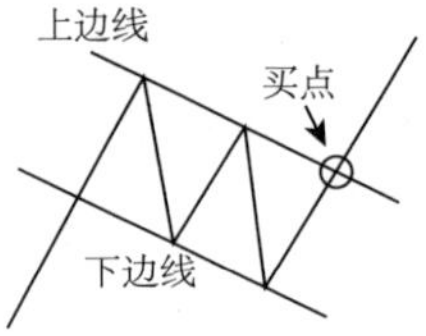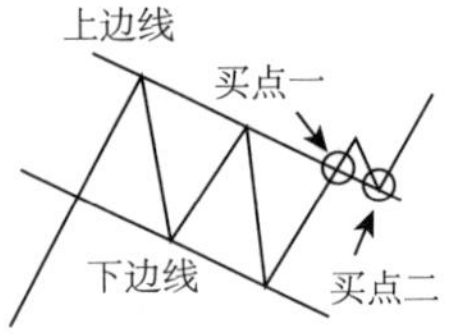	上升旗形： 形成类似旗状的上升整理形态，有一个旗杆和一个略向下倾斜四边形波段，上下两条平行线起压力和支撑作用，波段的振幅大致相当，且成交量不大，在形态形成前和突破后成交量很大。 操作提示：一般出现在上升趋势中，休整后不改变原有趋势。大多数发生在市场极度活跃、股价运动近乎直线上升的情况中。
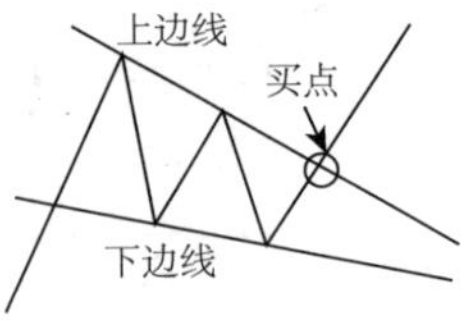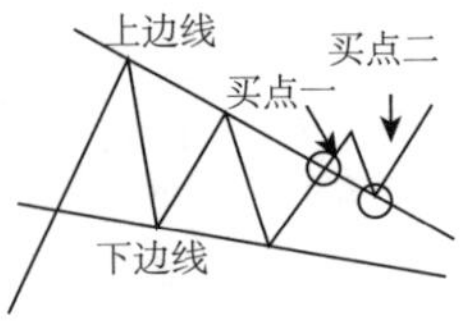	下降楔形（锥形）： 与旗形形态很相似，将旗形的平行四边形变成向下切斜的三角形就会得到楔形。楔形的上下两条边朝着同一方向倾斜，与原上升趋势相反。由于有三角形上下边压制，与旗形相比波段振幅逐渐被压缩。 操作提示：常出现在上涨趋势中，最终突破上档压力线时伴随放量，后市看涨。下降楔形偶尔在底部出现可作为趋势反转形态。

技术图形	图形名称和基本特征
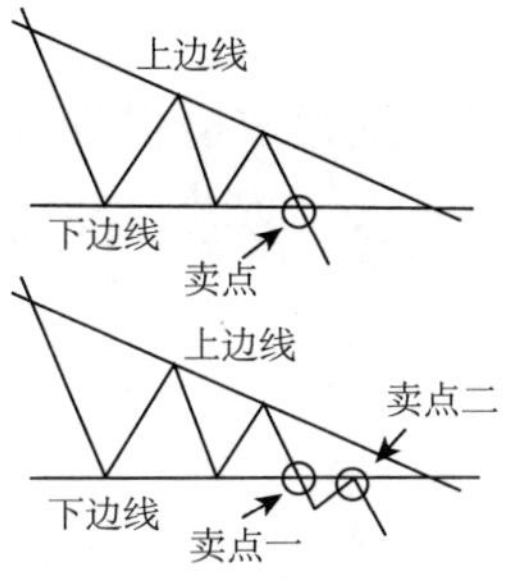	下降三角形： 低点基本不变，高点越来越低，价格变动区间由大到小，由宽变窄。成交量从左到右逐步递减，形态内包含涨跌多次波动循环。形态尾端的价格波动幅度较小，成交量异常萎缩。突破后常伴有反弹。 操作提示：下降趋势中经常出现，后市看跌。向下突破支撑线时伴随放量，经常出现在熊市中期且随后的下跌幅度较大。见此图形意味着大势已去，多头应立即止损出局。
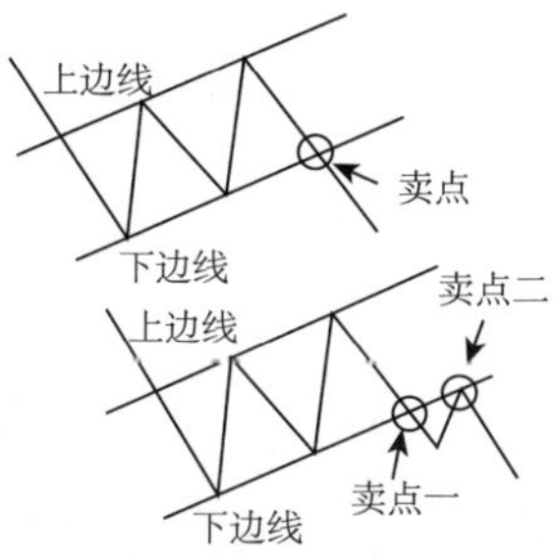	下降趋势： 形成类似于旗状的下跌整理形态，形态、意义与上升旗形相反。 操作提示：大多数发生在熊市下跌趋势中，股价经过一轮迅猛的下跌后形成。由于多方能量不强，一半整理时间不会太长，空方得以喘息。整理过后向下穿越支撑线，空方继续打压，伴随成交量放大，下跌趋势延续。多方应借反弹尽快离场。
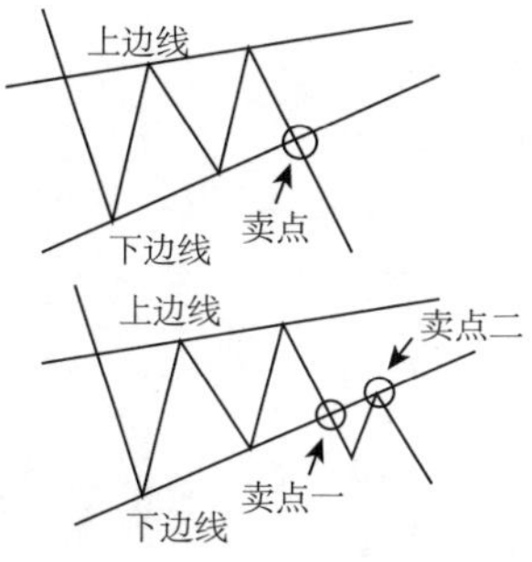	上升楔形（锥形）： 与下降楔形形态和意义均相反。楔形的上下两条边朝着同一方向倾斜，与原下跌趋势相反。整理过程中成交量缩小，多方能量被逐步耗尽，最终向下穿越支撑线，下跌趋势延续。 操作提示：上升楔形常出现在顶部的次高位，原趋势将可能发生反转。

四、小结

虽然培养盘感并非一朝一夕的事情，有一定的难度，但投资者千万不能因此排斥盘感，也不要把盘感与非理性预测画等号。所有的投资者在实际交易中，都会或多或少地依据各自的“直觉”进行操作。

当投资者掌握了证券知识并熟练运用之后，盘面感觉肯定会慢慢提高。复盘是辛苦的，但只有苦尽才能甘来，只有付出比别人多，收获才能比别人更多。

第三章 涨停盘口语言解密

第一节　盘中打开涨停如何应对

本节主要讲个股在已封住涨停板的情况下，因连续性的大单卖出，从而使得涨停板打开，在这种情况下，投资者应该如何应对。打开涨停的盘中主要特征有：一是曾经一度急拉涨停；二是封住涨停板一段时间后，又屡次被打开涨停板。涨停又开板这种主力控盘手法，用在股价的不同阶段，其透露的意义是不一样的。

一、减仓出货，主要发生在行情的顶部

当某只股票被迅速拉到涨停并进入市场涨幅排行前列，自然会引起许多投资者的关注。越是强势的股票，就越会有短线盈利的空间，这也是短线投资者普遍存在的认知。

只要个股被拉到涨停且当时并没有放出巨量，人们就会跟进。如果当时没有抢到筹码，哪怕挂单排队或者抢涨停缺口，他们也愿意。正是基于这种心理，主力就会悄悄撤掉买 1 挂单，让后面的散户买单顶上，而自己则对着买 1 处的价格快速出货。

散户的买单自然封不住主力的巨量卖单，于是主力在出货过程中会把卖单暂停一下，再把股价推至涨停板，然后再撤买单，接着卖出。如此往复，自然就出现了封不住涨停的现象。

涨停减仓往往发生在大盘很强势或个股有利好的情况下，因为这种封不

住涨停的现象，市场基本上都会认为是主力在出货。主力必须借助利好环境，才能麻痹广大投资者，这是它的一个基本特征。它的另一个特征是个股的股价往往较高，主力获利空间已经比较丰厚了。

当个股累计升幅较大后，投资者见到涨停封不住的图形时，就要准备撤退了，尤其是股价跌破 5 日均线时。稳健的投资者则需要看 30 日均线，如果股价跌破 30 日均线，也应该考虑出局了。

图 3–1–1 是银河磁体（300127）2016 年 6 月 16 日的走势图。该股多次封板又开板，主力的真正意图是想给投资者追涨上车的机会吗？显然，主力不会这么仁慈，涨停板打开只不过是主力借机出逃罢了。从日 K 线图来看，该股的中短线涨幅较大，盘中开板是主力借涨停之机出货的标志，投资者应卖股离场，规避风险。

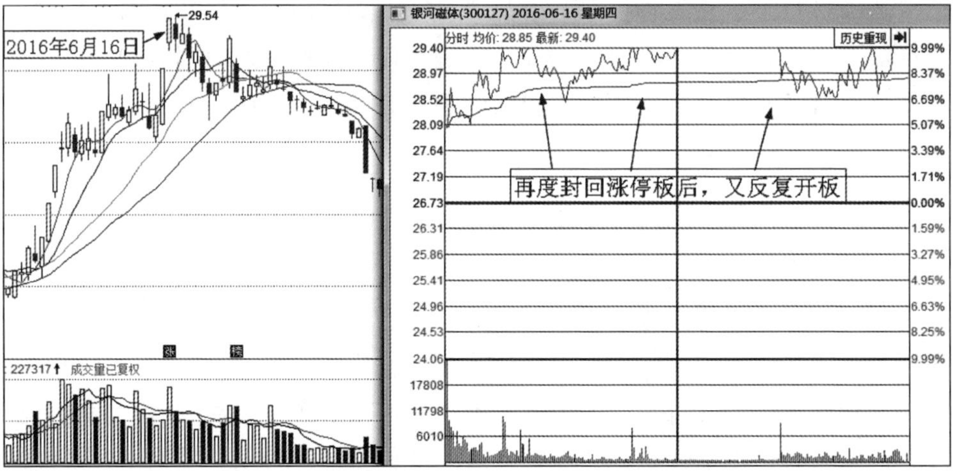

图 3–1–1

图 3–1–2 是中国汽研（601965）2016 年 3 月 24 日的涨停分时图。该股虽然于早盘出现了强势封涨停板的走势，但是之后却被大单打开，这是场内大资金出逃的信号。成交量也大幅放出，意味着有资金在借涨停之机出逃。结合图 3–1–3 的日 K 线图考虑，短期股价已有一定幅度的上涨，且当日量能又大幅放出，投资者应注意规避风险。

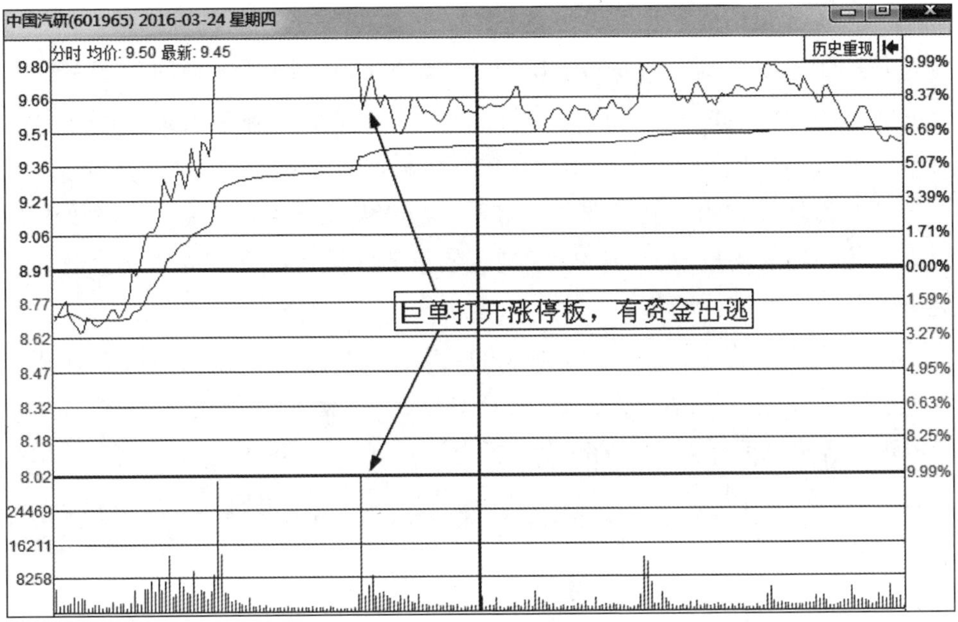
中国汽研(601965) 2016-03-24 星期四
分时 均价: 9.50 最新: 9.45
历史重现
巨单打开涨停板，有资金出逃

图 3-1-2

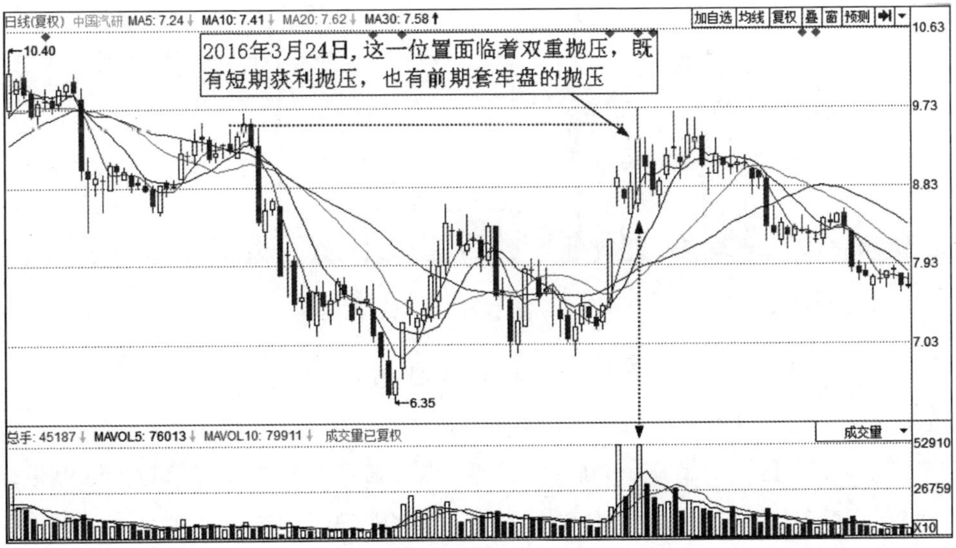
日线(复权) 中国汽研 MA5: 7.24 MA10: 7.41 MA20: 7.62 MA30: 7.58
2016年3月24日，这一位置面临着双重抛压，既有短期获利抛压，也有前期套牢盘的抛压
总手: 45187 MAVOL5: 76013 MAVOL10: 79911 成交量已复权

图 3-1-3

图 3–1–3 是中国汽研（601965）2016 年 3 月 24 日前后的走势图。

从图中可以看到，该股当天出现了大幅度的放量，而且此时处于一波快速上涨后的相对高位区。此时的股价也正处于前期高点附近，这一位置面临着双重抛压，即前期套牢盘的抛压和短线获利盘的抛压。

实盘操作中，当我们发现个股出现这种涨停又开板且量能大幅度放出的形态，此时当前的位置又恰恰处于抛压较重的区域，投资者可分批卖出，以规避主力出货引发的风险。

图 3–1–4 是北化股份（002246）的走势图，该股在已完全封板的情况下又被打开。如果主力控盘能力强，做多意愿强烈，一般不会发生这种情况。此外，个股正处于短线反弹大涨后的高点，主力没有理由利用涨停板来吸筹。

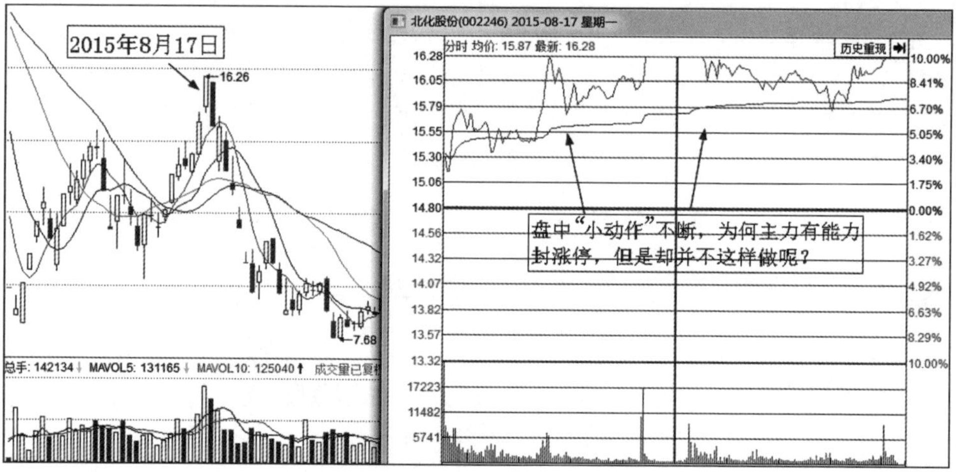

图 3–1–4

综合来看，该涨停板由场内大资金出逃造成，也是个股短线回调的信号。操作中，我们可以先卖出观望，以规避风险。

图 3–1–5 是皖维高新（600063）的走势图。该股当日早盘强势封牢涨停板，分时图走势很强劲。但是盘中却因突然出现的巨单而被砸开，同时可以看到分时量能异常放大。

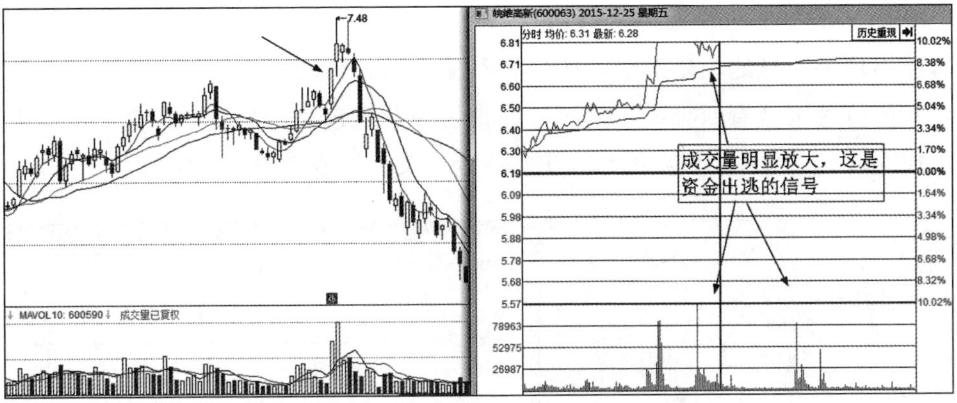

图 3–1–5

此时该股正处于阶段高点，这种盘口形态是主力减仓出货的信号。如果我们手中已持有该股，应及时做好离场的准备，注意规避风险。

图 3–1–6 是楚天高速（600035）的走势图。该股当日以涨停板开盘，在盘中反复小幅开板，呈现出裂口形态，成交量也大幅放出。

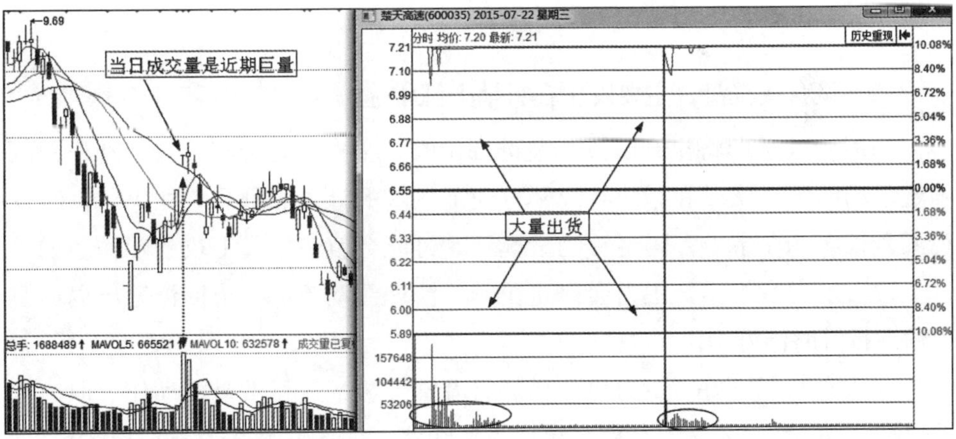

图 3–1–6

从左侧日 K 线走势图可以看出，该股正处于下跌途中反弹上涨的阶段高点。投资者应把握住这一涨停板开板形态蕴含的市场含义，进行卖股操作。

图 3-1-7 是西藏旅游（600749）的走势图。该股在上午强势涨停，午盘阶段出现了明显的大单砸盘。从日 K 线图来看，该股有一定的短线涨幅，且当日的位置区域有双重抛压阻挡，一是短线获利盘，二是前期解套盘。盘中出现的砸盘点与主力资金的减仓出货行为有关，投资者需小心谨慎。

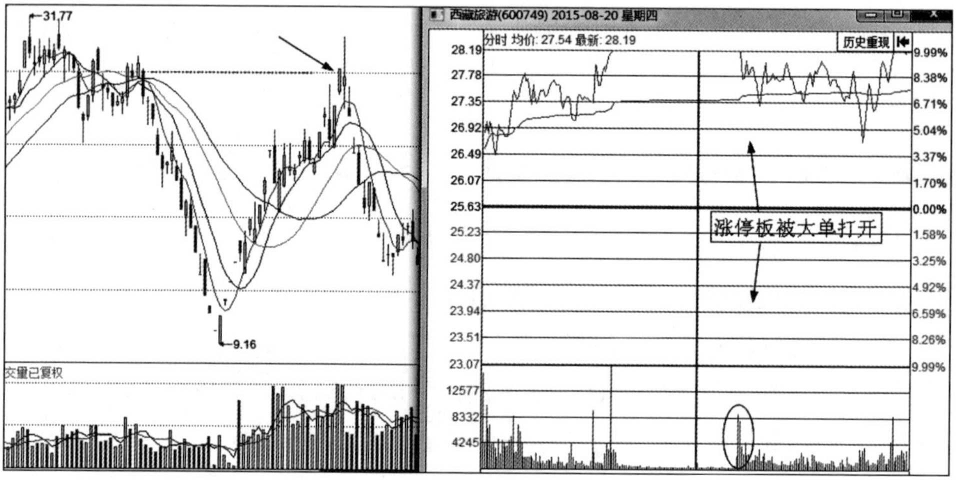

图 3–1–7

二、试盘或洗盘，主要发生在行情上涨中途

当股价处于即将拉升阶段或关键部位时，主力通常会有试盘的动作，以确定市场的跟风状况和抛压状况，方便下一步的计划和部署。如果试盘时发现买盘很多，在主力筹码足够的情况下，可能会就势发起上攻的动作。如果试盘时发现卖盘很多，主力会停止拉升，清理浮动筹码，迫使浮筹出局，避免后期拉升时浮筹溢出。

若大盘状况不好，主力也会借势打开涨停板，进行洗盘的动作。但这个缺口往往并不深，不久之后就会再次封住涨停。需要注意的是，试盘和吸筹、试盘和洗盘有可能是同步进行的，主力见风使舵是常有的事。

图 3-1-8 是西安饮食（000721）2016 年 7 月 25 日的走势图。该股在封板 10 多分钟的情况下又开板，之后尾盘牢牢封板。结合个股当日所处的 K 线

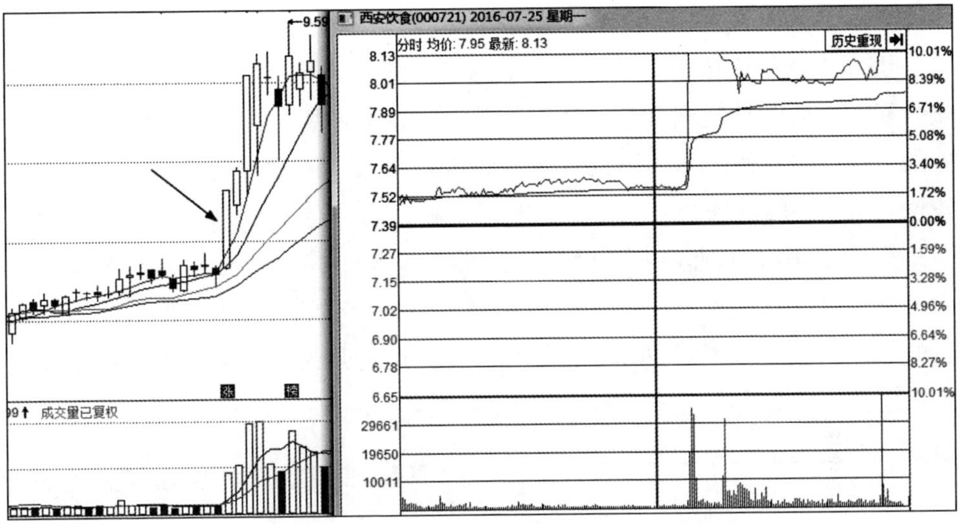
西安饮食(000721) 2016-07-25 星期一
分时 均价: 7.95 最新: 8.13
历史重现
9.59
成交量已复权

图 3-1-8

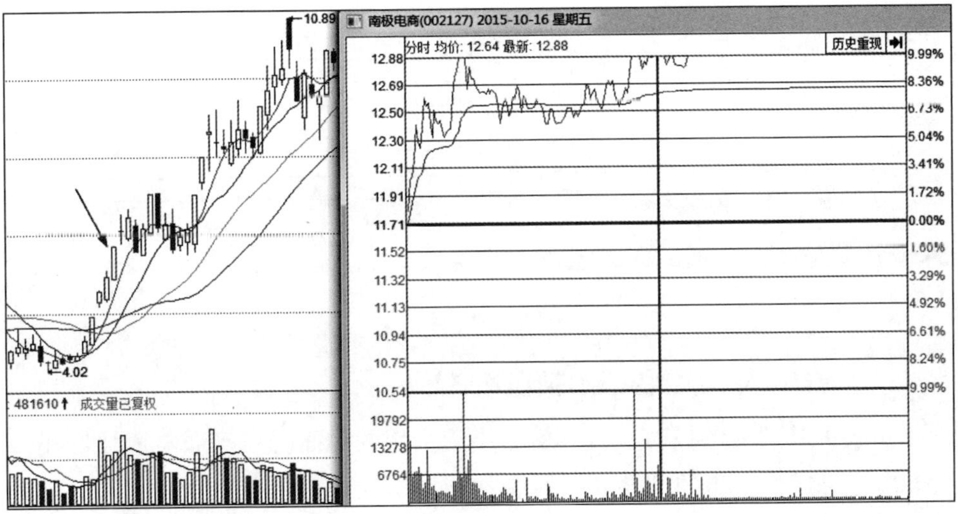
南极电商(002127) 2015-10-16 星期五
分时 均价: 12.64 最新: 12.88
历史重现
10.89
4.02
481610 成交量已复权

图 3-1-9

位置来看，这属于典型的开板洗盘形态。操作中，投资者可以短线介入该股。

图 3-1-9 是南极电商（002127）的走势图。该股在盘中节节走高，早盘就封板，随后是长时间开板。午盘又几度封回涨停板。主力通过多次打开涨停的方法，恐吓跟风盘，这同样是开板洗盘形态。该股有短线上涨的动力，投资者可以买股进场。

图 3-1-10 是京蓝科技（000711）2016 年 6 月 15 日的走势图。该股在盘中开板，持续时间为 10 多分钟，这仍然是较为标准的开板洗盘形态。结合该股的日 K 线图，投资者可以进行短线操作。此后几天该股股价稳定在涨停板价格之上，说明此次涨停开板属于洗盘行为。

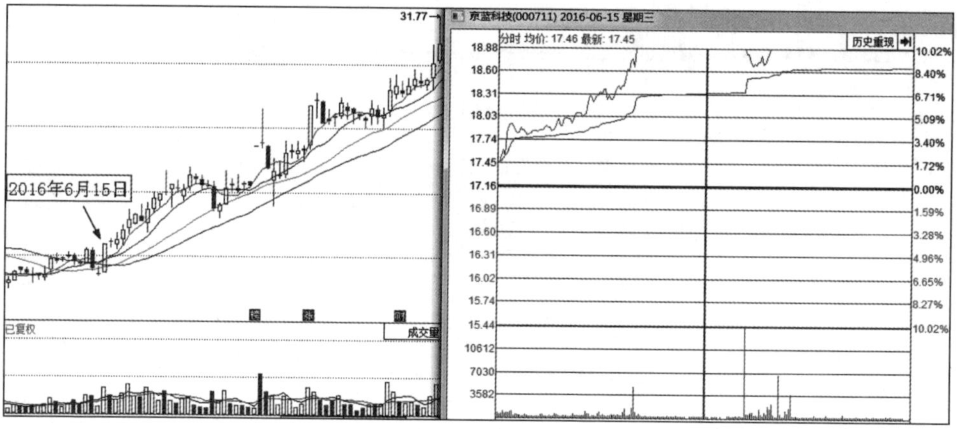

图 3-1-10

三、拉高吸筹，主要发生在阶段性底部

当股价升到涨停板时，自然就会出现惜售的局面。一旦涨停板被打开，则会出现恐慌性抛售的现象，持股者本能地认为主力是在涨停板出货，或者卖压大到封不住涨停板。在见好就收的思维下，市场的卖单会蜂拥而出。

主力为了买进更多的筹码，也不会去封住涨停板，在每次买到涨停价附近时就会停止购买，等待抛盘涌出之后再继续买进。即使此时有散户跟进也没有关系，主力要么会在后期进行洗盘，要么正好利用他们来提高市场介入者的平均成本。

图 3-1-11 是东旭光电（000413）2016 年 7 月 12 日的走势图。该股高开后逐渐上拉至涨停板，盘中涨停板数次打开，股价似乎要下行，但尾盘又封住涨停。这种走势说明主力多次在买到涨停价附近时就会停止购买，等待抛盘涌出之后再继续买进，属于主力吸筹行为。

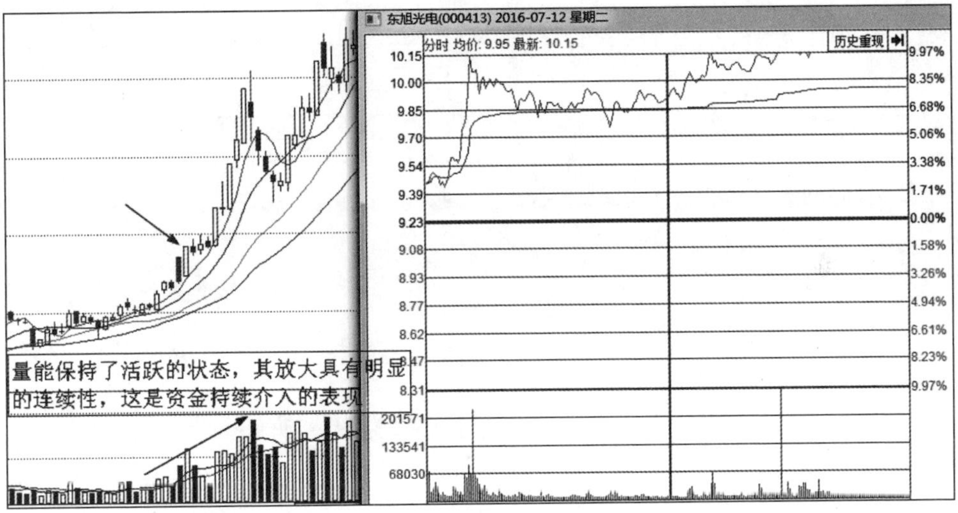

图 3-1-11

图 3-1-12 是康拓红外（300455）的走势图。该股在当日早盘上封涨停板后，出现了明显的开板走势形态，这是否也是主力诱多出货的手法呢？结合个股的阶段性走势及总体运行情况来分析会更为可靠。

图中左侧箭头处标注了 2016 年 3 月 11 日所在的位置区间。从这张图中，我们可以清晰地看到，出现涨停又开板的当日，此股正处于相对低位区的长期盘整走势中。此前该股并没有出现阶段性的上涨，因此我们不能认为这是主力诱多出货的手法。该股股价处于相对低位区，此时根本谈不上“诱多”出货，但涨停板的出现却无疑向我们昭示了该股的异动行为。综上所述，这一涨停又开板的走势很有可能是主力拉高吸筹的动作。

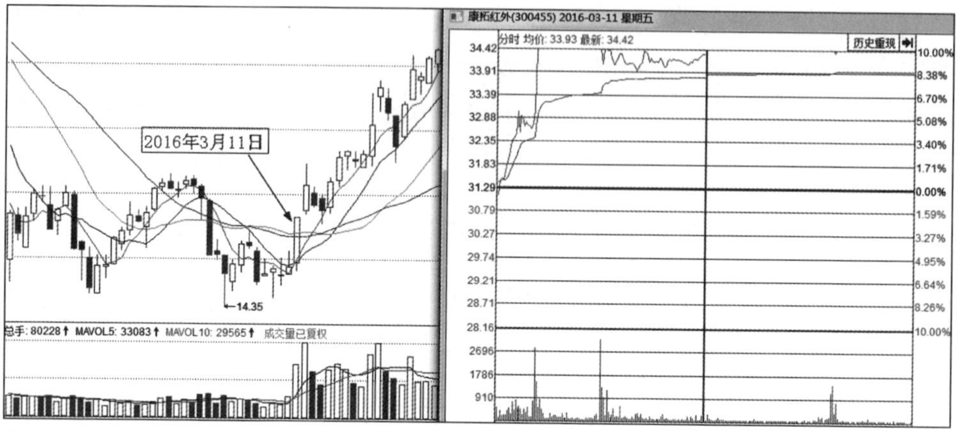

图 3–1–12

第二节 T 字形涨停盘口解密

T 字形涨停板在股价走势中时有发生，它是指一只股票某日以涨停板开盘，盘中出现回调，收盘时再次以涨停板报收，当日 K 线形成“T”字形。它的主要特征是：开盘即涨停，但是中途涨停板被打开过，之后又被封住涨停板，直至收盘。

T 字形涨停板常发生在以下几种情形中。

一、吸筹，往往发生在建仓过程中

当股票在底部时，主力已难以获得筹码，在时间不允许，或者股票本质较好，主力不拉升的话则不易吸到筹码，这种情况下主力往往会通过高开涨停吸引市场的注意，然后在涨停途中作出买盘支撑不住的样子，打开一个缺口，诱惑抛盘出来。此后的交易日加大筹码收集的力度，以快速完成吸筹工作，如图 3–2–1 所示。

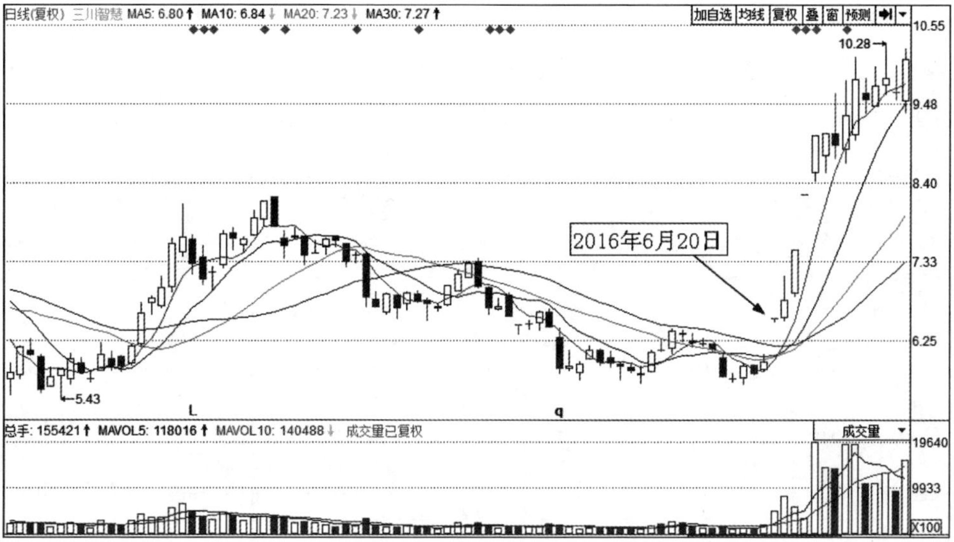

图 3-2-1

二、洗盘或减仓，一般发生在股价连续上涨后

洗盘或减仓时出现 T 字形涨停，这种情况通常都发生在连续上涨的过程中。形成的原因是开盘涨停能形成惜售的局面，但是主力可以趁人不备，快速打开缺口进行减仓。此时主力通常并不大量出货，于是股价继续封住涨停板。主力真要大量出货时，通常会出现连续的缺口。

出现 T 字形涨停图形时要注意，如果缺口只有一个，就要看缺口的深度是否过深。缺口过深，说明抛压巨大；如果有几个缺口，则说明主力可能在陆续减仓：如果当日成交量过大，则说明主力加大了减仓的力度。一般来说，只要主力的减仓动作不大，是很难区分主力是在减仓还是在洗盘。不过这些并不重要，因为两者都已经透露出主力筹码过多的信息。既然主力开始减仓或不要筹码了，那么就预示着后期股价拉升的空间有限了。

只要股价不是涨得太高，出现这种图形时，通常是主力认为该有新人进场交换筹码的时候了。假如投资者在主力利用涨停处的缺口进行洗盘时介入，往往也能得到一定的甜头。但是短线交易者必须提高警惕，后期见势不好，就要清仓离场。如果前期涨幅过大，中线交易者也要注意减仓了。

图 3-2-2 是尤夫股份（002427）2016 年 4 月 20 日的走势图。该股在午盘就打开了涨停板，而且成交量放大。打开涨停板后不到 10 分钟，股价又封上涨停板，日 K 线上留下 T 字形涨停图形。这种情况说明主力开始减仓。

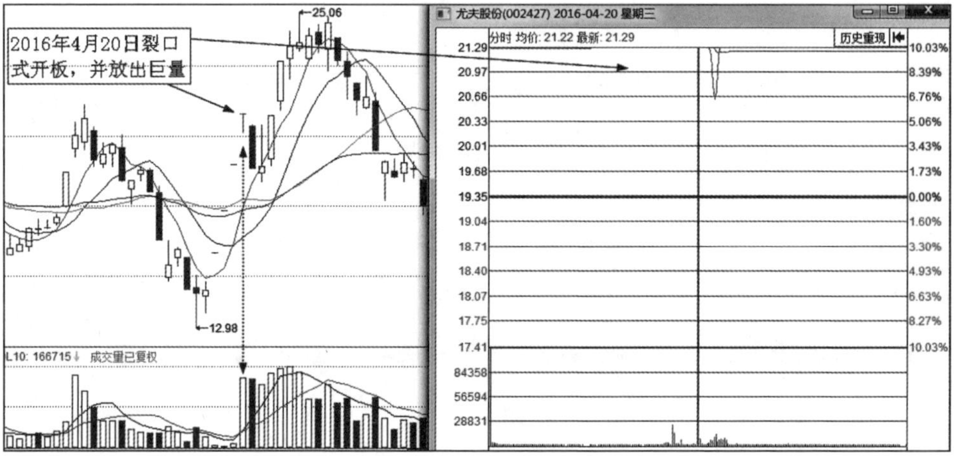

图 3-2-2

T 字形涨停的奥妙在于，主力先放任获利盘涌出。此时已经获利丰厚、意志不坚强的投资者，见到涨停开板会及时卖出，落袋为安。同时，主力又让急于入场的散户跟进，筹码犹如接力赛般传递到新的散户手上，这样无形中提高了市场平均持仓成本，上行压力随即减轻。因为新进场的持股者和留下的获利盘，是一些态度坚决的散户盘，因此在拉升中可以有效地帮主力锁仓。

图 3-2-3 是金鹰股份（600232）的走势图。股价出现了四个连续涨停板后，其中有一个 T 字形涨停板。该股经过两个涨停后，通过开板完成洗盘，之后股价继续拉升，短线升幅巨大。

股价短期涨幅过大，出现了大量的获利盘，于是兑现盈利的需求出现。但此时主力资金的拉升目标位还远远没有达到，主力拉升意愿依然强烈。此时做出一个短时间的洗盘很有必要，于是 2016 年 5 月 18 日的 T 字形涨停板应运而生。洗盘后股价重新获得上升动能，股价随后出现进一步拉升。

图 3-2-4 是赫美集团（002356）的走势图。该股发布高送转预案，拟向

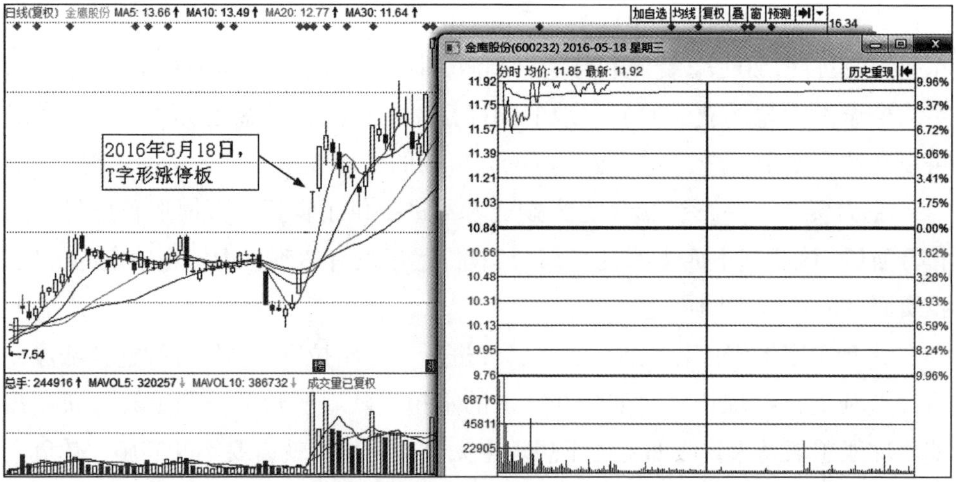
日线(复权) 金鹰股份 MA5: 13.66 MA10: 13.49 MA20: 12.77 MA30: 11.64
加自选 均线 复权 叠 窗 预测
16.34
金鹰股份(600232) 2016-05-18 星期三
分时 均价: 11.85 最新: 11.92
历史重现
2016年5月18日，
T字形涨停板
7.54
总手: 244916 MAVOL5: 320257 MAVOL10: 386732 成交量已复权

图 3-2-3

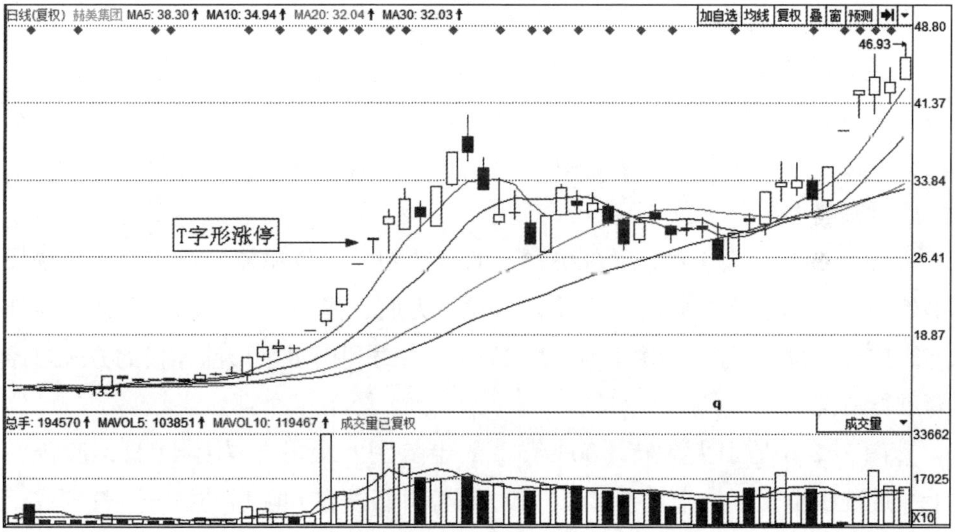
日线(复权) 赫美集团 MA5: 38.30 MA10: 34.94 MA20: 32.04 MA30: 32.03
加自选 均线 复权 叠 窗 预测
46.93
T字形涨停
13.21
总手: 194570 MAVOL5: 103851 MAVOL10: 119467 成交量已复权
成交量

图 3-2-4

全体股东每10股派发现金股利1.5元（含税），同时以资本公积金向全体股东每10股转增20股。受此利好消息刺激，股价青云直上。该股在上升过程中，主力资金对大量的获利筹码采取的同样是T字形涨停洗盘的办法，这样做既可以在拉升途中清洗筹码，又可以抬高市场的平均成本，可谓一举多得。

主力资金T字形洗盘，也为投资者买进提供了良机。此时股价已经步入拉升阶段，该股基本面支撑良好，并且股价远远没有达到主力资金预定的价位，投资者此时可以大胆买进。

出现T字形涨停板之前，主力已经进行了一轮拉升。如果继续连拉涨停，将使获利盘日益堆积，犹如附在身上的重担。随着股价的不断上升，获利盘如雪球般越滚越大。假如主力不想负重太大被压垮，就需要不断实施“减负”动作，这个时候就需要洗盘。

既要达到洗盘目的，又不希望采用耗时的横盘整理等方式洗盘，如何洗盘才能取得较好的效果？T字形涨停洗盘方式成为主力最好的选择。

主力以涨停价开盘，随后股价迅速回落，造成短时间的市场恐慌，给一些持股意志不坚定的人以巨大的心理压力，不少投资者便会抛出浮筹。新进投资者又因高价介入，不构成抛压。经此一战，市场抛压减少，股价重获动力，随后再次向上。

图3-2-5是天山纺织（000813）的走势图。股价在拉升过程中，市场浮筹处于获利的状态，此时再度拉升，对主力而言是极为不利的。为达到后期继续拉升股价的目的，2016年7月25日，主力利用T字形涨停板的方式对浮筹进行清洗。

图3-2-6是山大华特（000915）的走势图。2016年7月11日，股价在上涨过程中出现了一个T字形涨停板，涨停开板洗盘和随后的拉升一气呵成，上涨空间打开，新一波扬升出现。如果投资者在此时追击T字形涨停买进，后期可获得不错的收益。

图3-2-7是嘉凯城（000918）的走势图。在股价突破原有走势后，2016年8月5日，该股以一个T形板的方式洗盘，洗盘结束后股价快速拉升，后期升幅仍然不小。

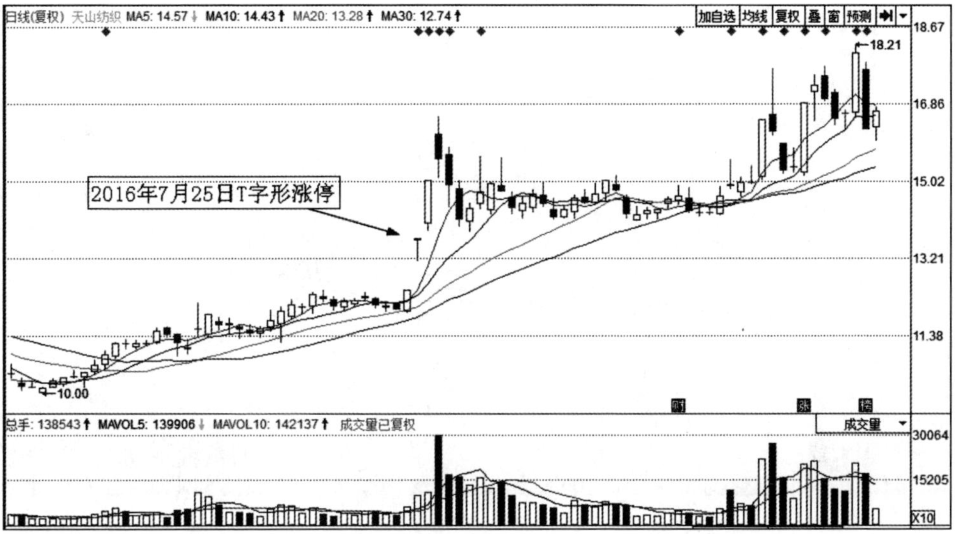
日线(复权) 天山纺织 MA5: 14.57 MA10: 14.43 MA20: 13.28 MA30: 12.74
2016年7月25日T字形涨停
18.21
10.00
总手: 138543 MAVOL5: 139906 MAVOL10: 142137 成交量已复权
成交量

图 3-2-5

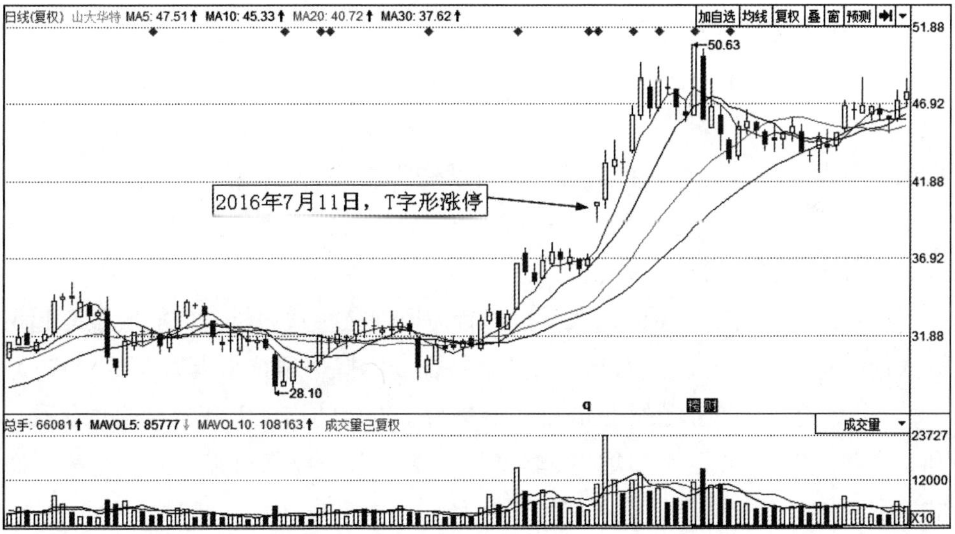
日线(复权) 山大华特 MA5: 47.51 MA10: 45.33 MA20: 40.72 MA30: 37.62
2016年7月11日，T字形涨停
50.63
28.10
总手: 66081 MAVOL5: 85777 MAVOL10: 108163 成交量已复权
成交量

图 3-2-6

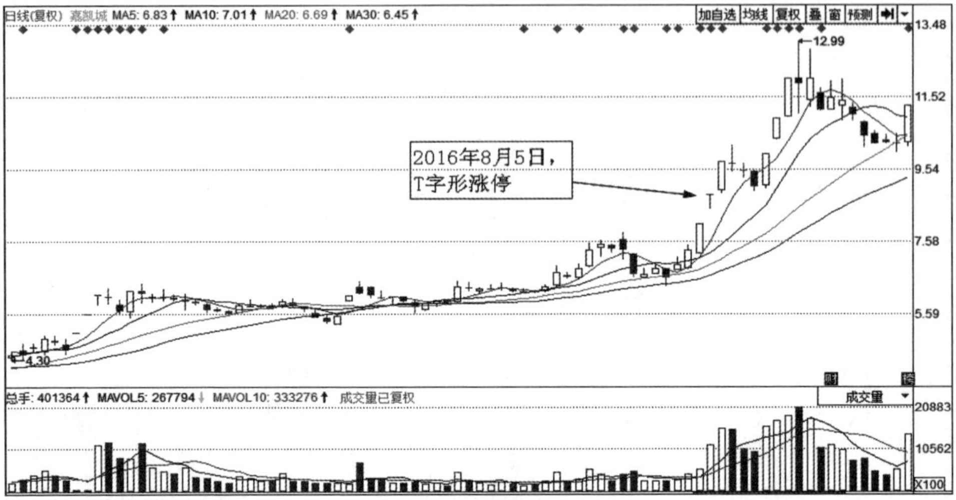

图 3-2-7

在追涨 T 字形涨停板时，有几点需要投资者注意。

（1）追涨的 T 字形涨停所处的位置，应当是股价的上涨初始期或加速上涨阶段。出现的第一个 T 字形涨停安全性相对最高，越往后风险越大。

（2）追 T 字形涨停，一般适用于未能在启动时及时跟进的投资者。T 字形涨停形态是较好的介入机会，买进时动作要快。

（3）量能方面，我们看到 T 字形涨停往往是伴随着放量的，量价配合良好，投资者买进时可多多关注。

（4）对于该类形态的追涨，投资者需要保持短线思维。此类股票涨起来如火箭，跌起来如雪崩，因此了解顶部特征、掌握逃顶技术极为重要。

（5）追击 T 字形涨停板的目的，是为了以后的连续上涨，目的是获取暴利。高收益对应的是高风险，并非每一个 T 字形涨停都可以追入。这种形态的追涨只能针对强势股，且大盘环境较佳，市场交投活跃，此时才可使用。

三、T 字形涨停出货

在一波快速上涨后的阶段性高点，或是股价累计涨幅较大的位置区，若是出现这种 T 字板形态，则有可能是主力逢高借机出货行为的体现，可结合个股随后的走势来决定是否要清仓出局。

图 3-2-8 是三七互娱（002555）的走势图。该股以涨停价位开盘，只要主力资金不出货，个股完全没有能力打开涨停板。在日 K 线图上，此时的个股处于高位。

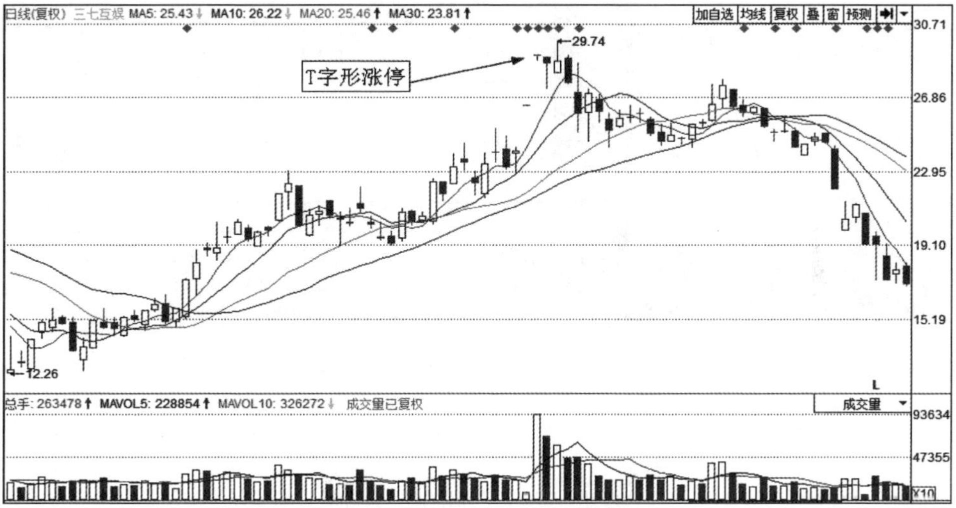

图 3-2-8

分时图上，涨停板出现裂口，虽然最终也封住了涨停板，但在操作中，次日及随后几日若无明显上涨动力，则宜卖股离场，以规避风险。等该股出现 T 形板时，主力资金已到了兑现收益的时候，股价涨升难以再现，此时买进的投资者需做好止损的准备。

图 3-2-9 是广田集团（002482）的走势图。该股短线涨幅已高，当日该股出现了 T 字形，涨停板多次打开且放出巨量，这是主力巨单打出的结果，其目的自然是出货。

当 T 字形涨停出现在股价的末期，回应投资者的是连续的下跌，让追进的投资者苦不堪言。在追击 T 字形涨停时，投资者要区别对待，不可盲目追进。

对所有追击 T 形板的投资者来说，必须识别股价所处的位置，对止损有清晰的认识。

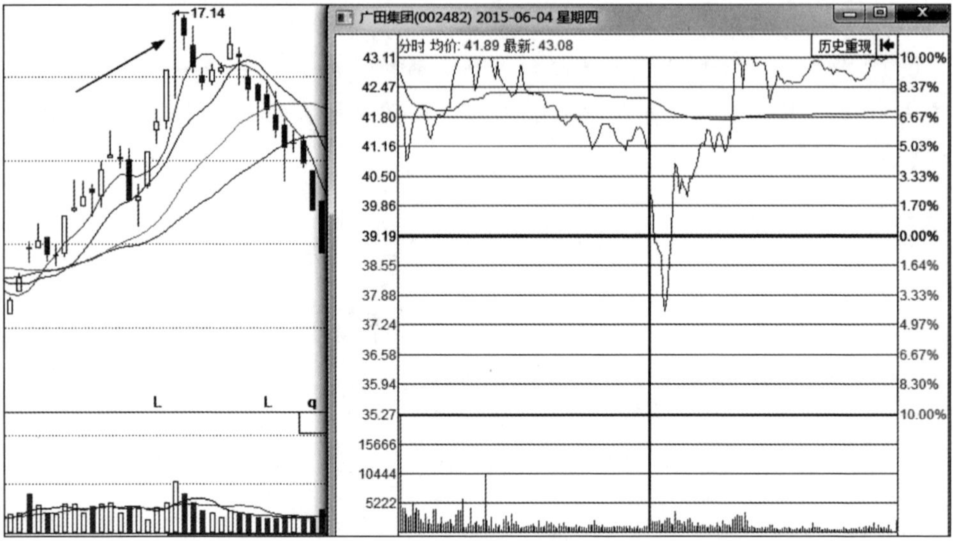

图 3–2–9

第三节　量少涨停

在捕捉涨停板时，成交量是操作中不可忽略的重要指标。随时关注涨停中的成交量，并进行综合分析，有利于投资者在股市中站稳脚跟。在下面的章节里，笔者将就量少涨停和放量涨停这两种形态进行分析。

投资者进行操作的时候，都希望在最短的时间里获得最高的收益。想实现这样的收益，就必须对形成涨停板的个股进行重点分析。通过各种短线技术不断地操作这类强势上涨的股票，资金才可以实现较大的收益。

在操作涨停个股的时候，投资者需要对量少涨停的个股进行重点关注，因为这类个股的上涨压力很轻，主力只需要动用很少的资金便可以推动股价快速上涨。一旦形成量少涨停，股价必然会在后期连续上涨，直到成交量出现巨量为止。在成交量没有大幅放大之前，投资者只要入场操作，都可以实现一定的收益。

图 3-3-1 是数源科技（000909）的走势图。该股下跌到底部以后，2016 年 3 月 14 日，收出了一根涨停大阳线。股价形成涨停走势的时候，成交量并没有出现放大的迹象，量能萎缩说明当前股价上涨的压力非常小，主力只需要动用很少的资金便可以推动股价上涨。萎缩的成交量也限制了主力的出货操作，因此，这一根底部涨停大阳线的出现，意味着股价波动的安全性非常高，投资者应当在这一天进行积极操作。

在后期股价上涨过程中，成交量形成了连续放大的迹象，这是主力为了便于在后期出货，人为对倒制造的放大。只有让成交变得活跃起来，主力在后期才可以很轻松地完成出货操作。所以，买在量少涨停的点位，等于买在了股价安全上涨的起点处。

图 3-3-1

图 3-3-2 是长亮科技（300348）的走势图。该股短线下跌走势结束以后，股价便出现了连续上涨的走势。接连出现的涨停板，给投资者带来了极好的短线盈利机会。面对这种走势，投资者应当如何决策？

2016 年 5 月 31 日，在股价收出第一根涨停大阳线的时候，成交量并没有出现放大的迹象，这种量价配合关系就是量少涨停最明显的信号。

图 3-3-2

股价大幅上涨 10%，成交量却不配合放大，这种上涨真实吗？虽然成交量并不大，但是股价能够形成涨停走势，这足以说明资金在盘中做多的积极性非常高。在资金不断做多的时候，投资者有什么理由不大胆地跟随操作呢？

量少涨停里的量能，并不单单指当日的量能相对较小，也反映在分时图上封涨停后的抛盘较小。让我们来看一下当日长亮科技的分时图走势，见图 3-3-3。

图 3–3–3 是长亮科技（300348）在 2016 年 5 月 31 日量少涨停当日的分时图。从图中可以看到，股价封上涨停板后，没有再度打开。卖盘成交量很小，说明多方买进积极，卖压较小，后市看好。

该股早盘以近乎直线的方式拉升至涨停，不让散户有介入的机会。封涨停后也不再开板，牢牢封死在涨停板上，让前期没有进入的买盘追悔莫及。

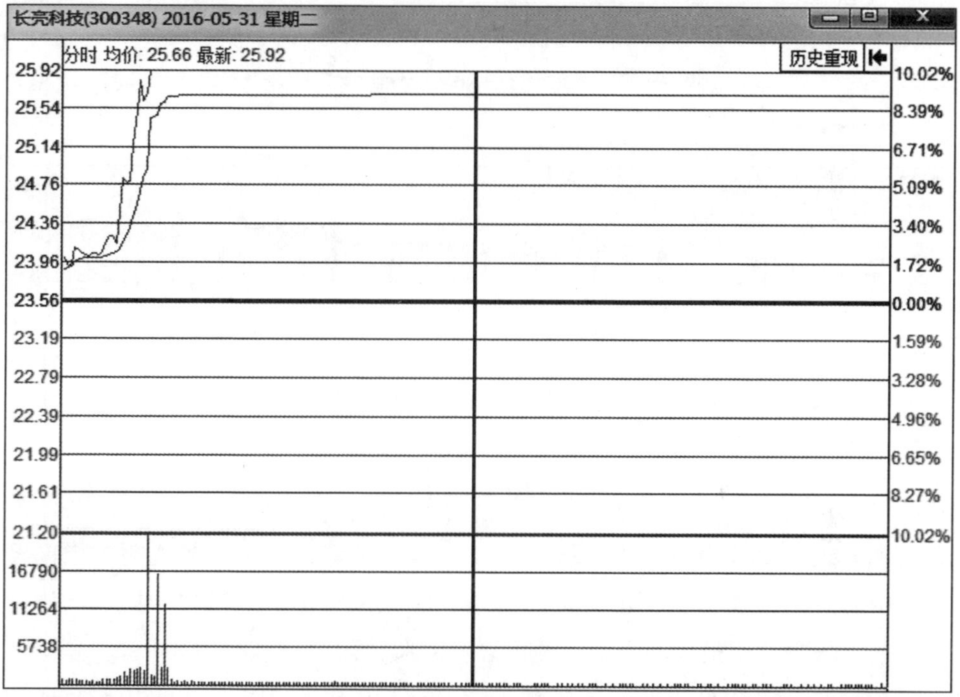

图 3–3–3

图 3–3–4 是黑牛食品（002387）的走势图。当股价结束了横向整理震荡走势，并且展开上涨行情的时候，一根涨停大阳线随之出现（图中箭头处）。这根大阳线有力地向上突破了近期的最高点，这种走势说明股价突破已经形成，短线买点成立。

在股价完成突破的时候，投资者还需要对成交量的变化进行分析，从而进一步确定资金运作的性质。图中可以看到，在股价涨停的时候，成交量没

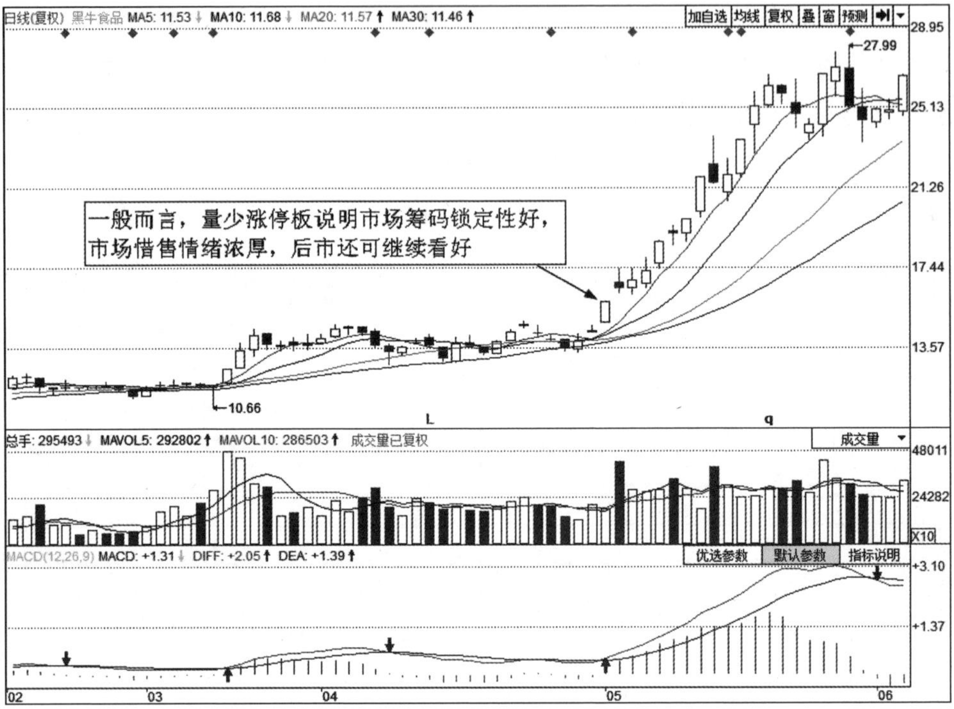

图 3-3-4

有出现放大。量能没有放大，股价却可以大幅上涨，这种走势说明主力已经在盘中做好了准备，买下了大量的股票，所以在股价上涨过程中抛盘的压力很轻，只需要动用很少的资金，便可以推动股价展开上涨行情。

面对量少涨停的走势，投资者一定要在盘中进行积极的追涨操作。成交量虽然没有放大，但是资金做多的力量却是非常大的。个股形成上涨行情，除了与资金入场的数量有关系以外，更多情况下还与资金做多力度的大小有直接的关系。

图 3-3-5 是 *ST 皇台（000995）的走势图。该股结束了调整走势以后，2016 年 8 月 31 日，突然收出一根涨停大阳线。在股价涨停走势形成的时候，成交量并没有出现放大的迹象，此时的量价配合就是标准的量少涨停走势。一旦股价形成了量少涨停，波动的安全性就大大地提高了。

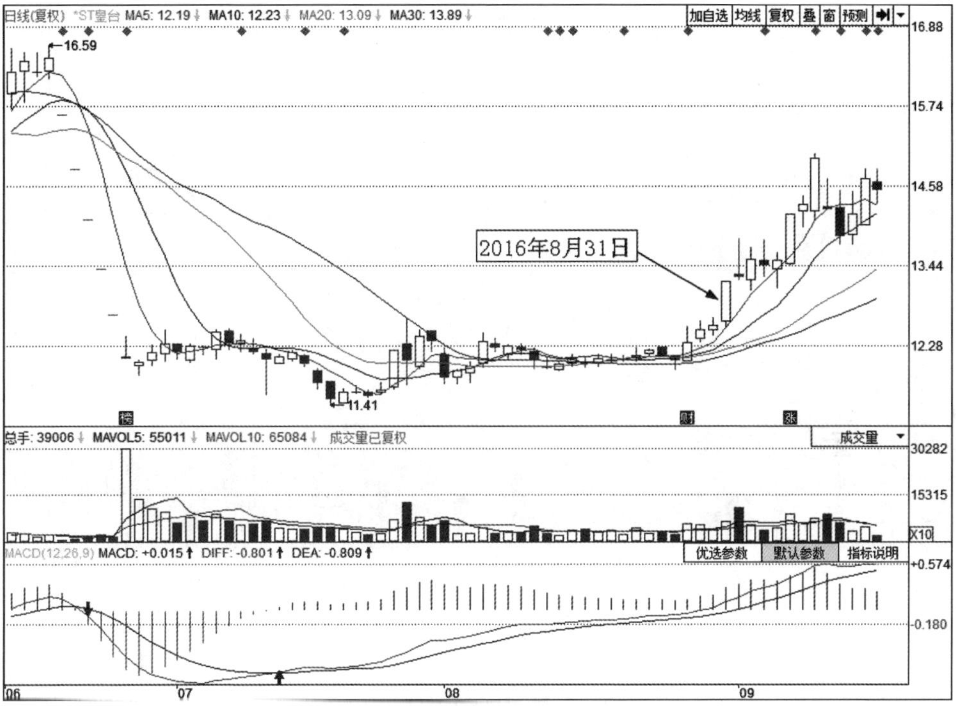

图 3–3–5

主力手中掌握了一定数量的股票，才可以轻易地发动股价的上涨行情。如果主力手中持有的股票数量比较少，那么股价很难形成强劲的上涨行情。同时，主力发动了上涨行情以后，只有在成交量明显放大的情况下，才可以完成出货操作。此时出现单日涨停阳线，升幅已经很大，但成交量根本没有放大，所以说这一天股价涨停的时候，主力根本没有进行出货操作。主力资金没有向场外流出的现象，股价必然还会在后期继续上涨。

图 3–3–6 是钢构工程（600072）的日 K 线走势图。该股在小幅整理结束后，股价开始上涨。图中箭头处涨停 K 线对应的量能与前期相比，没有明显的放量，可以看出主力控盘已经非常高，此后涨幅必然巨大。该股短短时间便涨到 29.98 元处，短期涨幅惊人。

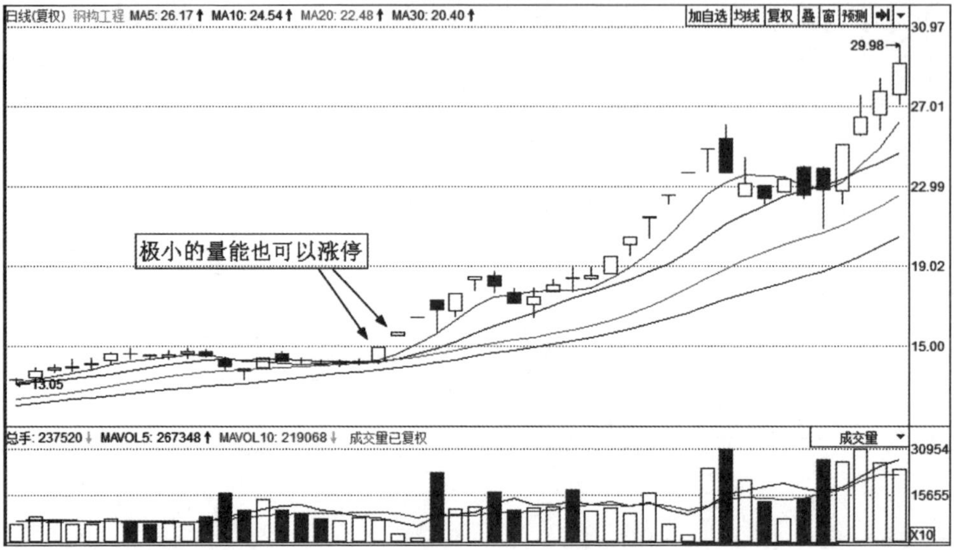

图 3-3-6

第四节　放量涨停

量少涨停的现象虽然时常出现，但却不如放量涨停现象形成的次数更多。放量涨停现象可以出现在股价上涨过程中的任何位置，但是位置不同，操作的方法也有较大的区别，本节主要介绍低位放量涨停的分析方法。

低位放量涨停是很多牛股经常出现的走势。股价的位置低，说明风险比较小。同时，股价的位置比较低，也使得股价在后期有机会形成较大的上涨行情，因此会吸引资金积极入场做多，从而促使涨停板的形成。

图 3-4-1 是国元证券（000728）的走势图。该股股价下跌过程中，成交量变得越来越小。量能的变化提示投资者，随着股价下跌行情的延续，资金入场操作的意愿越来越低。

当股价下跌到了底部以后，2016 年 5 月 31 日，成交量突然出现了放大

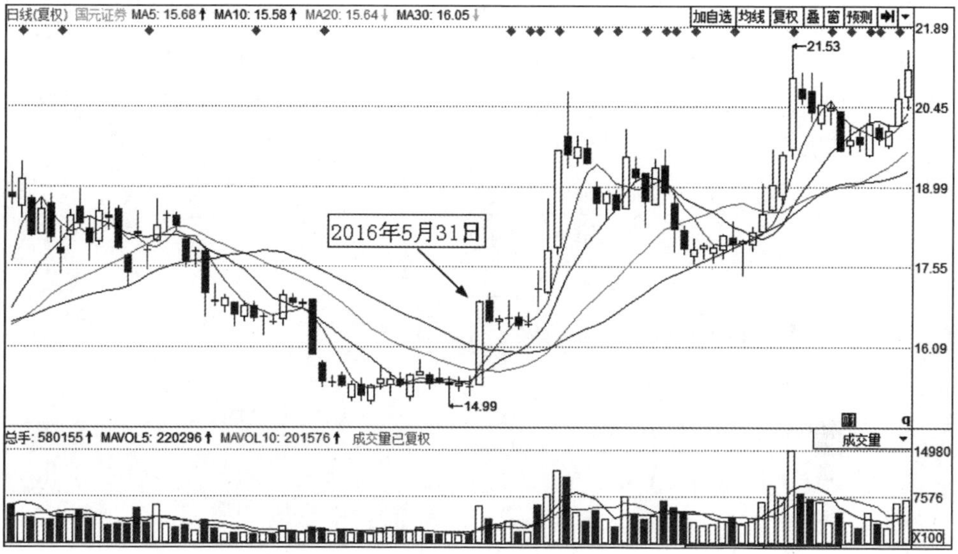

图 3-4-1

的迹象。量能明显放大，说明资金开始在盘中进行大力度的建仓操作。只有资金积极入场，才可以促使股价在后期形成连续的上涨行情。

在成交量放大的时候，股价也随之收出了一根涨停大阳线。形成放量涨停走势，说明资金入场的数量不仅多，而且资金在盘中做多的力度也很大，这对于投资者来讲是一种上涨开始的信号。

图 3-4-2 是山大华特（000915）的走势图。该股虽然出现了长时间的箱体震荡走势，但是成交量始终没有形成密集的放大迹象，量能的大小反映出资金入场积极性的高低。

股价经过长时间的震荡以后，2016 年 6 月 28 日，成交量突然出现了放大的迹象。量能急剧放大，说明资金开始在盘中进行了大力度的入场操作。在买盘不断增多的时候，股价也在这一天收出了一根涨停大阳线，这一天的成交量创下了近期的最大量。

放量涨停突破箱体现象透露出来的含义是：主力资金将要在这一天开始进行大力度的做多操作，投资者难道不应当积极地跟随入场进行操作吗？在

图 3-4-2

放量涨停大阳线出现以后，股价便展开了一轮连续性的上涨行情。大幅上涨行情的最佳买点，恰恰就在放量涨停阳线处。

图 3-4-3 是三川智慧（300066）的走势图。该股在股价下跌的过程中，成交量始终没有形成放量的迹象，这说明资金在场外不愿意入场操作。得不到资金入场的推动，股价自然会不断地延续下跌的走势。

当股价经过一段时间的下跌以后，2016 年 6 月 20 日，成交量出现了放大的迹象，此时的量能说明资金开始积极的入场建仓操作。在成交量放大的时候，股价也随之收出了一根涨停 T 字阳线，涨停 K 线的形成，进一步向投资者提示了资金入场的信号。

随着放量涨停走势的出现，成交量在后期出现了连续放大的迹象。量能密集地放大，说明资金在盘中开始了大规模的建仓操作。受到资金不断入场的推动，股价也随之产生了一轮连续上涨的行情。如果投资者在放量涨停走势形成的时候进行了积极的买入，必然可以在后期行情中轻松地实现高额盈利。

图 3-4-3

图 3-4-4 是华媒控股（000607）的走势图。该股在图中出现了两次上涨行情，虽然这两次上涨行情的涨幅各不相同，但是它们的技术特征却十分相似。

股价在第一次上涨的时候收出了大阳线，成交量也出现了放大的迹象，这说明股价的上涨是由于资金积极入场导致的。当股价第二次上涨的时候，2016 年 7 月 21 日，这一天成交量同样出现了放大的迹象，并且在成交量放大的时候，股价随之收出了一根涨停大阳线。

成交量放大，说明资金加大了入场的力度。由于盘中买盘的数量变多，所以股价出现涨停板的走势也就不奇怪了。出现在股价底部区间的放量涨停走势，是资金准备发动大力度上涨行情的信号，所以，这一天投资者一定要积极地入场操作。

图 3-4-5 是西安饮食（000721）的走势图。2016 年 7 月 25 日出现一个明显的放量涨停，主力资金吸筹迹象明显。此时均线系统多头扩散，K 线形态底部抬升，摆脱均线压制，量价配合良好。投资者在此时追涨买入，可以获得相当可观的回报。

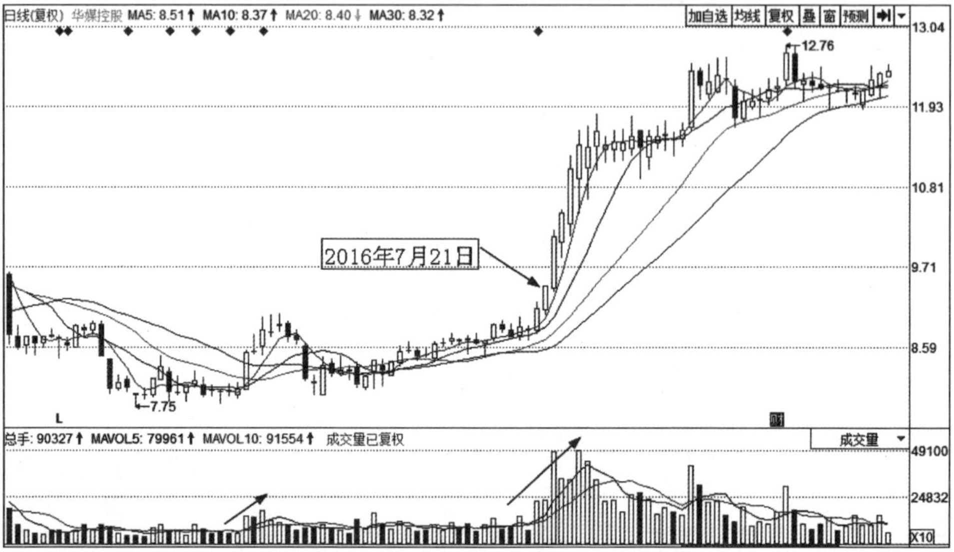
日线(复权) 华媒控股 MA5: 8.51 MA10: 8.37 MA20: 8.40 MA30: 8.32
加自选 均线 复权 叠 窗 预测
13.04
12.76
11.93
10.81
9.71
8.59
7.75
2016年7月21日
总手: 90327 MAVOL5: 79961 MAVOL10: 91554 成交量已复权
成交量
49100
24832
X10

图 3-4-4

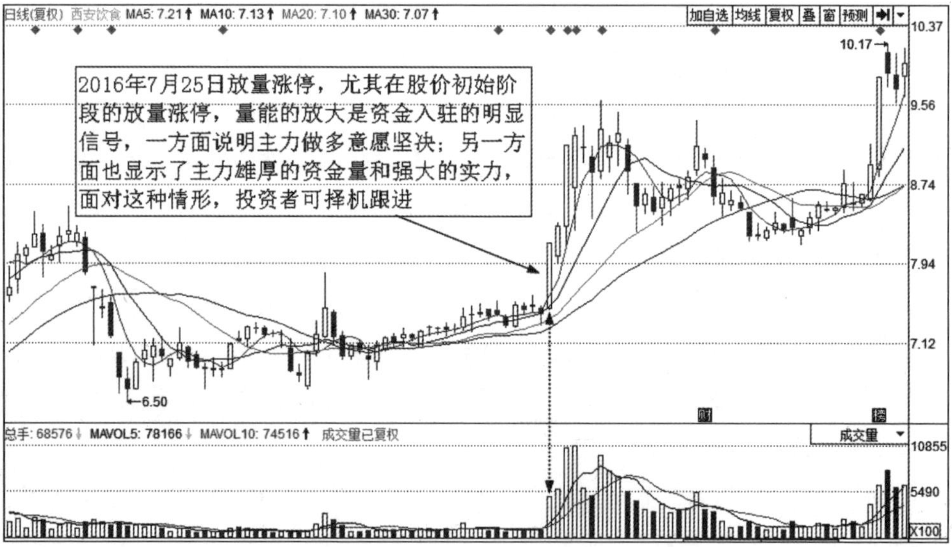
日线(复权) 西安饮食 MA5: 7.21 MA10: 7.13 MA20: 7.10 MA30: 7.07
加自选 均线 复权 叠 窗 预测
10.37
10.17
9.56
8.74
7.94
7.12
6.50
2016年7月25日放量涨停，尤其在股价初始阶段的放量涨停，量能的放大是资金入驻的明显信号，一方面说明主力做多意愿坚决；另一方面也显示了主力雄厚的资金量和强大的实力，面对这种情形，投资者可择机跟进
总手: 68576 MAVOL5: 78166 MAVOL10: 74516 成交量已复权
成交量
10855
5490
X100

图 3-4-5

第五节　为何尾盘要偷袭涨停

尾盘作为一天交易即将结束的标志，最后半小时的交易是多空双方交战的总结，会直接影响次日盘面走势，特别是对次日开盘有直接的影响。

个股在尾盘出现拉升，这类情况经常遇到。研究其意义及应对的办法，可以更好地把握买卖时机，提高收益率，减少损失。

尾盘偷袭涨停是指个股在收盘前突然急速上升至涨停板，上涨走势极快，上涨幅度往往也较大。如果单从此股早盘、中盘的走势来看，基本上是预想不到会出现涨停板走势的，因此我们将这种涨停板形态称为尾盘偷袭型涨停，如图 3–5–1 所示。

图 3–5–1

如图 3-5-1 所示，这是典型的尾盘偷袭涨停。在收盘前几分钟，主力突然用多笔大买单把股价迅速拉起。场外的投资者还没反应过来，股价就已被大幅度拉高涨停，呈现出火箭冲天的走势形态。从图上可以发现，在成交明细那一栏里，有很多大手笔的买单吃进，正是这些大买单把股价迅速拉高。

试想一下，有谁能在临近收盘时将股价一口气拉高五六个百分点？散户还是那些大户？如果是散户的话，他们能够这样一致行动，一气呵成地把股价拉上去吗？这个推断肯定是不成立的。如果是大户的话，那么它的用意又何在呢？

我们都知道，大户是很难控制股价走势的，即使可以控制股价几分钟甚至是一天的走势，但凭他们手里的那点筹码，也是无法左右股价长达几天的走势的。因此，大户也不可能在尾市滥用自己的钱去拉抬股价，因为那样做得不偿失。

分析到这里，就不难得出结论，只有主力才会这样去拉抬股价。因为只有主力，才有实力在短暂的几分钟里把股价迅速大幅度地拉高。

那么主力为何要在收盘前拉升个股，而不敢在早盘或中盘拉升至涨停板呢？尾盘偷袭涨停的目的，一般来说是为了减少资金的消耗。因为尾盘抛盘较少，主力能用较少的资金完成大幅度的拉升。但在实战中，尾盘拉高涨停的目的远比这复杂，主力尾盘拉涨停有多方面的目的。

通过长期实战研究，个股尾盘偷袭涨停行为的目的有以下几点。

（1）快速脱离成本区。

主力获得了所需的筹码，在建仓完毕之后，需要快速脱离成本区。为了避免众多投资者跟随买进，建完仓的主力在尾盘突然涨停，并且第二天早盘迅速拉高，使得投资者来不及反应，随后该股股价将迅速涨升。

主力在拉抬股价时，为了避免其他投资者跟风买进，在发动行情时，会以迅雷不及掩耳之势突然拉升股价。但是，由于涨停板制度的限制，主力一次最多只能拉升 10%。为了达到不让其他投资者跟风的目的，主力巧妙地利用第一天尾盘和第二天早盘的时间，将股价在最短的交易时间内迅速拉升 20%，把跟风的投资者远远甩在后面，使自己得以轻装上阵。虽然这时股价已经上涨 20%，但仍属于主力不愿派发的阶段，因此，可以推断该类个股后市还有更大的上升空间。

如图 3–5–2 所示，该股股价陷入低迷之际，于下午 2:00 过后突然拉升，短时间就封上涨停板。很多看好该股的投资者一时反应不过来，错失了买入时机，只能在第二天追涨。结果第二天该股快速上涨，曾一度封上涨停板。主力充分利用头一天尾盘和第二天早盘的时间，在短短的交易时间内就将股价迅速拉高 20%，成功摆脱跟风的投资者。此后该股大涨小回，一路上扬，出现较大涨幅。

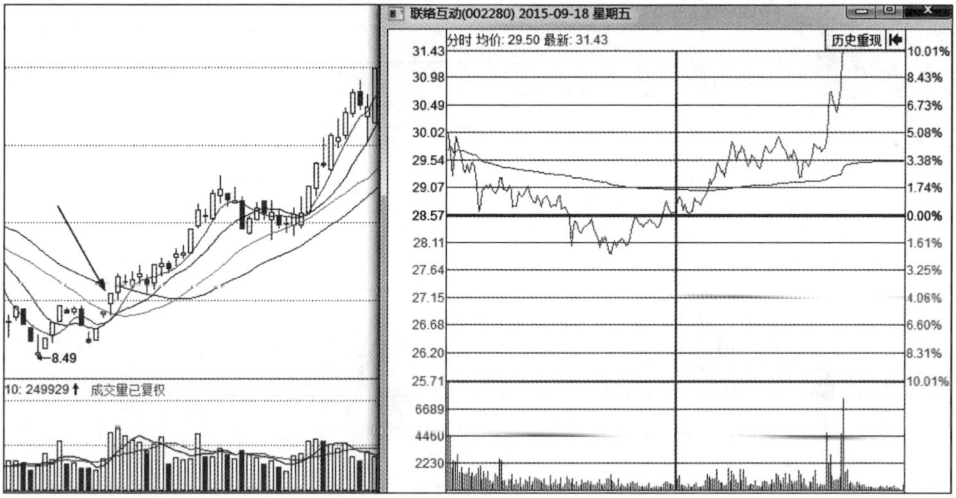

图 3–5–2

（2）主力为了保存实力，在抛盘比较少的尾盘拉涨停，消耗的资金少。

尾盘偷袭方式涨停，既达到拉高股价的目的，又可以节省拉升成本，是一种较好的操盘技巧。一般实力较弱的主力，不会选择在盘中拉涨停板。如果早早把股价拉起，则需要在盘中护盘接筹，消耗的资金太大。

特别在遇到大盘下午变盘走坏时，市场抛筹会特别大，要想把股价维持在涨停价位，就需要大量护盘资金。没有雄厚的资金，是杠不住的，那么之前的拉升涨停就会前功尽弃。采用尾盘偷袭方式拉高，可以避免以上问题，如图 3–5–3、图 3–5–4 和图 3–5–5 所示。

图 3–5–3 是华通医药（002758）2016 年 3 月 17 日的走势图。当日该股大部分时间都处于默默无闻的状态中，直到收盘前几分钟，该股突然发力快速上攻，将股价推升在涨停板上。

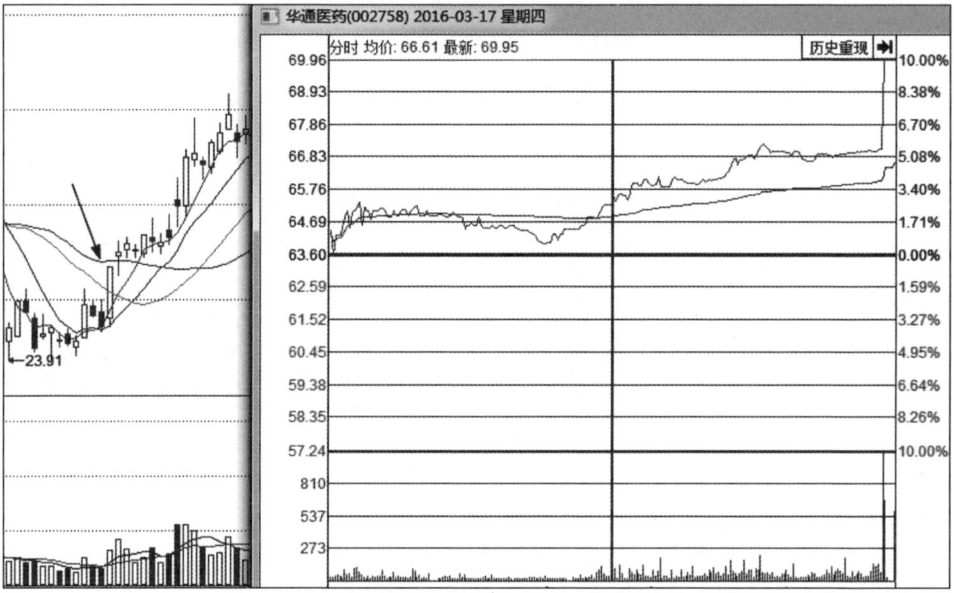

图 3–5–3

图 3–5–4 是广东鸿图（002101）的走势图。该股利用尾盘偷袭方式拉高股价，把股价推上涨停板，既达到拉高股价的目的，又可以节省拉升成本，是一种高明的操盘方式。

图 3–5–5 是君正集团（601216）2016 年 9 月 2 日的走势图。当日该股在尾盘阶段突然启动，以两波幅度较大的拉涨，快速将股价封上涨停板，并且一次就牢牢地封住了涨停板。很明显，这是主力资金强势运作的体现。一次就牢牢地封住涨停板，也彰显了主力做多的决心。

当日此股正处于深幅调整后的低位盘整区，该股中短期内均有较为充足的上涨空间。结合当日盘口这种强势的尾盘封停形态，我们可以认为这是主

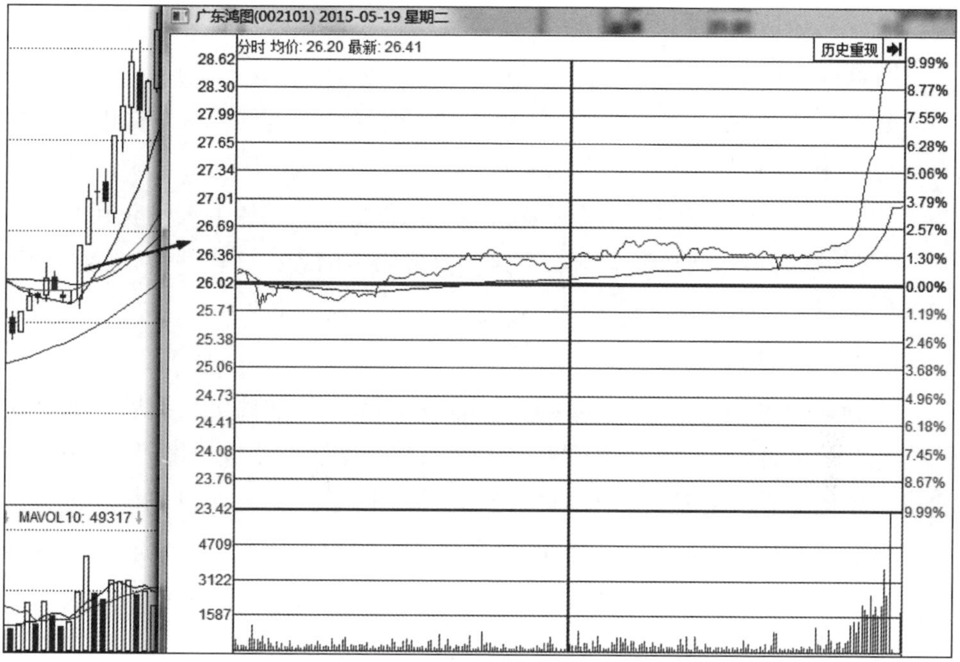
广东鸿图(002101) 2015-05-19 星期二
分时 均价: 26.20 最新: 26.41
历史重现
28.62
28.30
27.99
27.65
27.34
27.01
26.69
26.36
26.02
25.71
25.38
25.06
24.73
24.41
24.08
23.76
23.42
4709
3122
1587
9.99%
8.77%
7.55%
6.28%
5.06%
3.79%
2.57%
1.30%
0.00%
1.19%
2.46%
3.68%
4.96%
6.18%
7.45%
8.67%
9.99%
MAVOL10: 49317

图 3-5-4

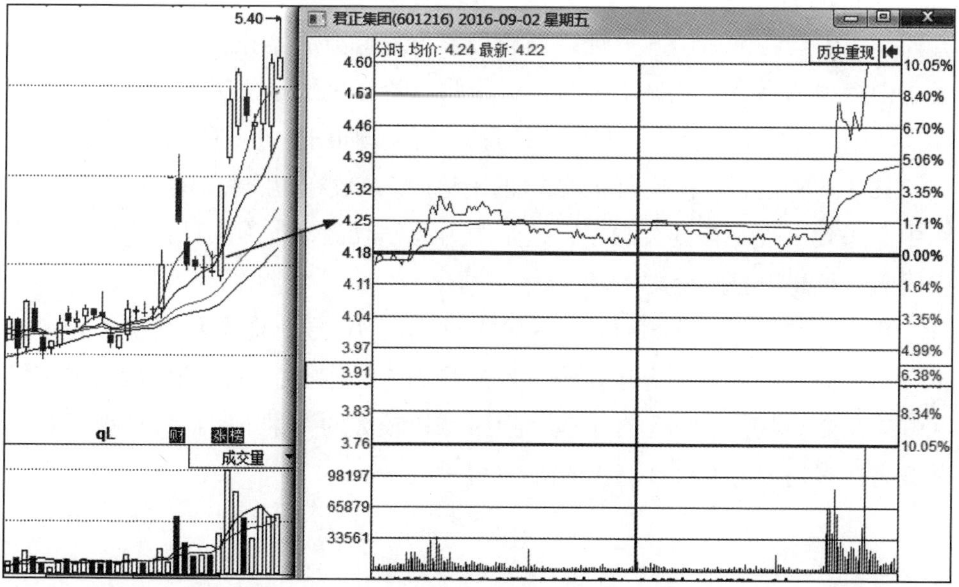
5.40
君正集团(601216) 2016-09-02 星期五
分时 均价: 4.24 最新: 4.22
历史重现
4.60
4.53
4.46
4.39
4.32
4.25
4.18
4.11
4.04
3.97
3.91
3.83
3.76
98197
65879
33561
10.05%
8.40%
6.70%
5.06%
3.35%
1.71%
0.00%
1.64%
3.35%
4.99%
6.38%
8.34%
10.05%
成交量

图 3-5-5

力资金将对个股展开拉升的信号。在实盘操作中，可以及时买股入场，以分享主力资金的拉升成果。

尾盘拉涨停是一种做盘操作技巧，时不时受到主力的青睐。在市场还没有反应过来的时候，主力即可实现快速拉升涨停。当市场反应过来的时候，当天的交易却已经结束了，主力不必面临拉涨停之后所产生的大量获利抛压。

（3）看好后市或该股后市有利多消息发布等因素，导致先知先觉的资金尾盘抢进。比如明天有重大事项公布等，主力提前抢筹码。

（4）借图形洗盘。

股价涨到一定程度，获利盘太多，需要洗盘来清洗浮筹。如果这个时候主力想要杀出恐慌的效果，又不想杀得太深，以免被人抢走廉价筹码，怎么办？自然是先拉上去再杀下来。但如果是正常的拉升，由于获利盘已经盈利较多，会在拉升过程中不断抛售，正常的拉升费力不讨好。此时主力一般会选择尾盘急拉上去，而在下一个交易日高开低走，甚至直接杀一个跌停板，这种走势清洗浮筹的效果非常不错。

（5）出货时的骗线。

一般来说，若主力控盘实力强，真正有意拉升个股，会在早盘或盘中展开操作，不会在最后十几分钟内搞偷袭。出现这类涨停分时形态的个股，多处于中短线的高点位置区，是主力运作收盘价，为次日预留出货空间的一种操盘手法。在实盘操作中，我们应注意其风险，如图 3-5-6 所示。

图 3-5-6 是彩虹精化（002256）的走势图。该股在短线涨幅较大的背景下，图中箭头处出现尾盘偷袭涨停，这是主力运作收盘价，为次日预留拉高出货空间的一种高明的操盘技巧。

图 3-5-7 是浪莎股份（600137）2016 年 3 月 25 日的走势图。该股收盘前突然拔高，是主力刻意运作收盘价的产物。操作上，一旦该股后市滞涨，我们应果断离场。特别是在个股中短线涨幅较大的背景下，此种情况的收盘前拔高，多是主力为次日出货预留空间。

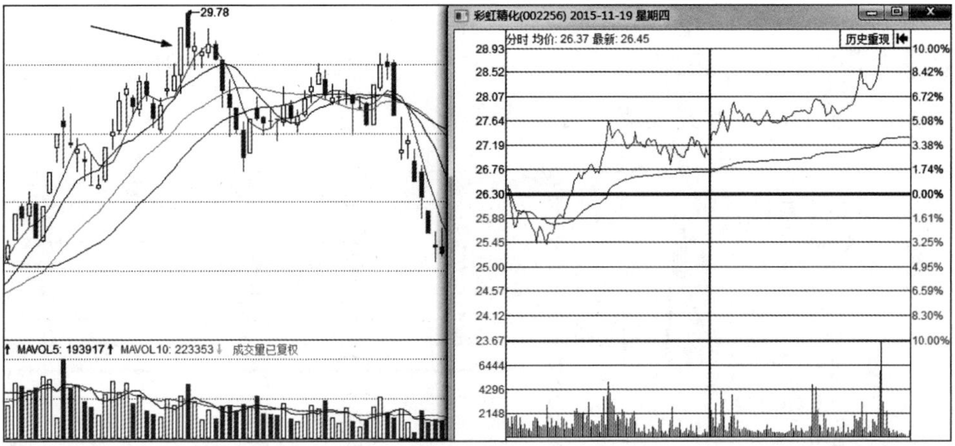
29.78
MAVOL5: 193917 MAVOL10: 223353 成交量已复权
彩虹精化(002256) 2015-11-19 星期四
分时 均价: 26.37 最新: 26.45
历史重现

图 3-5-6

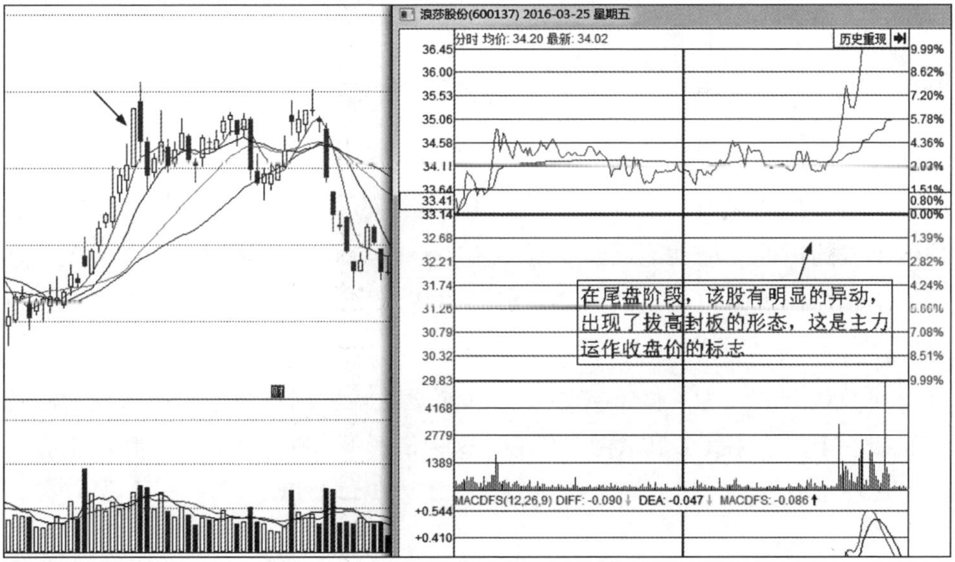
浪莎股份(600137) 2016-03-25 星期五
分时 均价: 34.20 最新: 34.02
历史重现
在尾盘阶段，该股有明显的异动，出现了拔高封板的形态，这是主力运作收盘价的标志
MACDFS(12,26,9) DIFF: -0.090 DEA: -0.047 MACDFS: -0.086

图 3-5-7

图 3–5–8 是锦江股份（600754）的走势图。2016 年 3 月 25 日，在全天的运行中，分时线始终运行于均价线下方。至尾盘阶段，个股快速上扬，向上突破均价线，在收盘前成功封住了涨停板。

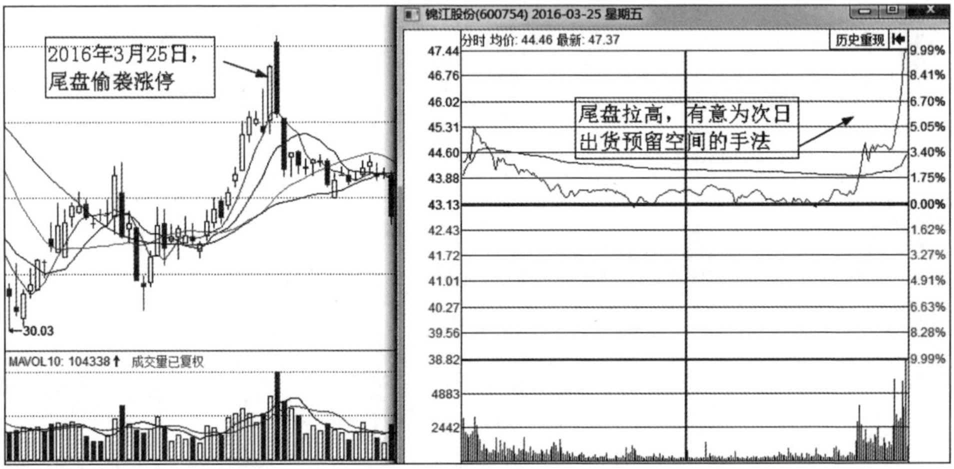

图 3–5–8

从日 K 线图来看，当日正处于短期大涨后的高点。当日的这种封板方式，预示个股的短期上涨动能已经不足，主力只能靠运作收盘价来拉高个股。这或许是主力控盘能力不足的体现，或许准备出货了，因而我们也应在次日及时卖股离场。

尾盘拉升时，为了修饰 K 线图，在尾盘的最后刻意往上拔高，人为制造日 K 线图上的大阳线，显示做多信心。这种情形下，有可能是主力货没出完，或者自身实力不济，需要尾盘快速拉高，第二天接着出货。

第六节　中途涨停加速上涨

图 3–6–1 是旭光股份（600353）的走势图。该股在完成震荡筑底以后，股价开始了缓慢上涨。在上涨初期，阳线的实体非常小。小阳线使股价的上涨速度显得比较慢，同时，股价的上涨角度也比较小。虽然这种走势可以给投资者带来一定的收益，但是资金实现盈利却是相对较慢的。

股价经过较长时间的上涨以后，2016 年 8 月 24 日，在上涨的中途收出了第一根涨停大阳线。涨停大阳线的出现，使股价的上涨角度由原先较为平缓的上涨角度转变成了陡峭的上涨角度。上涨角度一旦变大，股价后期的上涨速度必然是很快的。由于这根涨停阳线出现的位置位于股价上涨的中途，所以，它起到的作用就是促使股价以更快的速度上涨。

在中途加速涨停出现以后，股价后期的阳线实体一根比一根大，不断出

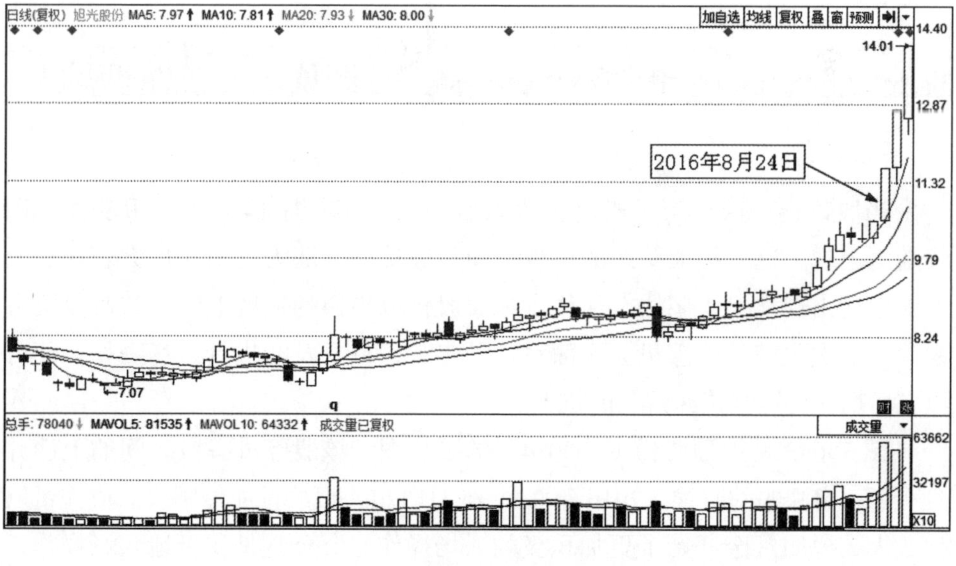

图 3–6–1

现的大阳线使投资者的资金迅速增值。由此可见，中途加速涨停走势，对于场外投资者而言，是上涨过程中绝好的短线追涨买点。

图 3-6-2 是金种子酒（600199）的走势图。股价下跌到底部以后，成交量放大配合着股价的连续上涨，说明资金开始在盘中进行积极的入场操作。在初期上涨过程中，股价上涨的速度比较慢，并且每当股价上涨一定幅度以后，总是会出现调整的走势。

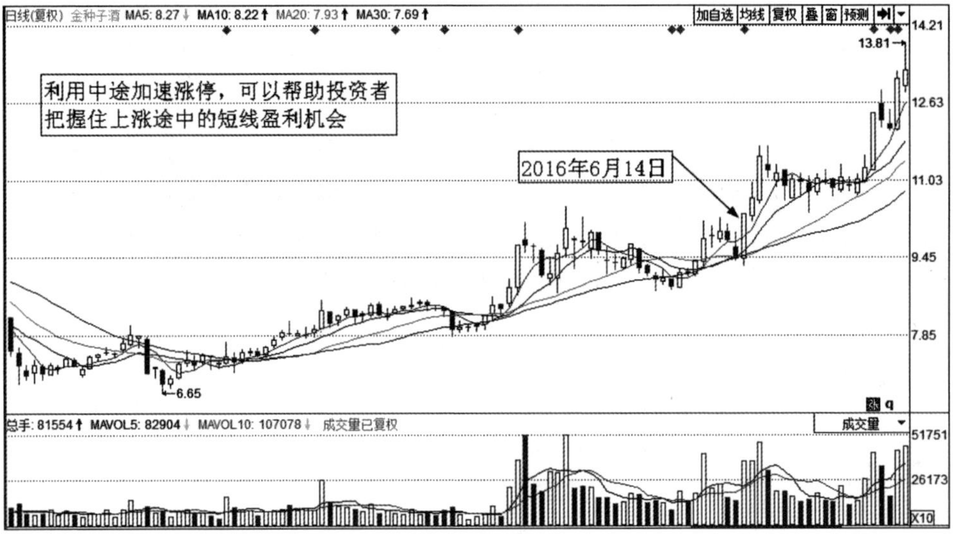

图 3-6-2

当股价再一次结束了震荡走势以后，2016 年 6 月 14 日，一根涨停大阳线随之出现。这一根大阳线的出现，使得股价的上涨力度明显加大。在股价上涨中途出现涨停大阳线，往往意味着股价以更快的速度上涨，这对投资者来说是一次很好的追涨机会。面对这种走势，只要及时进行入场操作，便可以在后期获得短线快速盈利的机会。

图 3-6-3 是中葡股份（600084）的走势图。该股经过一段时间的上涨并且有了一定涨幅的时候，2016 年 7 月 15 日收出一根放量涨停阳线。成交量巨幅放大，说明资金开始了更加积极的入场操作。资金越是积极地入场操作，

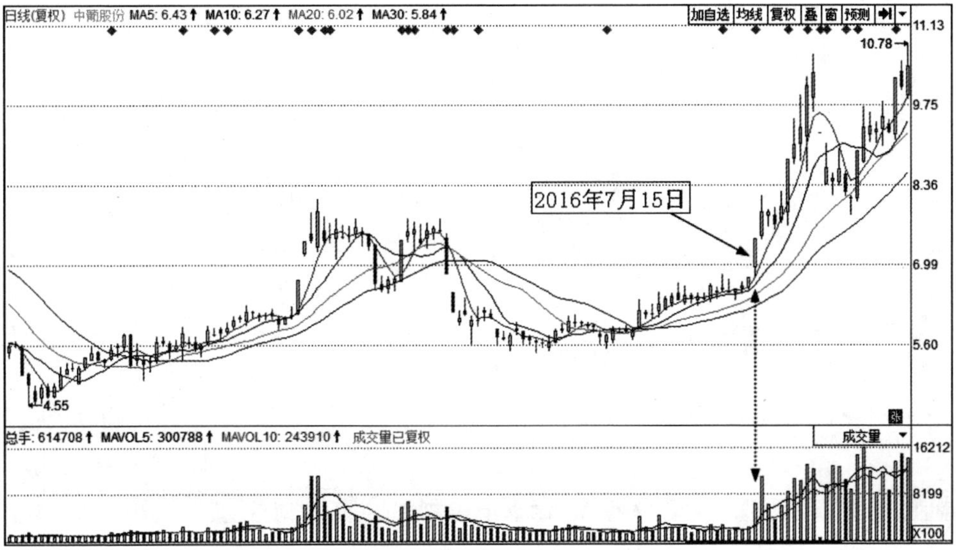

图 3-6-3

股价的上涨速度就会越快，量能的放大是促使涨停板形成的基础。

放量大阳线的出现，改变了股价原有的上涨速度。涨速的变化往往是股价加速上涨的信号，因此在中途出现加速涨停阳线的时候，投资者只要及时跟进入场操作，便可以在后期轻松地实现盈利。

该股在中途加速涨停走势出现以后，股价在后期连续拉出了大阳线。由此可见，在股价上涨的中途，只要投资者使用正确的方法进行操作，便可以成功地获得收益。

图 3-6-4 是北方导航（600435）的走势图。该股在上涨初期，保持着比较温和的上攻走势，股价沿着一个相对平缓的上涨角度不断地上涨。

2016 年 7 月 4 日，收出了一根涨停大阳线。涨停大阳线的出现，改变了原有的上涨速度，股价的上涨角度也随着涨停走势的出现变得陡峭起来。同时，在中途出现加速涨停时，成交量也出现了放大的迹象，量价配合说明盘中的资金开始了大力度的运作。在资金加大运作力度的时候，股价自然会出现更快速的上涨行情。

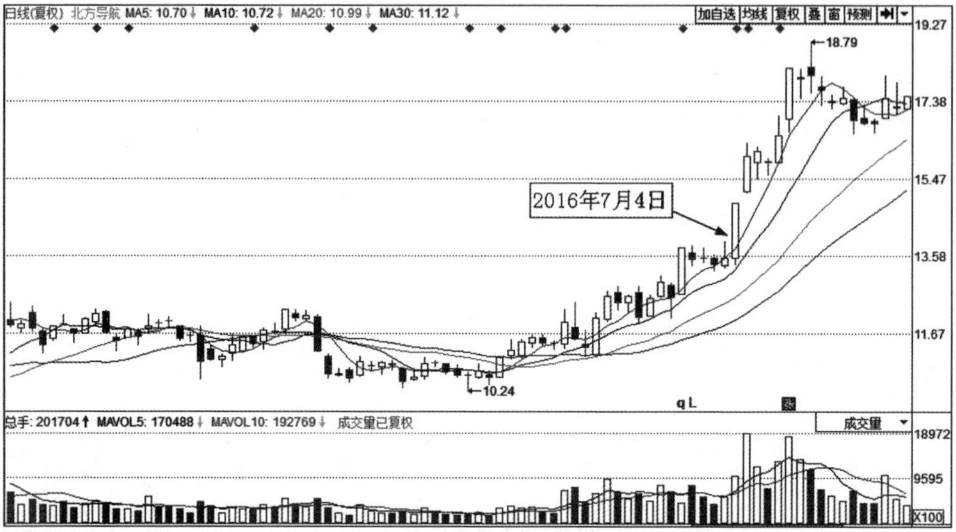

图 3–6–4

中途出现加速涨停走势以后，股价在后期出现了连续的上涨走势，阳线实体不断地出现，为介入的投资者带来了较好的收益。买在加速大阳线出现时的投资者，收益速度最快，资金利用率也最有效。

图 3–6–5 是天坛生物（600161）的走势图。该股在见底之后开始了缓慢的上涨，股价在上涨初期阳线实体普遍较小。小实体的阳线使得股价的累积涨幅并不大，也使得股价的上涨力度显得较小。

该股经过一段时间的连续上涨以后，2016 年 7 月 28 日，中途收出一根涨停大阳线。大实体的阳线说明资金开始在盘中进行更大力度的做多操作，这往往是股价进入主升浪的信号。中途加速涨停阳线，使股价的上涨角度也发生了明显的变化，股价的上涨角度由原来较小的上涨角度转变成了陡峭的上涨角度，这种走势说明股价在后期必然会展开更加迅猛的上涨行情。

在中途加速涨停走势出现以后，该股后期便收出了连续的阳线，在较短的时间就为买入的投资者带来高额收益。

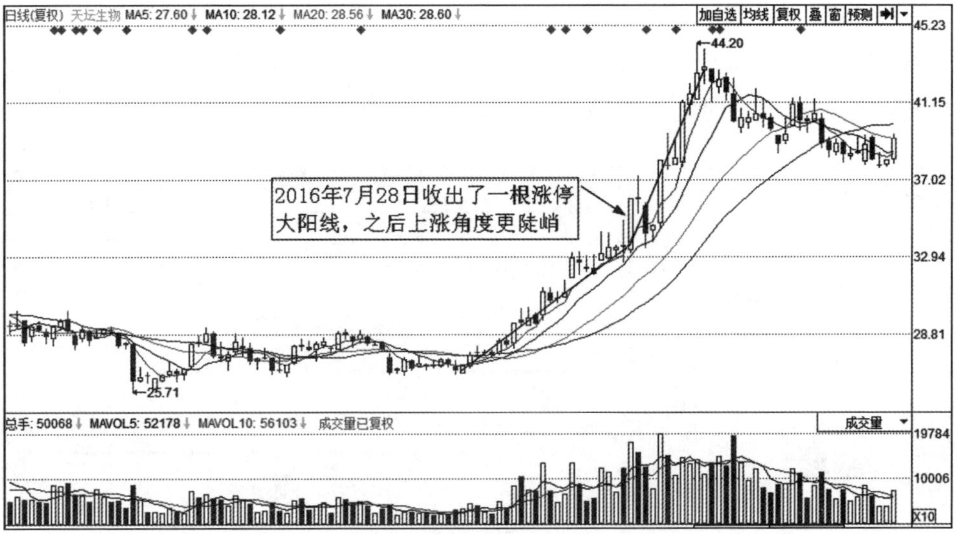

图 3-6-5

第七节　盘口语言之涨停板出货

主力在高位获利后，通常会选择偷偷出货。此时如果使用打压下跌的方式卖出手中的股票，是得不偿失的。很多时候主力出货是非常隐蔽的，在投资者还没有察觉的情况下，不知不觉就悄悄地出掉了手中的股票。

在所有操作手法中，有一种出货方法最为隐蔽，那就是涨停出货。一般而言，当某只股票形成涨停走势的时候，必然会吸引大量投资者介入其中进行操作，大量买盘就为主力出货提供了极好的机会。

那么主力是如何利用涨停板的方式在盘中进行出货操作的呢？下面将做详细的讲解。

图 3-7-1 是永泰能源（600157）2016 年 4 月 18 日的分时图。该股一开盘便陡峭上升，在开盘的时候引起了很多投资者的关注。快速拉抬股价，吸

引了更多投资者的资金。经过短时间的上冲，股价便快速封至涨停板处。有些投资者一看股价形成了涨停走势，会更加积极地入场进行买入操作，因此涨停价会在极短的时间内聚积起数量异常强大的买盘。

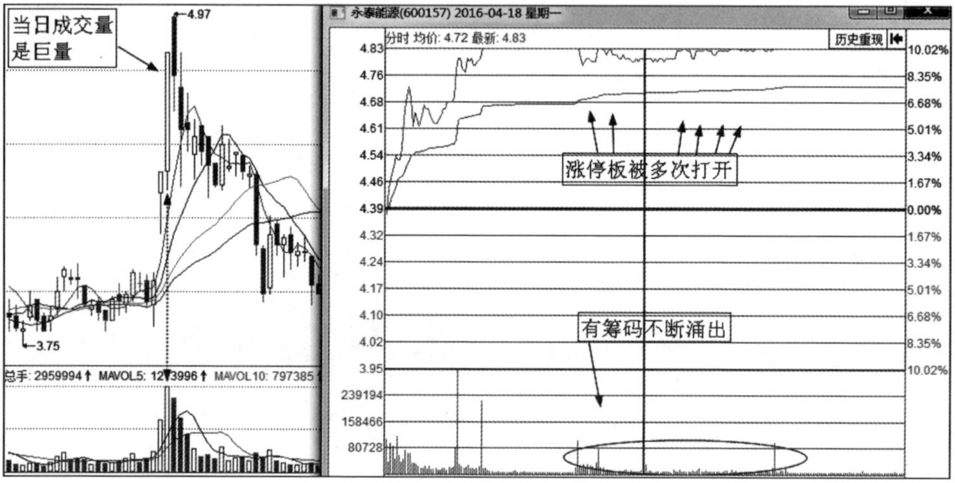

图 3–7–1

这些买盘对于主力出货来说是极佳的条件，因此，随着连续抛单的出现，股价的涨停板被连续打开了多次。成交量在涨停板的价格处密集放大，说明主力拉出涨停板吸引来投资者后，又继续进行了出货操作，因此才会在 K 线图中留下密集放大的成交量。

该股最后虽然以涨停收盘，但途中涨停屡次在盘中被打开，冲击涨停却不去封住涨停板，暴露出主力无心做多的行为。

让我们再来看当时所处的 K 线图位置，如图 3–7–2 所示。

图 3–7–2 是永泰能源（600157）的日 K 线走势图。投资者都爱涨停板，喜欢追涨，主力就利用投资者这种追涨的心态，通过涨停板的掩护，隐蔽小心地抛出手中的股票。

主力通过挂大买单封涨停，等后面散户买盘量放大时就撤单，同时卖出自己手中的股票。该股在本身技术形态不好的情况下出现反弹，主力短线运作，

图 3-7-2

拉出涨停，但是却不封死，而是在涨停板位置慢慢出货。即使最后收盘以涨停报收，后续交易日股价也走不了多远。

一般来说，若个股中短线涨幅较大，涨停板当日又反复开板且放出大量的话，极可能是主力开始出货的信号，应引起我们的警惕。

除了盘中反复开板、短线涨幅大、当日量能大这几个要素之外，涨停板次日和随后几日的走势表现，也是我们分析主力市场行为的关键。如果主力借助涨停板大力出货，那么个股后面的走势会较为疲软。

图 3-7-3 是航天通信（600677）2016 年 1 月 8 日的分时图。在短线涨幅较大的背景下，此股当日再度涨停，但这个涨停板却被多次打开。当日成交量创出了近一年来的新高，可以称之为天量。

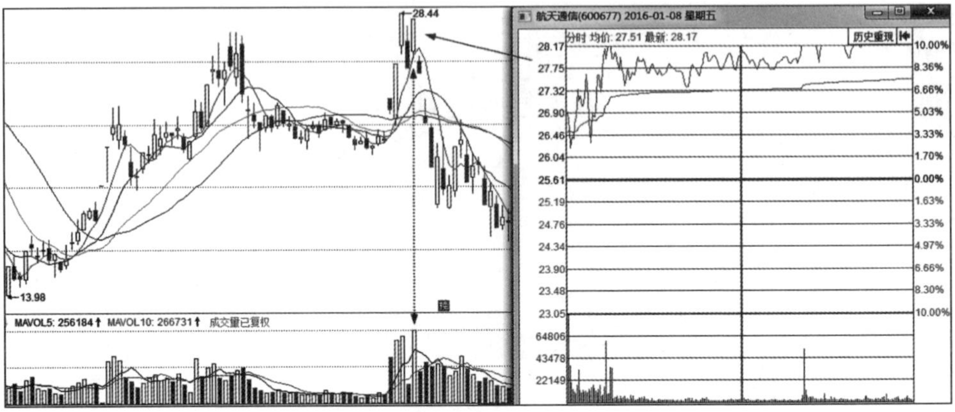

图 3–7–3

如此大的量能，又出现在短线涨幅巨大的背景下，卖盘必有主力的一部分，投资者后市需小心。再结合该股后续几日的下跌走势，更能确定 2016 年 1 月 8 日当天是主力借助涨停板出货了。

图 3–7–4 是国金证券（600109）的走势图。2016 年 3 月 21 日，该股强势冲击涨停板，但是在封板之后却反复开板，成交量放出巨量。

从日 K 线图来看，当日的量能呈现出天量状。一般来说，涨停板放出天量，多与主力的出货行为相关。该股涨停时又处于反弹后的明显高点，承受着短线获利盘、解套盘的双重抛压，因此此时的天量涨停板可以断定就是源于主

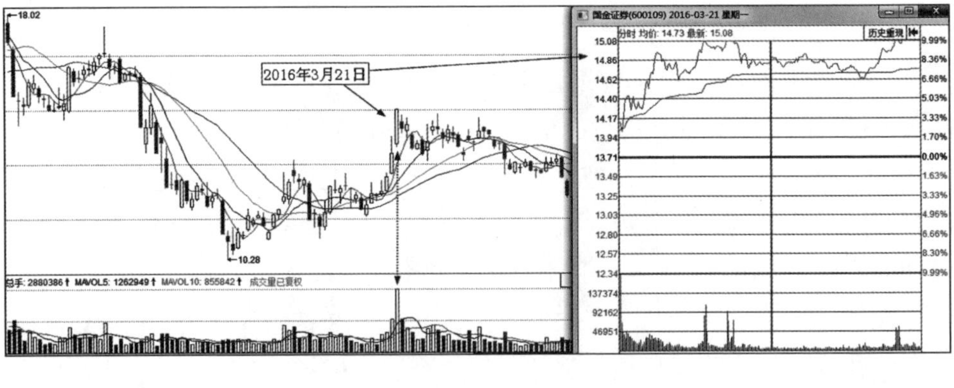

图 3–7–4

力的出货行为。我们不要被这种看似强势的涨停分时图迷惑，应及时卖股离场，规避风险。

图 3-7-5 是金浦钛业（000545）的走势图。该股在上涨过程中，成交量始终保持着温和放大的状态，这说明资金在有序地推动股价上行。

为什么在股价上涨途中温和放大就是好事呢？这是因为量能温和放大，说明有资金在盘中积极地操作。但是量能的温和放大状况，又可以很好地限制主力的出货操作。主力资金没有机会出货，又在不断地进行做多的操作，股价波动的安全性自然就很高了。

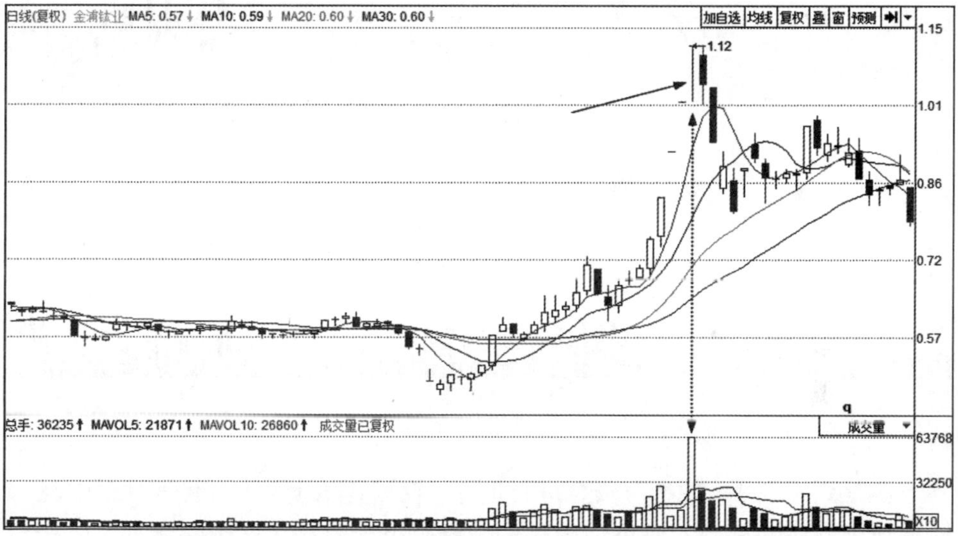

图 3-7-5

经过连续的上涨，主力前期投入的资金已经实现了较大的收益，伴随着涨停板的形成与大量的买盘介入，主力终于开始了出货的操作。

在图中箭头处，当股价收出最后一个涨停阳线的时候，成交量创下了近期的最大量，表明在高位形成的放量，是主力资金出货的结果。虽然股价形成了涨停走势，但是涨停阳线的形成却被主力用来进行出货操作了。如果投资者认为涨停板出现就是机会，那么买入该股必然会给这些投资者以沉重的打击。

图 3–7–6 是铁岭新城（000809）的走势图。该股结束了调整走势以后，便出现了凌厉的上涨行清，股价一开盘就是涨停板，根本不给投资者任何买入的机会。但是，这种走势却对投资者产生了强大的吸引力，谁不想买入一只开盘就涨停的股票呢？

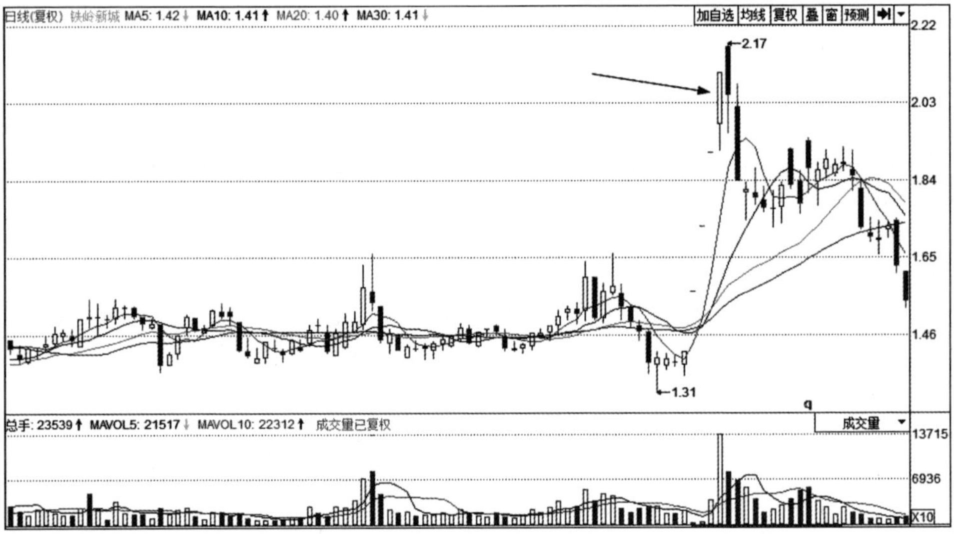

图 3–7–6

越是买不到手，便越有资金进行追涨。投资者急于介入涨停股票的意愿，恰恰被主力所利用。在股价形成最后一次涨停的时候（图中箭头处），成交量出现了急剧放大的迹象。难道主力会在这么高的位置进行出货操作吗？显然是可能的。所以，这一天的巨量和随后的阴线下跌，就是主力出货最好的证明。

股价在高位一旦收出了巨量诱多涨停走势以后，投资者一定要及时卖出手中的股票，否则在主力出货完毕以后，股价后期下跌的速度将会是非常快的。虽然通过涨停走势无法准确地判断主力是不是在出货，但是只要结合成交量的变化进行分析，主力的操作意图是可以判断出来的。

图 3-7-7 是紫金矿业（601899）的走势图。2016 年 7 月 11 日，一个高开的涨停板似乎使个股将要加速上涨。但该股当日在盘中阶段却出现了类似于锯齿板的运行方式，且期间量能大幅放出。

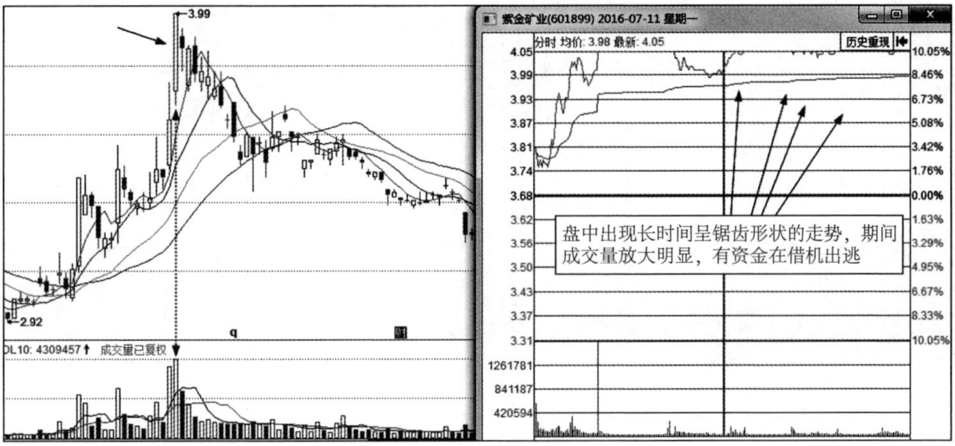

图 3-7-7

很明显，这种量能已远远超出了洗盘范畴，它是主力借涨停板短期大力出货形成的。个股随后的走势不容乐观，我们应及时卖股离场。

投资者要记住，只有主力巨大的持仓量，才有能力将涨停板多次打开。这种封至涨停多次打开的走势，多是主力的出货行为所致。

图 3-7-8 是迈克生物（300463）的走势图。在涨幅较大的背景下，个股当日再度在前高位置封上涨停板，但在盘中却微幅开板。开板的时间很短，缘于巨单的抛售，这极可能是主力开始出货的信号，应引起我们的警惕。

再观察当天 K 线图上的成交量，可以看出当天成交量是近期天量。天价天量，投资者后市需谨慎。如果主力借助涨停板大力出货，那么该股后面的走势会较为疲软。随后几日该股的走势表现不佳，投资者需清仓离场，方可避免损失。

图 3-7-9 是金鹰股份（600232）的走势图。2016 年 6 月 16 日，该股当天大幅高开，随后上封涨停板。但该股并没有牢牢封死涨停，在全天的交易

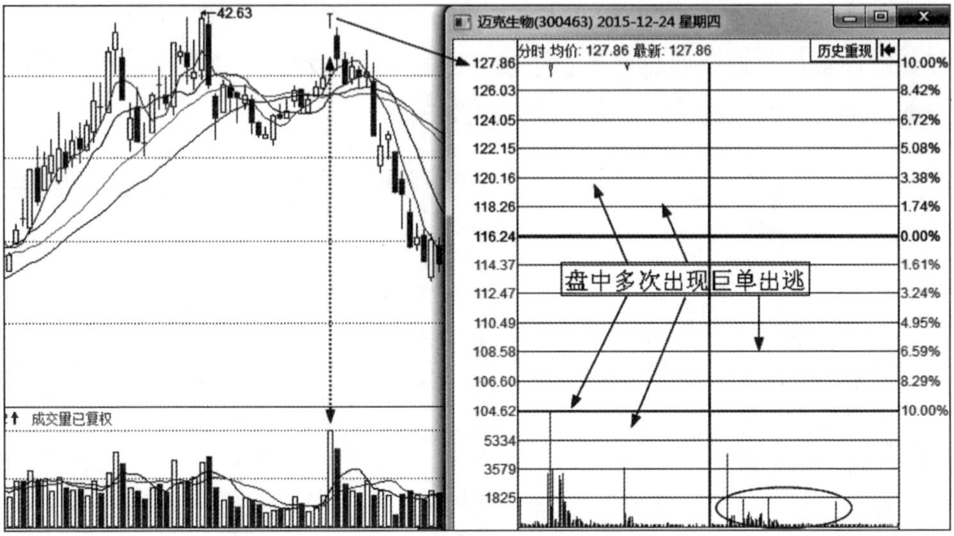
42.63
成交量已复权
迈克生物(300463) 2015-12-24 星期四
分时 均价: 127.86 最新: 127.86
历史重现
127.86
126.03
124.05
122.15
120.16
118.26
116.24
114.37
112.47
110.49
108.58
106.60
104.62
5334
3579
1825
10.00%
8.42%
6.72%
5.08%
3.38%
1.74%
0.00%
1.61%
3.24%
4.95%
6.59%
8.29%
10.00%
盘中多次出现巨单出逃

图 3-7-8

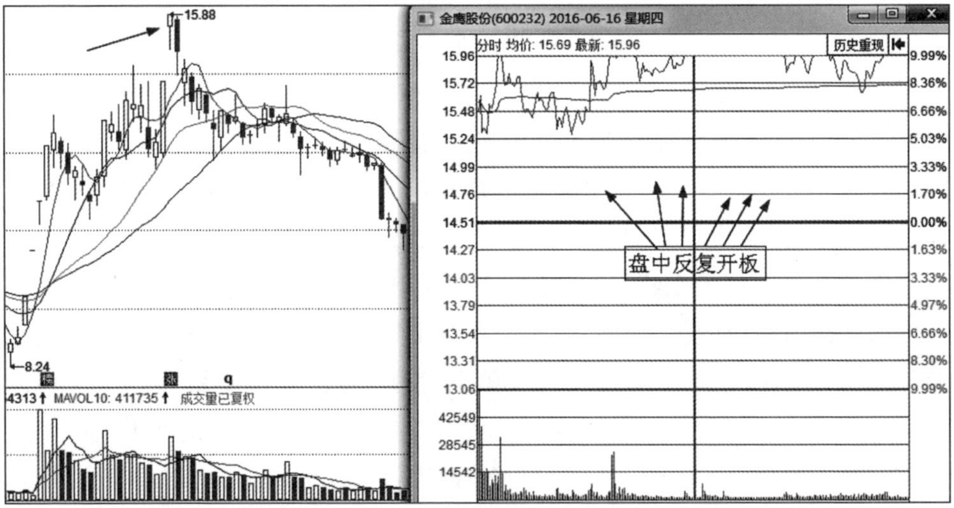
15.88
8.24
4313 MAVOL10: 411735 成交量已复权
金鹰股份(600232) 2016-06-16 星期四
分时 均价: 15.69 最新: 15.96
历史重现
15.96
15.72
15.48
15.24
14.99
14.76
14.51
14.27
14.03
13.79
13.54
13.31
13.06
42549
28545
14542
9.99%
8.36%
6.66%
5.03%
3.33%
1.70%
0.00%
1.63%
3.33%
4.97%
6.66%
8.30%
9.99%
盘中反复开板

图 3-7-9

中，在涨停板价位上反复打开，很明显，这是有资金在借机出逃。一般来说，涨停板反复打开出现的时间越长，则表明当日的涨停板越弱势，这是主力涨停出货手法的一种体现。

炒作手法高明的市场主力往往以涨停板为幌子，达到顺利派发筹码的目的。当某只股票连续一段时间暴涨后，主力先用大笔买单封在涨停板上，等待散户跟单增多后，主力再悄悄撤单，并将筹码抛售给散户。等到涨停价即将打开或稍稍打开后，主力再次用大笔买单封在涨停价上。通过这种方法反复操作，可以诱使投资者在涨停价上跟风追涨，从而达到出货的目的。

下面总结一下主力利用涨停出货的盘口特征，投资者要加以注意。

（1）涨停反复。盘中通过反复打开、封上涨停板，放量完成出货。

（2）股价在涨停板附近，似涨停却不涨停，吸引跟风买盘入场，有可能是主力在借机出货。

（3）涨停板打开处成交量放大。

（4）早晚盘涨停，中途回落，通常也是主力出货的迹象。主力通过早盘拉涨停，拉出了较大的出货空间，然后利用散户跟风的心理不断出货。尾盘再快速拉高至涨停，日后可以继续高价出货。

（5）封涨停不牢固。

若早盘个股直线陡峭冲击涨停板，通常是比较强势的股票。但是，如果封涨停板不久就被打开，然后开始回落，就要特别小心。因为早盘快速冲击涨停，很可能是主力自弹自唱，吸引散户跟风，然后在涨停板上实现出货。

（6）利好不涨停。

出利好以涨停开盘，但却放量高开低走的个股，很可能是主力在出货。有时利好出尽是利空，如果利好出来主力都不敢拉涨停，那么出货的嫌疑很大。

第八节　把握跌停出逃时机

个股当日出现跌停，这种下跌势头通常会使持股者产生恐慌情绪，从而急于进行抛售。对于那些场外投资者而言，在看到个股卖盘如此汹涌之后，出于追涨杀跌的习惯，多会选择在随后跟随卖出。这也是为什么个股在跌停板出现后，往往仍能在短时间内继续下跌的原因所在。

跌停通常是个股明确的下跌信号，它既有可能出现在个股高位的盘整区域，也有可能出现在个股的下跌途中。当跌停出现在个股高位区的盘整走势之后，此时的跌停板是空方开始大量出逃的信号。由于空方力量需要较长时间才能释放完，因此它往往预示着下跌趋势启动，是我们高位区的逃顶信号。当跌停出现在个股下跌途中，此时的跌停板说明市场空方力量仍很强大，且空方的离场意愿坚决，是个股在短期内仍将加速下跌的信号。

下面结合实例来看看如何把握跌停的卖出时机。

图 3-8-1 是长江传媒（600757）2016 年 1 月 4 日的跌停板走势图。该股在此前出现了长时间的上涨，累计涨幅较大，随后在高位区出现滞涨走势。2016 年 1 月 4 日该股开盘后一路走低，封于跌停板，显示空方抛压极为沉重，是个股趋势反转的强烈信号。

图 3-8-2 展示了该股在 2016 年 1 月 4 日跌停后的走势。从图中可以看到，该股随后开始步入下跌趋势。而 2016 年 1 月 4 日出现的这个跌停板走势，既是趋势反转的标志，也是我们在高位区出逃的明确信号。

图 3-8-3 是中国中期（000996）的走势图。此股由于前期的大涨，使得市场获利盘数量众多。2016 年 1 月 4 日出现的跌停板走势，充分说明了获利盘抛售愿望强烈，这是空方力量突然转强的显著标志。

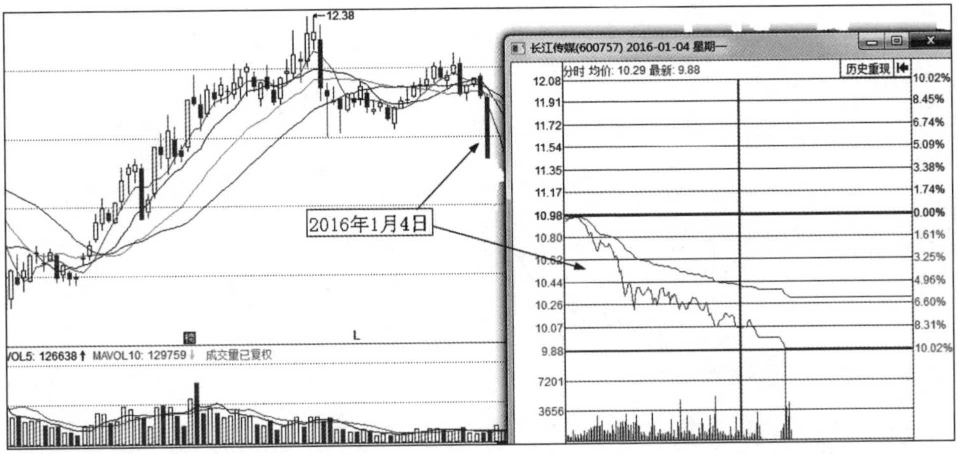
12.38
长江传媒(600757) 2016-01-04 星期一
分时 均价: 10.29 最新: 9.88
历史重现
12.08
11.91
11.72
11.54
11.35
11.17
10.98
10.80
10.62
10.44
10.26
10.07
9.88
7201
3656
10.02%
8.45%
6.74%
5.09%
3.38%
1.74%
0.00%
1.61%
3.25%
4.96%
6.60%
8.31%
10.02%
2016年1月4日
榜
L
VOL5: 126638 MAVOL10: 129759 成交量已复权

图 3–8–1

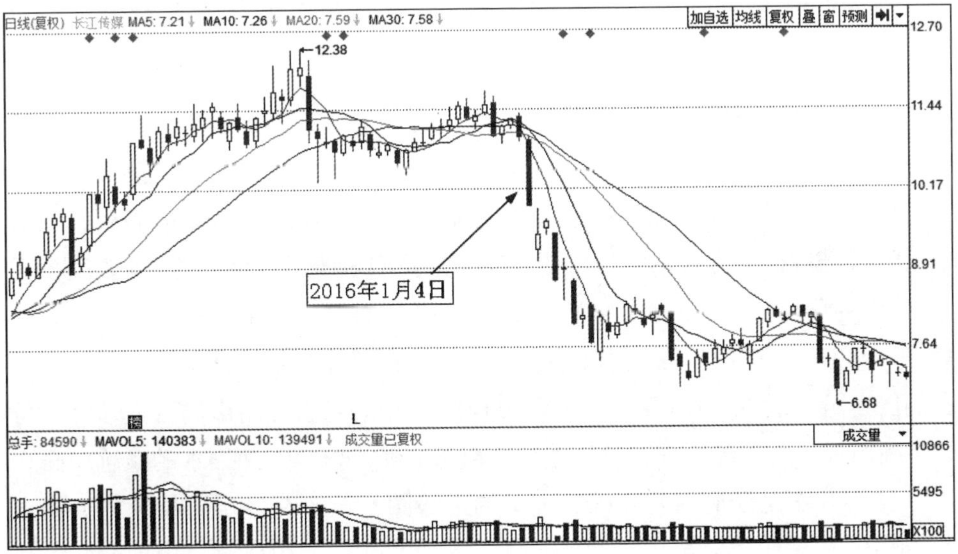
日线(复权) 长江传媒 MA5: 7.21 MA10: 7.26 MA20: 7.59 MA30: 7.58
加自选 均线 复权 叠 窗 预测
12.70
11.44
10.17
8.91
7.64
12.38
6.68
2016年1月4日
榜
L
总手: 84590 MAVOL5: 140383 MAVOL10: 139491 成交量已复权
成交量
10866
5495
X100

图 3–8–2

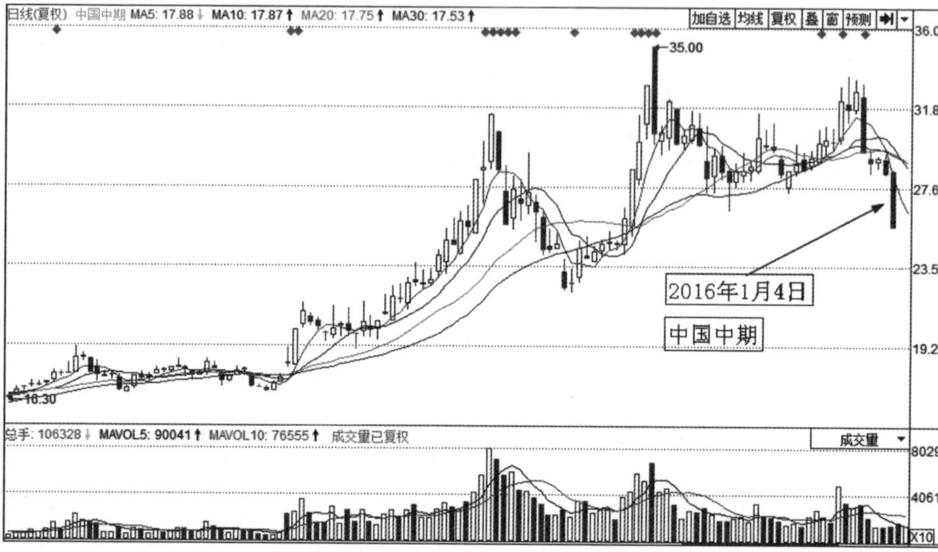

图 3-8-3

跌停板是空方发动强力进攻的信号，通过这个跌停板走势，可以预料该股随后仍会在空方的强大抛压下出现下跌。可以说，持续大幅上涨后，在途中突然出现跌停板，是市场多空双方力量快速发生实质性转变的表现，预示个股随后仍将在空方力量的打压下下跌，是我们短线卖出该股的明确信号。

图 3-8-4 箭头处标示了该股 2016 年 1 月 4 日跌停后的走势图。从图中走势可以看出，该股随后在空方的持续打压下，出现了短期快速下跌走势。如果我们能了解该股在 2016 年 1 月 4 日出现的跌停板所蕴涵的市场含义，完全可以果断出局，避免随后因股价快速下跌而造成账户资金快速缩水的尴尬局面。

图 3-8-5 是合肥城建（002208）的走势图。该股在经历了持续的大幅上涨走势后，在高位区出现了滞涨的走势。在滞涨走势中，于 2016 年 5 月 16 日出现了一个跌停板走势。当跌停板出现在个股高位区的盘整走势之后，此时的跌停板是空方集中抛售的信号。由于空方力量需要较长的时间才能释放完，因此它往往预示着下跌趋势出现，是我们高位区的出逃信号。

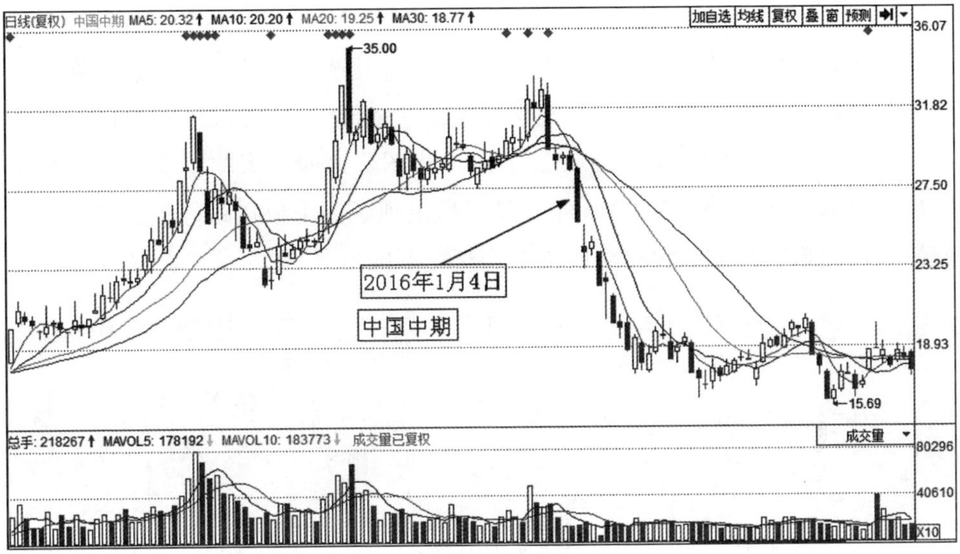
日线(复权) 中国中期 MA5: 20.32 MA10: 20.20 MA20: 19.25 MA30: 18.77
加自选 均线 复权 叠 窗 预测
36.07
31.82
27.50
23.25
18.93
35.00
15.69
2016年1月4日
中国中期
总手: 218267 MAVOL5: 178192 MAVOL10: 183773 成交量已复权
成交量
80296
40610
X10

图 3-8-4

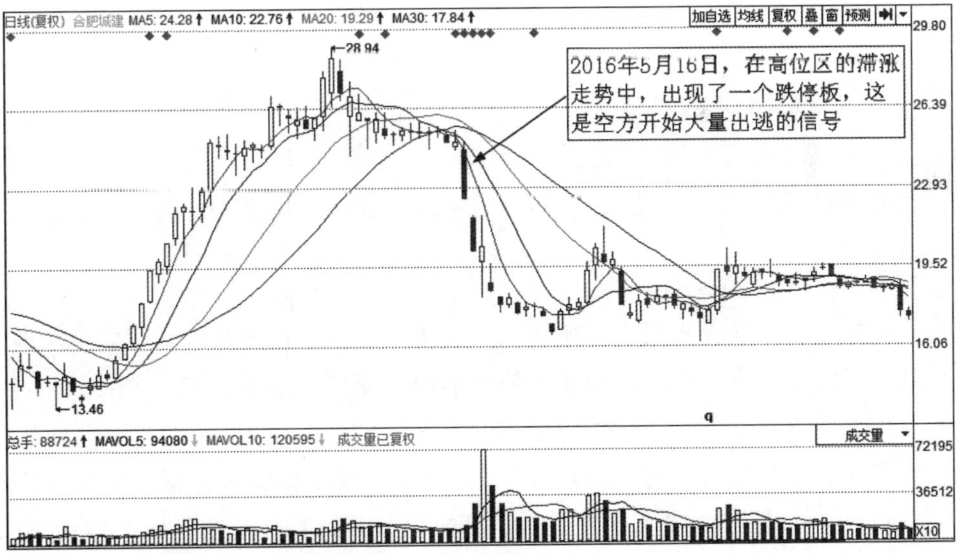
日线(复权) 合肥城建 MA5: 24.28 MA10: 22.76 MA20: 19.29 MA30: 17.84
加自选 均线 复权 叠 窗 预测
29.80
26.39
22.93
19.52
16.06
28.94
13.46
2016年5月16日，在高位区的滞涨走势中，出现了一个跌停板，这是空方开始大量出逃的信号
总手: 88724 MAVOL5: 94080 MAVOL10: 120595 成交量已复权
成交量
72195
36512
X10

图 3-8-5

当2016年5月16日出现跌停走势时，此时投资者已经面临着财富缩水了。如果投资者仍没有在这一形态后选择卖出，而是选择长期持有的话，到最后可能获取的收益将所剩无几，甚至是亏损，这是投资者必须要注意的。

图3–8–6是浙江众成（002522）的走势图。该股在大幅上涨后，在高位区出现横盘震荡走势，于2016年9月2日出现了一个放量跌停板，这是空方开始大量抛售的标志，也是个股顶部构筑完毕的信号。

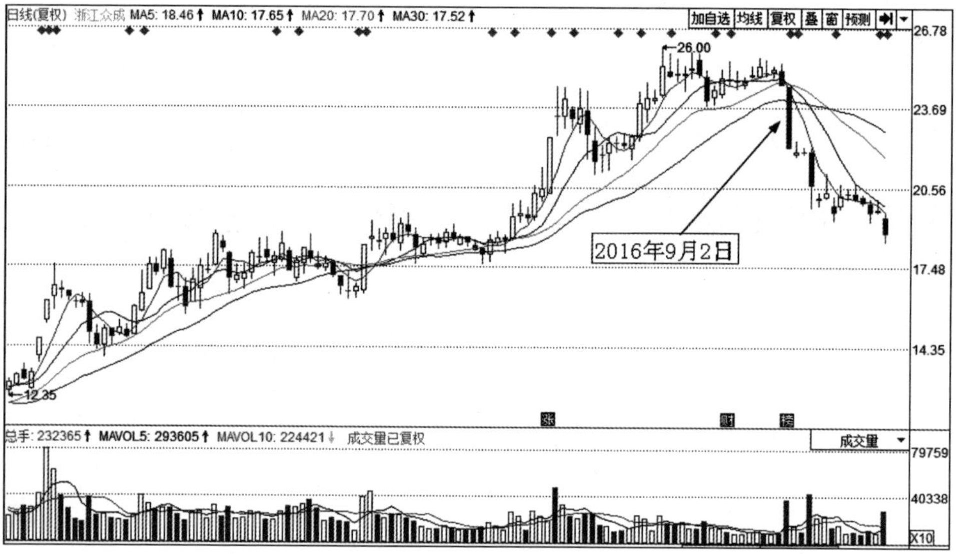

图3–8–6

一般来说，跌停板是空方抛压极为沉重的表现。如果跌停板出现在个股大幅上涨后的高位滞涨区，则往往是顶部构筑完毕的信号，预示个股随后将步入下跌走势中，是明确的逃顶信号之一。

图3–8–7是瑞普生物（300119）的走势图。该股股价从前期的10元左右一路上涨到高点的23.97元，在这段走势中走出了翻番的行情。当时大盘走势不好时，资金要兑现收益，出货离场的需求强烈。

2016年1月4日，该股大幅下跌，最明显的标志是跌停。当日股价还击穿了均线系统和支撑位，投资者应及时离场出局，避免亏损，股价自此以后

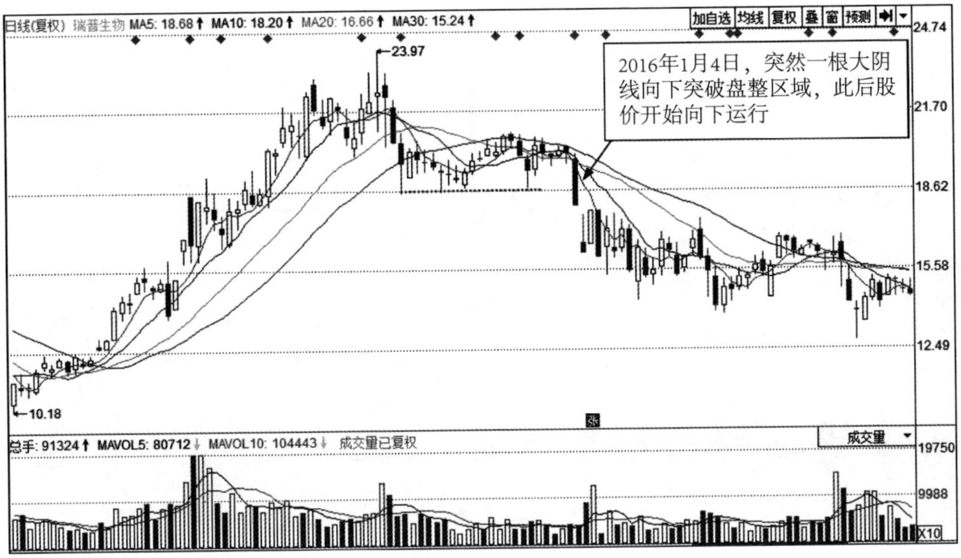

图 3–8–7

步入下行走势。

图 3–8–8 是 *ST 冀装（000856）的走势图。该股股价在创出 13.86 元高点后，随即横盘。2016 年 5 月 6 日，该股大幅下跌，在 K 线形态上出现跌停，此时投资者应立刻清仓出局。

此后该股接连出现 5 个跌停板，股价快速下跌，上涨行情彻底终结。若 2016 年 5 月 6 日投资者没有抓住这次机会出逃，对该跌停卖出信号无动于衷，损失将是巨大的。

图 3–8–9 是信雅达（600571）的走势图。在图中箭头处，该股出现了快速深幅下跌，最后出现一个跌停板形态，这是空方抛压异常沉重，主力资金全无护盘意图的体现。

从 K 线走势图中可以看到，当日该股正处于高位盘整振荡区的向下破位处，这一跌停板预示着一轮下跌行情展开，是卖股离场的信号。

图 3–8–10 是 *ST 韶钢（000717）的走势图。该股走势比较特殊，这里还是要提及一下。2016 年 6 月 13 日，该股在长时间停牌之后恢复交易，股价复

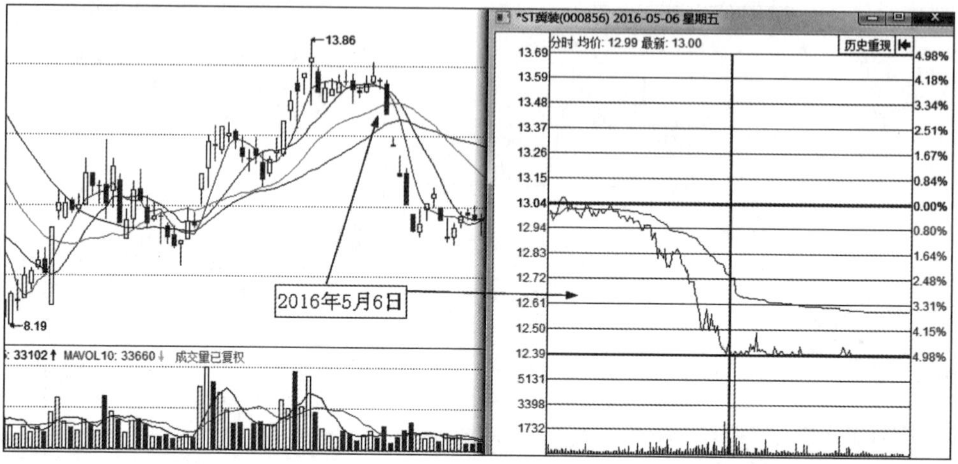

图 3-8-8

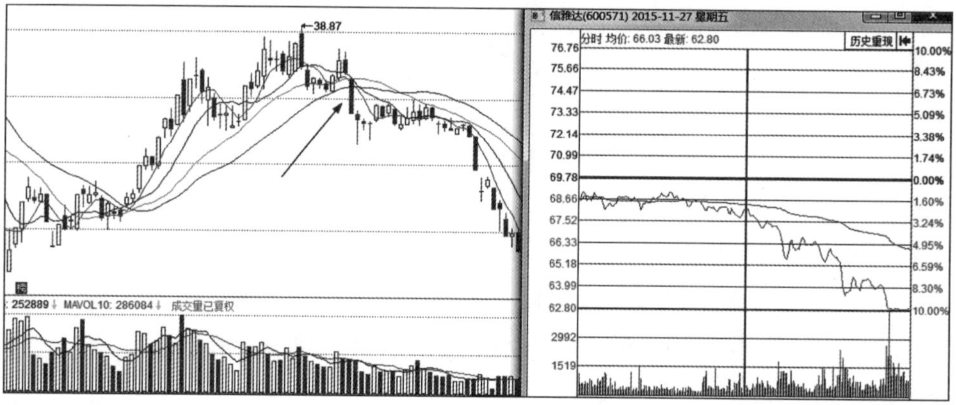

图 3-8-9

牌后呈现出跌停的走势。这种一字跌停的下跌方式之所以会出现，是因为该股在停牌半年的过程中，整个证券市场早已经下跌到低位了。这个时候停牌已久的 *ST 韶钢复牌，一定会补跌，快速下跌到位，达到与证券市场水平一致的程度，这样股价就开始了一字跌停行情。见此情景，投资者只有赶紧挂单抛售。

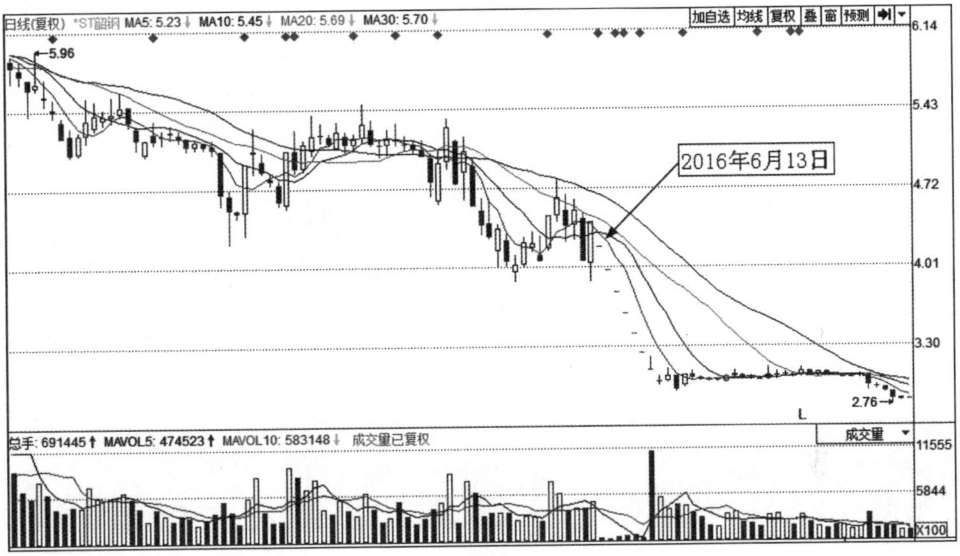

图 3-8-10

图 3-8-11 是智飞生物（300122）的走势图。股价经过前期的大幅上涨，于 19 元的位置创出高点，随后股价进入高位盘整滞涨走势，无力上攻，同时股价与 MACD 形成背离走势。

2016 年 1 月 4 日，该股突然收出一根大阴线，同时股价击穿多条均线系统，形成跌停形态，正式开启股价下跌步伐。此后股价急速下跌，跌幅巨大。2016 年 1 月 4 日当天出现的跌停板，是强烈的卖出信号。没有及时卖出的投资者，面临的损失将会十分巨大。

跌停形态在实战中屡屡带来巨大的杀伤力。当此形态出现在创出一轮行情的高点之后，是对调整趋势的最后确认，这是投资者卖出平仓的机会。出现此种形态时，后市看淡，应立刻逃命，否则性命不保。对于这一点，希望投资者高度警惕。

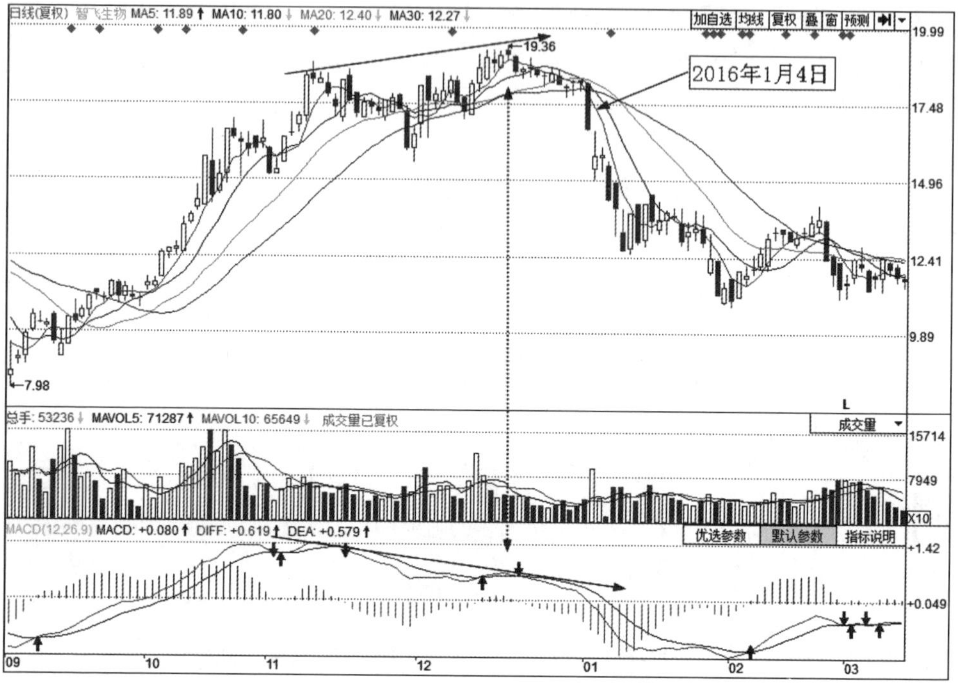

日线(复权) 智飞生物 MA5: 11.89 MA10: 11.80 MA20: 12.40 MA30: 12.27
加自选 均线 复权 叠 窗 预测
19.36
2016年1月4日
19.99
17.48
14.96
12.41
9.89
7.98
总手: 53236 MAVOL5: 71287 MAVOL10: 65649 成交量已复权
成交量
15714
7949
X10
MACD(12,26,9) MACD: +0.080 DIFF: +0.619 DEA: +0.579
优选参数 默认参数 指标说明
+1.42
+0.049
09
10
11
12
01
02
03

图 3-8-11

附录

私募大鳄曹明成：坐庄岁月里的那些往事

理财一周报 记者 / 林奇

2009 年 11 月 7 日，《东方早报》“理财一周”对曹明成先生进行了人物专访，刊登于“资本大亨”栏目。

曹明成，1971 年出生，汉族。常住广东和海南。1997 年在湘财证券任职，后为私募资金操盘。看盘博客在新浪网、东方财富网、网易等各大门户网站每天受到数十万股民的追捧。依据 10 多年实战经验总结的“曹氏八线”操盘理论被圈内称为“零风险操作理论”。著有《吃定庄家》《擒庄实战技法》《庄家内幕揭秘》《K 线实战技术精要》《庄股经典出货模式》等书。

私募大鳄曹明成，是私募圈内资深的操盘手，曾在多家咨询公司及投资机构任职，直接参与过多次大资金的操盘。

1999 年“5·19”行情中，曹明成因成功阻击网络科技股而一战成名。

在互联网行情中，曹明成亲身领教了亿安科技、海虹控股等庄家李彪、蔡明的狠辣操盘手法。

在股海中摸爬滚打十几年的老曹，博客就叫“十年股灰”，在东方财富网的财经博客中排名第十四位。

从湘财证券的一名普通经纪人做起，再到操盘手、主操盘手、私募基金经理，曹明成经过 10 多年的实战，总结出“曹氏八线”操盘理论，并著有《吃定庄家》《擒庄实战技法》《庄家内幕揭秘》《K 线实战技术精要》《庄股经典出货模式》等书 。

“11 月还有两本书出版，今年可能还有两本，有出版社约稿了，但还没写完。”曹明成介绍。

10月26日，曹明成接受理财一周报的专访，揭露了许多不为人知的坐庄、跟庄内幕。

阻击网络股一战成名

理财一周报：像许多私募一样，您也是从经纪人做起的？

曹明成：差不多，早年和李华（第二代操盘手）是一批，最早是在湘财证券。离开湘财证券后，跟老板做操盘手，后来干脆出来单干了。

理财一周报：是不是因为做操盘手待遇都不太高？

曹明成：操盘手要看是什么样级别的，资深的主操盘手负责决策，与老板有分成，收入还可以。

理财一周报：当时做操盘手都经历过哪些比较大的战役？

曹明成：最早是阻击网络科技股的那一年，阻击网络科技股不是自己坐庄，而是跟庄。当时发现有大批私募资金成堆地扎入到网络科技概念类的股票，不少同类题材的股票都在底部放量，大资金入驻明显，就开始关注这个题材。

理财一周报：发现后是直接跟进吗？还是后来跟进的？

曹明成：先是试探性跟进。后来科技概念股开始成为当时的热点。与以往的概念炒作不同，这次很意外的是，炒作之后，入驻的庄家资金不见撤退，这在以往的概念炒作中很少见。当时经过考虑之后，就把所有的资金全线投入该类题材股。

理财一周报：这样追题材股会不会很冒险？

曹明成：这是很大胆的做法，当时遭到其他辅助操盘手的非议。因为这样做风险大，概念股炒作成热点后，一般都开始进入高位，这个时候介入，弄不好就成了庄家出货的牺牲品。

理财一周报：那为什么还决定满仓追进，当时是怎么考虑的？

曹明成：当时是依据庄家的操盘手法判断的。大量的庄家资金入驻了该类题材股，第一轮炒作之后，还在高位加仓，显而易见，目标不在短期。

理财一周报：当时网络股您跟的是哪只？

曹明成：做了很多只，蔡明的海虹控股就是其中一只。

理财一周报：这一波物联网炒作海虹控股也是龙头，您觉得这波物联网会不会像当初的互联网一样爆炒起来？

曹明成：这波物联网入驻的庄家资金还远远不够，暂时没有那种可能。但庄家的炒作计划可能会因为行情的变化而变化。就像当年的网络科技股，开始并不是大家都看好，后来“5·19”井喷，人气被完全带动起来，大量的私募资金进入了。因此也就出现了炒作一波后新资金大量入驻的现象，造就了一轮长达两年的牛市行情。

亲身领教李彪跌停板洗盘法

理财一周报：当时最有名的应该是罗成操控下的亿安科技，您跟的是这只吗？

曹明成：网络科技股的行情从1999年5月开始，直到2001年才退潮，持续了一年多时间。这轮题材的炒作，只要与网络科技挂边的都炒作起来了。其中的龙头亿安科技、海虹控股、四川湖山都炒作到了非理性的高度。亿安科技是第一只百元股，是罗成坐庄，操盘主要是郑伟和李彪负责。海虹控股是蔡明。去年李彪去世的时候我知道消息。

理财一周报：李彪总感觉对不起自己的弟弟，知道具体是为什么吗？

曹明成：他弟弟是李彬，当时坐庄亿安科技用的是金易投资公司的名义，郑伟是控制人。法人代表写的是李彬的名字，但李彬是圈外人，后来被扯进去了，被搞得很惨。据说李彪没有办法救无辜的弟弟，导致了李彬的破产，并差点入狱。

理财一周报：李彪是什么样的人？

曹明成：现实中的李彪长得比较斯文，光头，戴眼镜，但行事泼辣，脾气有些暴躁。郭庆、李彪、蔡明，这些都算是第一代操盘手，他们比我早一代，我那时候是小字辈。李彪操盘非常凶悍，他当时发明了跌停板洗盘法，鬼神莫测。

理财一周报：连续跌停，只要看盘无一幸免，当时亿安科技启动前就是连续3个跌停板。

曹明成：这种手法在当时很难判断。

理财一周报：为什么很多早年的庄家都不得善终？

曹明成：早年的操盘手生活都不太好，心理压力大是真的，真正功成名就的极少，一部分是被查了、逃亡了，一部分在后来的4年熊市（指2001-2005年熊市）中赔进去了。

理财一周报：那4年熊市够惨，2008年也很惨。

曹明成：2008年的大熊市也是套了很多的庄家。

理财一周报：当时为什么没有跟进亿安科技？

曹明成：亿安科技不敢跟。开始完全是逼空，强势股就是这样，一开始逼空，散户不跟进，继续逼空，开始震荡，散户眼红了，进去了，再拔高，庄家已经出货了。

亿安科技当年也是被逼上去的，前期的计划肯定没想要炒那么高。拉到40元的时候，没有人敢买了，怎么办？接着拉。亿安科技控盘量最后达到90%以上。其实玩到那个时候已经算失败了，最后出货比较艰难。

理财一周报：有个庄家跟我讲过，说很多筹码是在跌破100元后卖给了抢反弹的人。

曹明成：平均没有那么高。出货的平均价格，我们那时候判断应该在40元左右。60元左右制造假反弹，结果还是很少有人买。市场信心没有了，下跌趋势形成了。最大的抢反弹成交量在27元左右，平均出货价位在40~50元。

理财一周报：庄家出货一般都要先跌很多吧？

曹明成：一般庄家拉到离谱的位置，出货的价位会定在下跌一半的位置，做假反弹。

信奉自己的操盘理念

理财一周报：您信奉价值投资吗？

曹明成：在中国的资本市场，我从来不讲价值投资。所谓的价值，不过是给庄家炒作的理由而已。我的选股思路是跟庄，操作理论讲究趋势为先。

理财一周报：看来您是趋势派。

曹明成：我自己有一套操盘理念，在趋势形成之后，形态明朗之后才操作。但又不等同于右侧交易，我的买入点在次低点或次次低点，卖出位在次高点或次次高点。

理财一周：那您的这些东西是跟谁学的呢？还是自己悟的？

曹明成：自己悟出来的。早年是受一位老股民的启发，一位比较执著的老股民，他完全依据 10 日线买卖，获利很稳定。

理财一周报：线上持股，线下持币？

曹明成：是的。简单来说，可以用这八个字。

理财一周报：这方法最厉害，化繁为简了，但很多人不经过多年的实战永远不理解。可是单独只看一个 10 日线会不会有点片面？

曹明成：我当时研究这个 10 日线很长时间，也发现很多弊端。首先一点，如果不判断趋势，依据 10 日线买卖，会在平衡市里不知所措。另外，10 日线经常被庄家作为洗盘的工具。实战中操作纪律最重要，比如下降通道就是线下持币，需要放弃所有的诱惑和机会。

理财一周报：您现在主要看些什么指标？

曹明成：都是一些我自己的指标，帮我写指标的有一个工作室，我提供我的思路，他们帮我完成。我有个学生叫谭文，他是这方面的高手。现在计算机信息技术太发达了，把传统技术分析与计算机分析相结合，真的是事半功倍。我们原来为了总结一个形态，自己画图，花大量的时间统计，再分析和总结，现在计算机可以在很短的时间内全部做完。

投资理财类书目

书名	作者	定价
宝塔线指标入门与实战精解	刘振清	35.00
筹码分布技术入门与实战精解	刘振清	35.00
现货石油交易实战宝典	张耿豪　饶　斌	38.00
股市晴雨表	汪雪鹏	36.00
农产品期货	付上金	58.00
教你炒股票：缠论与K线分析技术	培　峰	48.00
短线炒股全攻略	付　刚	49.00
磁区理论点评升级版	江南小隐	38.00
分时图必杀技	曹明成　谭　文	38.00
龙头股必杀技	曹明成　谭　文	38.00
三步掌握波段买卖	曹明成　谭　文	38.00
黑马捕捉术	曹明成　谭　文	36.00
阴阳K线的奥秘	曹明成　谭　文	38.00
相对波浪理论	唐桂华	42.00
波段操盘秘法	何瑞东	38.00
布林线指标入门与实战精解	刘振清	35.00
MACD 指标入门与实战精解	刘振清	35.00
KDJ 指标入门与实战精解	刘振清	35.00
一本书读懂互联网投资理财	蔡余杰	38.00
玩转技术指标：九种技术指标精讲	金　铁	45.00
新手炒股快速入门与技巧	刘振清	38.00
银行理财产品全攻略	薄志红	35.00
决战牛熊：股市获利之道	曹明成　谭　文	35.00
短线出击：股市快速获利战术	麻道明	49.00
聚沙成塔：T+0交易绝杀技	江南小隐	35.00
短线实战操盘技巧	伟　晴	42.00
一买就涨：买在底部的101个起涨信号	付　刚	38.00
一卖就赚：卖在顶部的123个卖出信号	刘　平	38.00
短线追涨与低吸技术	金　铁	38.00
实战交易密码之走向盈利	陈志文	45.00
吃定庄家	曹明成　谭　文	39.80
量价关系精要	徐子城	28.00
股票画线技术入门与实战	刘振清	38.00
股价结构：趋势与轨道	华　强	35.00

续表

K 线操盘学	麻道明	58.00
如何做股票交易	杰西·利弗莫尔	20.00
从零开始炒股票	徐子城	35.00
江恩理论入门、精通与实战	景生辉	28.00
缠中说禅：教你炒股票	王培峰	48.00
如何看懂技术指标	麻道明	38.00
个股期权投资指南	付上金	32.00
索罗斯 32 个投机信条	孙恩棣	28.00
巴菲特 76 条投资准则	孙恩棣	28.00
波浪时空体系	王军凯	32.00
超级牛股操盘术	李　闻	48.00
发现身边的成长股	王春玮	35.00
股价结构：压力与支撑	华　强	35.00
趋势定位	付上金	35.00
量价精研	邢孝寒	32.80
K 线阳线战法	麻道明	39.00
K 线阴线战法	麻道明	39.00
零起点期货投资一本通	黄　金	28.00
零起点基金投资一本通	黄　金	29.80
零起点股票投资一本通	黄　金	35.00
股市交易特技	时空老人	38.00
夜话交易谋略	股峰求道	32.00
如何看懂分时图	江南小隐	28.00
易经演股法之个股攻略	第六感觉	35.00
艾略特波浪理论入门、精通与实战	景生辉	28.00
趋势与拐点交易法	戈　岩	35.00
家庭投资理财规划一本通	雷　冰	35.00
股票易占交易系统	劳剑勇	35.00
实战擒庄	张　文	35.00
筹码实战分析	刘晓杰	28.00
趋势技术分析	邱立波	36.00
专业操盘原理	景生辉	38.00
背离技术分析	江南小隐	29.80
小女人理财锦镶	游凌燕	28.00
理财产品全攻略	罗显良	38.00
股票投资资金管理与止损止盈技巧	雷　冰	32.00

续表

谁是股市赢家	梦　兮	25.00
春林涨停战法	张春林	29.80
龙头股实战技巧	张　文　赵振国	35.00
均线技术分析	邱立波	38.00
易经演股法	第六感觉	35.00
现货黄金投资技巧	邢孝寒	28.00
系统化交易——A 交易系统久赢真经	黄　根	39.00
缠论解析：缠中说禅技术理论图解	江南小隐	23.00
实战交易密码	陈志文	35.00
股票投资的 24 个关键财务指标	雷　冰	35.00
K 线技术分析	邱立波	38.00
破译 K 线图中的密码	江南小隐	38.00
你最想要的投资学	张潇云　徐　刚	25.00
四维操盘：基于价量时空分析的实战操盘技术	邢孝寒	29.80
波段操作实战精解	雷　冰	35.00
精准判断买卖点：炒股就这一招	曹千阳	38.00
崩溃点战术：基于市场心理分析的交易技术	铸剑先生	39.80
新手炒股也赚钱：量价实战技法	帝都操盘手	29.80
K 线综合实战分析	雷　冰	48.00
赢在股市 24 堂课	索氏门人	28.00
磁区理论：识别最佳买卖时机和位置的分析技术	江南小隐	38.00
告别亏损：从持续亏损到稳健盈利的修炼法则	冼　剑	38.00
分时图必杀技	曹明成、谭文	38.00
龙头股必杀技	曹明成、谭文	38.00
短线炒股必杀技	曹明成、谭文	38.00
新股民炒股全攻略	黄金	58.00
孝寒点位交易法	邢孝寒	38.00
成交量分析入门与实战精解	刘振清	35.00
分时图分析入门与实战精解	刘振清	35.00
均线指标入门与实战精解	刘振清	35.00